国家社科基金
重大项目成果

对外汉语教学语法丛书

◎**总主编** 齐沪扬

# 被动句

唐依力 ◎主编 ｜ 李宗宏 ◎著

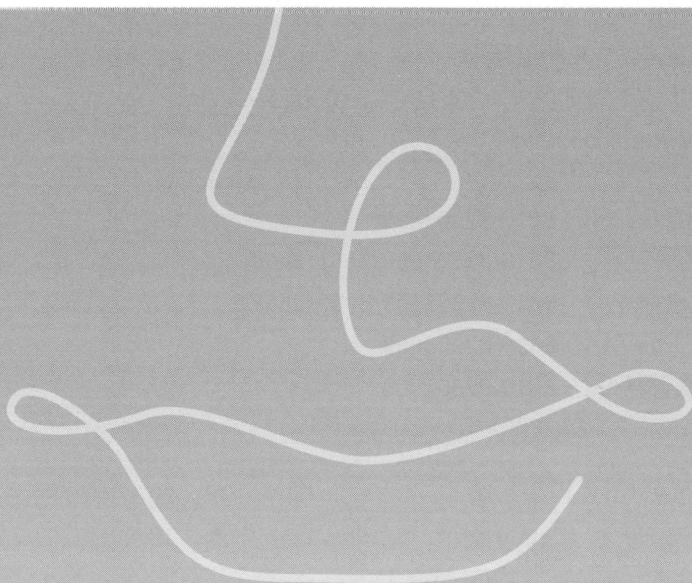

北京语言大学出版社
BEIJING LANGUAGE AND CULTURE
UNIVERSITY PRESS

© 2024 北京语言大学出版社，社图号 24123

**图书在版编目（CIP）数据**

被动句 / 唐依力主编；李宗宏著. -- 北京 ： 北京
语言大学出版社，2024. 6. --（对外汉语教学语法丛书 /
齐沪扬总主编）. -- ISBN 978-7-5619-6608-2

Ⅰ. H195.3

中国国家版本馆 CIP 数据核字第 2024RH1974 号

# 被动句

## BEIDONGJU

**排版制作：** 北京光大印艺文化发展有限公司

**责任印制：** 周 燚

**出版发行：** 北京语言大学出版社

| | |
|---|---|
| **社 址：** | 北京市海淀区学院路 15 号，100083 |
| **网 址：** | www.blcup.com |
| **电子信箱：** | service@blcup.com |
| **电 话：** | 编 辑 部 8610-82303395 |
| | 国内发行 8610-82303650/3591/3648 |
| | 海外发行 8610-82303365/3080/3668 |
| | 北语书店 8610-82303653 |
| | 网购咨询 8610-82303908 |
| **印 刷：** | 北京联兴盛业印刷股份有限公司 |

**版 次：** 2024 年 6 月第 1 版　　　**印 次：** 2024 年 6 月第 1 次印刷

**开 本：** 710 毫米 × 1000 毫米　1/16　　**印 张：** 19.5

**字 数：** 334 千字

**定 价：** 95.00 元

PRINTED IN CHINA

凡有印装质量问题，本社负责调换。售后 QQ 号 1367565611，电话 010-82303590

# 总　序

　　摆在读者面前的，是国家社科基金重大项目"对外汉语教学语法大纲研制和教学参考语法书系（多卷本）"（17ZDA307）的所有成果。这些成果包括大纲系列4册、书系系列26册、综述系列8册，以及选取研究过程中发表的一部分优秀学术论文集辑而成的论文集1册，共计39本著作，约700万字。这个项目的研制，历时5年有余，参加的研究人员多达50余人，来自国内和海外近30所高校。

　　2017年11月，全国哲学社会科学工作办公室正式公布"2017年度国家社科基金重大项目立项名单"。2018年4月14日，国家社科基金重大项目"对外汉语教学语法大纲研制和教学参考语法书系（多卷本）"的开题报告会举行。2019年8月，2017年度国家社科基金重大项目中期检查评估报告提交，2023年1月召开课题结项鉴定会。

　　根据专家组的意见，特别是专家组组长赵金铭教授两次谈话的意见，按照全国哲学社会科学工作办公室立项通知书上的要求，本项研究牢固树立问题意识、创新意识和精品意识，立足学术前沿，体现有限目标，突出研究重点，注重研究方法，符合学术规范。项目的执行情况、所解决的问题和最终成果如下：

　　大纲、书系和综述是主要的研究成果。三类不同的成果面对的读者是不一样的：大纲是给教师教学与科研使用的，同时也顾及学习汉语、研究汉语的一些国际学生；书系主要是给在一线教学的对外汉语教师看的，以解决这些教师在教学过程中的实际问题为目的；综述是对大纲和书系的补充，主要面向对外汉语教师、汉语国际教育专业研究生和本科生，以及需要进一步了解、研究相关领域的群体，为这些人继续研究相关问题提供材料和方法。三种不同的读者群体决定了三类成果的不同写法。

## 1. 大纲研制

大纲研制的最终成果是两套大纲：分级大纲（初级大纲和中级大纲）和分类大纲（书面语大纲和口语大纲），共 4 册。语法大纲不局限于语法知识本身，而是以学习者语言能力的培养为目标。凡是能促进学习者语言能力的语法项目都应析出为大纲的项目。语法项目的编排依据的是语法形式，使用条件式来描述细目的功能。使用条件式有利于促进语法知识转化为语言能力。

分级大纲中语法项目的等级不宜简单理解为语言本身的难度区分，更应理解为习得过程性的内在要求。以促进学习者生成语言能力为目标，支持学习者语言能力生成的语法项目都应列目，项目编排以语法结构为基础，细目的描写以促进语言能力生成为重。大纲体现习得的过程性，总体上为螺旋形呈现。

目前对外汉语教学和科研依据的都是通用语体的语法大纲，至今尚没有分语体的大纲问世，这种状况显然与发展迅速的第二语言教学事业不相适应。书面语语法大纲和口语语法大纲的研制，填补了大纲研究的空白，在今后的教学指导、教材编撰、汉语水平测试等方面，都能发挥很大的作用。

## 2. 书系研发

我们在全国范围内分三批次遴选和推荐了撰稿人，这些撰稿人都有长期从事对外汉语教学的经历，且都是语法专业背景出身。从目前情况看，学术界和教学界都需要这一类书，这套书也具有填补空白的作用。而且，这套书是开放性的，条件成熟了可以再继续做下去，达到 30 本到 50 本的规模，甚至再多一些都是可能的。

书系的研发应以"语法项目"作为书名，不求体系完整，成熟一本撰写一本；专业性不能太强，要考虑到书系的读者需求，他们阅读这本书是为了解决教学上的问题，除了必要的理论阐述和说明之外，要尽量早一点儿切入教学中去；提出的问题要切合教学实际，60～80 个问题，其实就是这本书的目录，有人来查，很快就能对症下药，找到自己想要的东西；提的问题要有针对性，要有实用性，针对学生的水平等级，围绕这个语法项目，把教学上可能遇到的问题按等级排序。总之，这是一套深入浅出的普及性小册子，一定会受到广大对外汉语教师的欢迎。

### 3. 综述编著

按照标书要求，阶段性成果包括两套综述汇编。编著这两套综述汇编，首先是项目研制的需要，是和大纲研制、书系研发互相支撑、互相配合的；其次是近 20 年的综述汇编，学术界和出版界均尚无相关成果问世，很多研究者迫切需要这方面的资料；最后是这套综述汇编的写法与其他综述成果不同，两套综述不仅仅是"资料汇编"，里面更有很多作者的评议和引导，是"编著"类的"综述"，这类"综述"其实是不多的。这样的写法比目前在做的或者已经出版的"综述"要科学得多，实用得多。

综述分为两套：《近 20 年对外汉语语法教学研究》和《近 20 年汉语作为第二语言语法习得研究》。综述的主要读者应该是研究者，是关心该领域的研究者，作者收集的材料要尽可能齐全，作者所做的分析要有依据，作者做出的解释要能让研究者信服。两套综述都能做到对相关问题做出梳理，述评结合，突出评价的学术性、原创性和实用性，力图使读者对相关论题有一个全面的认识和深刻的思考，并为进一步的研究提供方向。

对上述这些成果的介绍只能点到为止，事实上，具体到每一本著述，都是有必要重点介绍的。好在每套书都另有主编，请读者自行阅读每套书的主编写的"序"吧。我这里还想向读者介绍的是这些著述的作者们，没有他们，这些成果难以问世。

本项课题涉及面广，研究人员多，在最初填写招标书时我们已经意识到了："本项研究工程浩大，……大纲和书系非一校之力可完成，将集中全国不同高校共同承担。"本课题前后参加研究的人员有 50 多人，分布在国内及海外近 30 所高校。如何将这些研究人员组织起来，集思广益，凝神聚力？课题组在"集全国高校之力"上，下了大力气。

原先设想由某个高校具体负责某块项目研究，但该想法在实际操作中遇到了问题。开题报告会后，课题组调整后的组织方式体现出优势来。四个研发小组的组长取代了原来子课题负责人的职位和功能，优势体现在：他们面对的是具体的项目，而不是具体的研究人员；他们针对项目选取研究人员，而不是为已有的研究人员配备研究内容；他们可以从全国高校选择自己相中的研究人员，而无须采取先满足校内再满足校外的程序和方式。人尽其才，物尽其用，效率提高，质量保证，自然是意料之中的结果。例如，书系组的 20 多位作者来自 15 所高校，综述组的作者来自 12 所高校。这是第一个方面。

第二个方面，就是充分利用会议的机会，将会议定位于有目标的会议、有任务的会议，让会议开出成效来。自课题立项之后，围绕着课题的研究进展，课题组已经开过多次会议。一是一年一度的"教学语法学术讨论会"，课题组所有人员都参加，至今已经开过多届：淮北（2017）、扬州（2018）、南宁（2019）、黄山（2020）等等。二是一年多次的课题专项讨论会，有需要就开。如在杭州，就分别开过综述组、数据平台组、书系组的专项讨论会；在南京、上海都开过大纲组的专项讨论会；2020 年 7 月，在腾讯会议上开过两次大纲组的专项讨论会；等等。这些会议目标明确，交流便捷，解决问题能力强，时间跨度短，是联络不同高校研究人员的好方式。

这套书的所有主编和作者都十分尽力。对外汉语教师的工作量很大，大多数人都有每周 10 节以上的课时量；况且，大多数人的手上还有自己的科研项目要做，还有自己指导的研究生论文要看，还有各自的研究论文要写。种种忙碌和辛苦之中，要挤出这么多时间和精力，去从事另外一块研究任务，还是高标准、有要求、无报酬的研究任务，如果没有对对外汉语教师这个职业的由衷热爱，没有为对外汉语教学事业做点儿贡献的精神支撑，他们是断然不可能接受这样的研究任务的。更何况有些作者接受了两项不同的研究任务，研究强度和研究压力可想而知。因此可以这么说，这些成果渗透着作者们的辛劳，饱含着作者们的心血，每一本都是"呕心之作"，这样的赞誉是得当的。

北京语言大学出版社是这个项目的合作者和推动者。项目立项不久，出版社和课题组就有过接触。出版社前后两任社长和总编辑都向课题组表过态，希望这个课题的所有成果能在北京语言大学出版社出版，出版社愿意为课题的宣传、推广、出版尽责任，做贡献。2020 年 1 月，课题组和出版社有过进一步的密切联系，敲定了详细的合作计划。2022 年 3 月，出版社申报的"对外汉语教学语法丛书"成功入选 2022 年度国家出版基金资助项目。这些成果的出版，没有出版社的支持是做不到的。

再次感谢在漫长的研究过程中给予我们支持、帮助的所有老师和朋友。

对于这套教学参考语法书系，这里想重点介绍下这套书系的编撰特点和编撰原则。编撰特点可以归纳为以下四点："设计理念要接受多元的语言学理论指导""编撰方针是两种语法分析方法的结合""结构框架要考虑本体研究和教学研究的需要""问题设计要以'碎片化'语法为主"。关于这四点的具体阐述就不再展开了，事实上读者通过这四点已经可以大致了解这套书系的编撰理念了。入选的 26 本专著选取了不同的语法项目作为书名，面对不同的主题，每本书都会在不同层面、不同角度、不同对象上反映出这套书系的整体面貌和阐述形式，以及结构框架和问题设计，值得一读。

这套教学参考语法书系两个必须遵守的编撰原则是普及性和实践性。普及性原则体现在要做到对读者进行语法知识的普及。语法知识普及要考虑两个方面的问题：一是理论知识的普及，二是语法术语的普及。书系的编写还要遵守实践性的原则，这个原则体现在三个方面：一是面向教学实践，二是面向教师群体，三是面向教学语法。这套书系不以学术高度与理论深度为目标，而以是否能够解决实际问题为标准。出版这样的系列丛书尚属首次，相信普及性原则和实践性原则会使这套书系更接地气，更受欢迎。

教学参考语法书系研发是和汉语教学语法大纲研制平行的、互相支撑的一项研究，书系是以大纲为参照编写的，作为本体研究和教学研究的重要工具书，是对大纲的深化和阐述。书系书目的确定、编写方式的确定，以及作者队伍的确定，都尽量做到和大纲的研制同质同步。当然，由于书系服务的目标人群和大纲不完全一样，作者会更多地关注语法教学的实效性，对一些具体问题的处理可能会有与大纲不同的地方，这一点也是需要说明的。

　　谨以此作为总序。

齐沪扬

初稿于 2020 年 7 月

二稿于 2022 年 5 月

三稿于 2022 年 12 月

# 序

我们撰写的这一专辑——句法结构专辑，包括《存现句》《被动句》《"把"字句》和《兼语词组与兼语句》四部著作，是齐沪扬教授总主编的"对外汉语教学语法丛书"六大专辑之一。

现代汉语中的特殊句式主要包括连动句、"是"字句、"有"字句、存现句、被动句、"把"字句、兼语句等，本专辑涵盖了其中四种句式。

句式教学一直以来都是对外汉语教学的重点和难点。说它是重点，是因为这些句式在日常交际中的使用频率很高，且贯穿于对外汉语教学的各个阶段；说它是难点，是因为这些句式结构复杂，语义类型多样，语用功能丰富。学生在使用这些句式时出现偏误的概率较高，甚至由于不清楚何时该用这些句式而出现回避使用的现象。虽然学界关于句式教学和习得的研究成果不少，但无论是本体层面的研究，还是教学层面的研究，均存在着诸多分歧，同时也存在着本体研究与教学研究"两层皮"的现象。

本专辑的四本书便是在理论分析的基础上，发现各个句式的教学重点和难点，提出解决问题的方法和教学策略，为对外汉语教师提供参考，满足教学的需要。本专辑主要有以下几个特点：

一是定位清晰。本专辑主要是给在一线教学的对外汉语教师看的，是为解决这些教师在教学过程中遇到的实际问题而编写的，因此，如何处理好理论语法与教学语法的关系是我们要考虑的头等大事。本专辑的四本书既尊重了四种句式的本体研究成果，从前贤们的研究精华中汲取养分，以扩大我们的写作视野，圈定我们的写作框架；同时又挣脱了本体研究理论之争的藩篱，以教学实际需要为宗旨，不追求高深，但求易懂、好用。

二是循序渐进。本专辑的四本书整体采用从本体理论到习得偏误再到教学思考的写作思路。以本体理论来开篇，便于在一线教学的对外汉语教师了解该句式的"前世今生"，尤其是对不是汉语言相关专业出身的教师来说，这是一条能够快速掌握该句式本体知识的捷径。熟悉了理论知识，再选择学生句式习得过程中偏误率较高的句子进行分析，教师可以用以解决教学中的实际问题，这部分也是每本书的重点所在。最后回归到教学上，以各类句式的整体特征为依托，从教学思路、教学过程以及教学环节等方面入手，结合学生的习得偏误给出了一些相对有效的教学方法或教学建议。从理论到习得再到教学，步步推进，循序渐进。

三是实用性强。一直以来，不少句式结构的教学并未联系教学实际，出现了很多结构过于复杂的句式，别说留学生不会用，即便是中国人也很少用得上。比如"把"字句中的特殊子句式"他把自己的妈妈恨得要命"、动词为"是"的无主兼语句、被动句中"被"与"把"的纠缠等等。这些子句式在二语教学中不具有典型性，因此在本专辑中这些特殊的复杂句式都被剔除出去了。我们在书中选用的语料和偏误都是最贴近教学实际的，都是学生接触比较多、错误率比较高的句子。

本专辑的四本书既有共性亦有个性。由于每位作者的研究兴趣不同，四本书中也分别渗透了不同作者的研究心得。比如《存现句》将象似性原则、图形背景理论、隐喻理论等认知语言学相关理论和汉语作为第二语言教学很好地结合在了一起，为存现句的教学提供了较强的理据性解释；《被动句》依托语言类型学理论，除了针对英语母语者进行偏误分析之外，还针对韩语、日语、越南语、泰语等母语学习者进行了语言对比分析和国别化的偏误分析；《"把"字句》则从语体语法的角度出发，区分了口语语体的"把"字句和书面语语体的"把"字句，并且从功能角度对陈述性"把"字句和祈使性"把"字句进行了对比分析；《兼语词组与兼语句》认为除了结构形式和语义特征外，还应该将时间顺序原则作为确定兼语式内涵与外延的衡量标准，并且认为兼语式应该拆分为致使义和使令义两个小类，并将其归入大纲的不同等级中。

存现句、被动句、"把"字句和兼语句这四种句式结构并非汉语研究的"热点"问题，却一直是汉语研究的"经典"问题。正因为如此，对于这四种句式结构的分析和讨论才会经久不衰。本专辑的四本书之所以值得大家一读，就是因为这四本书都通过对大量真实偏误语料的考察，总结归纳出了典型的句式特征、偏误类型，以及切实可行的教学策略。本专辑将汉语本体研究与教学实践相结合，既"仰望星空"，又"脚踏实地"。对于专业背景不一的对外汉语教师来说，本专辑的内容是"接地气"的，是可以在教学中随时拿过来使用的。

唐依力

2022 年 5 月

# 目 录

## 第三部分 "被"字句和其他句式的联系与区别 / 96

## 第四部分 被动句的理解与使用 / 117

## 第五部分 被动句的国别化偏误 / 215

# 第六部分　被动句的教学方案　/ 245

# 引　言

　　齐沪扬教授主持的国家社科基金重大项目"对外汉语教学语法大纲研制和教学参考语法书系（多卷本）"（17ZDA307）包括两项重要的研究内容：对外汉语教学语法大纲的重新研制，以及教学参考语法书系的编写和出版。这两项内容相结合能够为汉语教学提供系统而详尽的帮助。书系以"一点一书"的形式呈现，一个知识点编写一本教学参考书，力求为所涉知识点的教学提供全面的参考和指导。《被动句》就是该书系的组成部分之一。

## 一、为什么选择被动句？

### （一）汉语的被动表达形式多样

　　"被动句"这一概念来自印欧语。在印欧语中，被动句式有着严格的形式标准；但汉语是意合型语言，缺乏形式标记，我们无法完全从形式上判断句子的主动或被动。"被动"在汉语中是一种语义概念[①]，如果不考虑句子的形式特征，汉语中很多句子都含有被动语义。汉语的被动句到底包括哪些句式？用什么标准可以确定汉语被动句？这些问题至今仍是学界争论的焦点。有的学者认为，只有形式和意义相结合的"被"字句（包括"叫""让""给"被动句）才是汉语被动句；有的学者认为，汉语被动句不仅包括形式被动句，也包括意义被动句；有的学者甚至对汉语中是否存在被动句提出质疑[②]；还有学者认为，受事

---

[①]　也有学者认为，"被动"在汉语中是一种语态，如张豫峰（2006）、戴耀晶（2006）等。

[②]　陆俭明（2004）提到有的学者提出过"汉语到底有没有被动句？"这样的问题，他认为此问题也不是不可以考虑。

主语句就是被动句，只要是受事在前、动词在后的句式都可以算作汉语被动句。在被动句的分类问题上，学界也一直没有定论。例如，王还（1983）提出，汉语中可以翻译成英语被动句的句式有 7 种之多；李临定（1986）更是将现代汉语中的被动句细分为 32 类。由此可见，汉语中的"被动"概念比较复杂，表达被动意义的形式非常丰富，学界对被动句的研究还存在许多争议，这无疑会给被动句的教学带来不少麻烦。

## （二）"被"字句与其他结构关系密切

1. 含有"被"字的句子不一定是被动句

"被"字句是汉语中的典型被动句，但是含有"被"字的句子不一定都是被动句。现代汉语中的"被"不仅可以作为词出现在句子中；也可以作为语素，以"被＋动词"的形式跟少数名词相结合，构成一个新的名词出现在句子中。在这种情况下，"被"所在的句子就不能算是"被"字句。语素"被"构成的名词有"被保护人""被保险人""被动式""被加数""被减数""被乘数""被除数""被告人""被侵略者""被统治者""被压迫者""被统治阶级""被剥削阶级""被选举权"等等（齐沪扬，2007）。还有一种情况，就是当"被＋动词"蕴含在其他结构中时。例如：

（1）我承认我被打过。

（2）被推选为学生代表是一件很光荣的事。

上面两句中的"被打过""被推选为学生代表"是作为其他结构的组成部分，并不是句子的谓语，这样的句子也不是"被"字句。现代汉语中的"被"字结构还有一种新兴用法，例如：

（3）温哥华妈妈"被离婚"，丈夫带儿子回国，一走就是一年半。

（4）明星"被分手"背后是一场人性的考验。

（5）所谓"被增长"，也就是实际没有增长，但在统计数据中却增长了。（百度百科）

这类"被"字结构虽然含有一定的被动意义，但其语义重心是指动作在主体不知情、未主动的情况下具有的某种结果，这种结果的真实性存疑。这类结构在语义和形式上都与"被"字句有差别，因此也不应该看作被动句。

2. 含有被动标记的句子不一定是被动句

"被"作为被动标记在口语中经常被"叫""让""给"等词语代替，"叫""让""给"也是汉语中的被动标记。但是，介词"叫""让""给"容易跟动词"叫""让""给"产生混淆，引起歧义，因此含有"叫""让""给"的句子不一定是被动句。例如：

（6）我叫他说了几句。＝我请他说了几句。／我被他说了几句。

（7）桌子没让小李搬走。＝桌子没命令小李搬走。／桌子没容许小李搬走。／桌子没被小李搬走。

（8）饼干给他吃了。＝把饼干给他吃了。／饼干被他吃了。

"叫""让""给"后接名词或代词有可能表示致使、容许、命令、处置等语义，不一定表示被动义，以这些词语为标记的被动句容易与其他句式产生纠葛。另外，这些被动标记后的名词或代词，有的时候可以省略，有的时候不能省略，是否省略有条件限制，这对外国学习者来说也是一个难点。

## （三）汉语被动句与其他语言差异明显

汉语被动句无论在形式标记、涵盖范围、语义强弱还是句式结构上都有自己的鲜明特点，与其他语言差异明显。从语言谱系上说，汉语属于汉藏语系，但"被动句"的概念源自印欧语，所以汉语的被动表达与这两种语系的语言既有相似之处，又有诸多不同。首先，由于意合的特点，汉语的被动句不一定都有形式标记，无标记被动句大量存在，甚至在某些情况下其使用频率大大超过有标记被动句[1]；而其他很多语言中的被动句都有形式上的标记，如英语、法语、日语等。其次，在"被动"概念上，汉语与其他语言相差很大。例如，英语的主动句和被动句是对同一件事情的两种看法，并不牵涉说话人或当事人对整个事件的评价或受事是否遭受不幸；而汉语的被动句大多含有对受事或整个事件的评价或表达遭受的意义。再次，从使用被动句的语义动因看，日语使用被动句的语义动因主要来自"说话人的主观感受"，说话人对自己发出的动作行为进行叙述时，一般都

---

[1]　据李珠（1989）对曹禺剧本《家》的统计，汉语无标记被动句约占被动句总量的83%以上。

会把自己当作第一位关注的对象并作为叙事的起点或背景，所以日语被动句很少由第一人称充当施事（杉村博文，2003）；而汉语就没有这样的限制，汉语使用被动句的语义动因主要来自"客观世界的施受关系"。越南语与汉语在类型学上同属孤立语，越南语的被动句有如意和不如意的区别，且分别对应两个不同的被动标记；但汉语不同被动标记的主要区别不在语义色彩上，而在被动程度和语体色彩上。汉语被动句在类型学上有自己的特点，它既不像印欧语有形式标记，也不像意合型语言有语义色彩上的差别。外国学习者学习汉语被动句时常会因为不了解这些特点而与母语混淆，造成偏误，影响学习效果。这是我们选择被动句作为研究对象的重要原因。

### （四）被动句是汉语教学和习得的重点和难点

被动句历来是汉语教学大纲和汉语教材中的主要语法项目之一。在各个时期的对外汉语教学大纲中，被动句都会作为重要的语言项目出现，如《汉语水平等级标准与语法等级大纲》《高等学校外国留学生汉语言专业教学大纲》《高等学校外国留学生汉语教学大纲（长期进修）》以及最新的《国际中文教育中文水平等级标准》都将被动句列为重点句式。其中，《国际中文教育中文水平等级标准》还将被动句分为 5 种类型，分列于不同等级的语法项目中。各种对外汉语教材中也均将被动句作为语法教学的主要项目，在此不再一一列举。可见，被动句的确是汉语教学的重点。从汉语作为第二语言的习得研究成果看，有关被动句的习得研究有很多，如佟慧君（1986），李大忠（1996），周小兵、朱其智、邓小宁等（2007），肖奚强等（2009），张宝林等（2014）都进行过详细研究。

### 二、被动句的研究现状

有关被动句的研究包括两个方面，被动句的本体研究和被动句的习得研究。其中，被动句的本体研究成果颇丰。相比之下，被动句的习得研究滞后不少，与本体研究不同步。目前，被动句的研究任务还包括如何将理论研究成果转化为教学和习得的指导方案、本体研究中尚未解决的问题在实际教学中如何处理等等。

### （一）本体研究现状

1. 被动句范围的研究

被动句研究中的一个焦点问题是被动句的范围到底有多大，也就是说，到底什么句子可以称为"被动句"。其中，核心问题在于具有被动意义但无形式标记的无标记被动句是否应该纳入被动句的范围。学界在这个问题上主要有两种观点：一种认为，被动句既包括有形式标记和被动意义的"被"字句等，也包括无形式标记但有被动意义的无标记被动句，龚千炎（1980）、王力（1985）、宋玉柱（1991）、李珊（1993）、陈昌来（2000）、劲松（2004）等都持这种观点；但也有学者认为，从意义和形式相结合的角度出发，没有被动形式光有被动意义的句子不能称为"被动句"，如洪心衡（1956）、刘叔新（1987）、范晓（1994）、戴耀晶（2006）、张豫峰（2006）等都认为仅凭意义无法确定被动句。目前学界尚未达成共识，这对汉语教学中如何处理无标记被动句提出了挑战，而无标记被动句又是汉语中的高频句式，有些情况下甚至比有标记被动句的使用频率还要高，是外国学习者汉语学习过程中不能回避也不应该回避的句式。

2. 被动句意义的研究

对被动句意义的研究主要集中在"被"字句的语义考察方面。例如，王力（1985）认为"被"字句在语义表达上有所限制，即"表示那些对主语所表的事物来说是不幸或不愉快的事情"，并说这是汉语"几千年来的语言习惯"；李临定（1980）发现直到19世纪50年代后，才开始出现用"被"字句来表达如意的事情的用法；桥本万太郎（1987）提出"被"字句表示"受害语态"；李宗江（2004）将汉语被动句的语义特征概括为"有损"，并认为"有损"主要是对主语而言的；杉村博文（2003、2006）认为汉语被动式的核心意义是"意外遭遇"，是"以受事为视角，叙述一件出乎说话人意料地发生的事件"。被动句到底表达什么意义，能否用某一句式意义概括所有的被动句，学界还未形成统一定论。

## （二）习得研究现状

### 1. "被"字句的习得研究

相对来说，学界对"被"字句的习得研究讨论较多。这其中包括对"被"字句习得偏误的分析，如佟慧君（1986）、李大忠（1996）专门讨论了"被"字句的偏误类型和偏误特点。肖奚强等（2009）、张宝林等（2014）从偏误分析和习得难度的角度对"被"字句进行了研究。吴门吉、周小兵（2005）根据对学习者习得情况的调查，认为"被"字句的习得难度属于中等难度，而意义被动句（即无标记被动句）的习得难度要高于"被"字句。黄月圆、杨素英、高立群等（2007）提出汉语"被"字句成立的关键是要满足终结性要求[①]。对"被"字句的习得研究应该从语言的普遍原则和"被"字句的内在特性入手。

### 2. 其他被动句的习得研究

在被动句的习得研究中，除了对"被"字的研究较为丰富以外，对其他被动句的研究却不多，"叫""让""给"等有标记被动句及意义被动句都是如此。目前，鲜有专门涉及非"被"字被动句的习得研究，在大多数情况下，对非"被"字被动句的研究主要用于与"被"字句做比较。例如，吴门吉、周小兵（2005）对意义被动句与"被"字句的习得难度进行过比较，认为意义被动句的习得难度要高于"被"字句。卢福波（2005）提到，汉语中大量的无标记被动句如果翻译成其他语言，往往被译成有标记的被动语态。留学生在使用汉语无标记被动句时受母语影响，就容易加上形式标记而造成偏误。而有标记被动句从表面上看句型特征明显，容易类推，事实上却有深层的主观感情色彩、语体色彩、语用色彩等问题需要注意。所以与有标记被动句相比，无标记被动句反而容易习得。王振来（2007）也谈到了无标记被动句的习得情况，认为无标记被动句的习得难度低。

---

① 黄月圆、杨素英、高立群等（2007）提出，终结性就是指谓语部分要包含某种终结点（或是结果，或是变化后的位置，或是量化后的有限行为）。如果句中动词本身不含结果意义，谓语部分往往需要补足成分来提供终结性。体现在形式上，"被"字句的谓语动词一般不能由光杆儿动词充任。

### （三）存在的问题

总体而言，对被动句的本体研究主要集中在对被动句范围、语义的讨论上，而习得研究主要是从偏误分析、习得难度等角度展开考察。但是，无论是本体研究还是习得研究，都存在一些尚未解决的问题；对研究对象的关注也不够全面，对"被"字句关注较多，而对其他被动句关注较少。这跟学界对被动句的范围未达成共识有关。但即使都是有标记被动句，对"被"字句的研究也远多于对非"被"字被动句（如"让""叫""给"等被动句）的研究。相对而言，本体研究成果比较丰富，习得研究成果却寥寥无几，理论研究与教学需求不相匹配。鉴于此，本书将从理论、习得、教学三个角度入手，建立起教、学、研多层面融会贯通的被动句知识框架，将理论研究转化为教学、习得的实际方案，为新手教师和汉语学习者提供切实可行的教学和习得建议。

## 三、编写原则和内容安排

本书主要针对从事国际中文教育的新手教师，以及有志于深入了解汉语语法特征的高级汉语学习者。基于读者对象的特点，我们确定了本书的编写原则和内容安排。

### （一）编写原则

#### 1. 实用性原则

本书以实用性为主要编写原则，具体体现在以下几个方面：第一，以解决实际教学和学习问题为目标。本书所列的问题主要来自教学和学习实践，有的问题是编写者自己教学中发现和积累的，有的问题是研究文献中出现的典型偏误或典型错误用例。第二，挣脱本体研究的藩篱，以教学需要为宗旨。本体研究中对被动句范围的争论不应投射到教学上，教学中应该从实际需要出发。例如，外国学习者确实对无标记被动句的习得存在较大障碍，对无标记被动句和有标记被动句之间的区别和联系了解得不够清楚，再加上各类教学大纲和对外汉语教材中都提到了无标记被动句的教学问题，且无标记被动句在汉语中大量存在，外国学习者无法回避，因此我们应该将无标记被动句纳入被动句的教学范围中。第三，写作体例和写作语言适应于新手教师和高级汉语学习者，以易读、易懂、易学为目标，同时尽可能接近真实的教学和学习情况。

2. 普适性与针对性相结合的原则

普适性原则体现在：第一，本书适合大部分汉语教师使用。当前从事国际中文教育的教师队伍成分较为复杂，既有语言学或国际中文教育专业毕业的专业人士，也有学术背景各异但有志于从事国际中文教学的人士。目前，后一类教师所占的比例不在少数，尤其是在海外本土教师队伍中。本书照顾到了大部分新手教师及非专业出身的教师。第二，本书所涉及的知识点涵盖了被动句的主要教学内容，包括被动句的概念，被动句的分类，被动句和其他相关句式的联系与区别，被动句的结构、意义、功能，等等。第三，本书尽可能面向所有语言背景的汉语学习者，对被动句理论知识的介绍主要从汉语本身的特点出发，对习得偏误的分析也是针对大部分学习者普遍会产生的偏误展开。另外，本书还具有一定的针对性。例如在坚持普适性原则的基础上，我们针对某些汉语学习人数较多的国家进行国别化分析，除了讨论英语母语者的学习偏误外，还针对韩语、日语、越南语、泰语等背景的学习者出现的主要偏误类型做了分析和说明。

3. 非系统性原则

汉语被动句的范围很广，如果从意义出发，很多句式都能表示被动，且被动句本身也是汉语本体研究中一个仍需继续探索的领域。因此，本书对汉语被动句的介绍不追求系统和全面，对各类被动句式所做的梳理也不追求均衡，而是以被动句教学和习得中的常见问题、典型问题为抓手，以点带面地解决一类问题。我们主要以典型句式、高频句式、偏误率高的句式为研究对象，着力解决教师教学中的重点和难点。

**（二）内容安排**

本书分6个部分，共60个问题。这些问题涉及被动句的理论知识、习得分析、教学方案等不同的方面。

理论知识方面主要包括第一部分"被动句及其分类"、第二部分"被动句的变换"和第三部分"'被'字句和其他句式的联系与区别",主要介绍被动句的范围、下位句式的特点、下位句式之间以及"被"字句与其他关联句式之间的联系与区别,帮助读者掌握与被动句有关的本体研究知识。

习得分析方面主要包括第四部分"被动句的理解与使用"和第五部分"被动句的国别化偏误",通过对被动句习得过程中产生的偏误进行分析,并从国别化的角度进行归纳,以期有针对性地帮助学习者纠正偏误,达到正确使用被动句的目的。

教学方案方面主要是第六部分"被动句的教学方案",分别从被动句的教学顺序、教学设计、句式讲解、课堂活动等角度展开讨论,目的是帮助教师采取有效手段完成不同类型的被动句教学任务。

从问题分布上看,理论知识问题共 22 个,习得分析问题共 28 个,教学方案问题共 10 个,具体如表 0-1 所示:

表 0-1 《被动句》的问题分布表

| 内容 | 问题类别 | 问题举例 |
|---|---|---|
| 理论知识<br>(22个) | 基本概念 | 什么是汉语被动句?<br>被动句有哪些类型? |
| | 句式对比 | "被"字句什么时候可以变换为无标记被动句?<br>"把"字句和"被"字句有什么联系? |
| 习得分析<br>(28个) | 句法成分偏误 | 为什么不能说"一个面包被他吃了"?<br>为什么不能说"自行车被我找得到"? |
| | 语序偏误 | 为什么不能说"小王被老师可能批评了"?<br>为什么不能说"那片森林昨天被烧"? |
| | 语义偏误 | "她被评为'三好学生'了"是正确的吗?<br>"经济被增长不是正常现象"是什么意思? |
| | 各类句式纠葛 | "口语课被王老师教"还是"口语课是王老师教的"?<br>"会议被马校长主持"还是"会议由马校长主持"? |
| | 国别化偏误 | 日语母语者学习汉语被动句时有哪些偏误?<br>泰语母语者学习汉语被动句时有哪些偏误? |
| 教学方案<br>(10个) | 教学顺序 | "被"字句的教学应该如何分级?<br>无标记被动句下位句式的教学如何分级? |
| | 教学设计 | "被"字句在语篇教学中应该注意什么?<br>无标记被动句的练习设计需要注意什么? |

汉语的被动表达形式多样，特点突出，一直是汉语作为第二语言教学中的重点和难点，这是我们决定编写《被动句》这本教学参考语法书的主要原因。在已有的研究成果中，本体研究难以满足教学需求，教学研究自身又相对薄弱，很多教学中急需解决的问题难以在本体领域直接找到答案。因此，我们决定从"理论—习得—教学"三位一体的思路出发，将理论研究成果转化为教学指导方案，将教、学、研结合在一起，解决学习者学习被动句和教师教授被动句过程中遇到的实际困难。当然，本书不可能面面俱到地回答被动句教学中的所有问题，被动句的问题也绝不是一本书就能解决的。

本书语料大多为自省语料，还有一部分来自前人文献、语料库和网络。来自前人文献、语料库和网络的，我们皆在句末注明了出处。

# 第一部分　被动句及其分类

## 1. 什么是汉语被动句？

什么是汉语被动句？汉语被动句以什么为界定标准？汉语中有哪些被动句？这些问题学界仍存在争议。英语等印欧语由动词的不同形式来区分主动和被动；汉语是意合型语言，缺乏形态变化，不能完全依靠形式来判断主动或被动，只能按照句子所表达的意义来区分，即表达被动意义的是被动句，表达主动意义的是主动句。或者说，主语是谓语施事的句子是主动句，主语是谓语受事的句子是被动句。例如：

（1）弟弟摔坏了杯子。

（2）杯子被弟弟摔坏了。

例（1）是主动句，主语"弟弟"是动作"摔"的施事；例（2）是被动句，主语"杯子"是动作"摔"的受事，施事"弟弟"则由介词"被"引出。有时候，施事也可以不出现。例如：

（2'）杯子被摔坏了。

在例（2'）中，主语也是受事，施事虽没有出现，但可以根据上下文信息补充出来，所以例（2'）也属于被动句。

例（2）是由介词"被"作为标记的被动句，叫作"有标记被动句"。汉语中的被动标记除了"被"之外，还有"叫""让""给"等。例如：

（3）这些衣服叫雨淋湿了。

（4）米缸里的大米让老鼠偷吃光了。

（5）小孩儿给吓得发抖。

例（3）～（5）也是有标记被动句。但是，"叫""让""给"被动句的使用频率不如"被"字句高，且常用在口语中，使用时有一定的限制，还容易跟汉语中的其他句式产生混淆。除此之外，汉语中还有一些在形式上没有特别明显的标记但也能表示被动意义的被动句。例如：

（6）地扫干净了。

（7）这些碗我都洗过了。

例（6）、（7）没有特定的被动标记，但同样是受事做主语，也表示被动意义。像这样没有明显标记又具有被动意义的句子叫作"无标记被动句"或"意念被动句"。

关于被动句的界定标准及范围，学界还存在不少争议，主要有两种观点：其一，认为汉语被动句只包括以"被""叫""让""给"等为标记的有标记被动句，因为判断被动句要将形式和意义相结合。持这一观点的代表学者有：洪心衡（1956）认为，无标记被动句并非被动句，这种句子的目的是描写、论断以及记述事实，所用的动词虽然跟主语有产生动宾关系的可能，但不表示被动意思；刘叔新（1987）认为，意义受动句（即意念被动句）只是主语在逻辑的意念上受到活动的支配，并没有相应的语法形式充当这种意念的标记，而逻辑的意念同语法关系是两回事，所以意义受动句不宜被看作被动句；江蓝生（1989）也认为，被动句只包括"被""叫""让""给"等有标记被动句；范晓（1994）认为，"汉语的被动句不但要有被动的意义，而且要有被动的形式，这种被动意义不是概念意义，而是被动的语法形式控制着的意义，所以确定被动，首先应确定被动形式……没有'被'等表被动意义的标志，就不该看作为被动句"。张豫峰（2006）认为，完全从逻辑意义出发来判断被动和主动，是很难说清楚的。另外，戴耀晶（2006）、游舒（2016）等都有相同见解。

另外一种观点认为，表示被动意义的句子都可以称为"被动句"，一种带形式标记，一种不带形式标记。王力（1985）认为，除了"被"字的被动式外，还有一种没有"被"字的被动式，其在形式上和主动式一样，只在意义上表示被动。他指出，"凡叙述词所表示的行为为主位所遭受者，叫作被动式"。龚千炎（1980）认为，在现代汉语中，施事充当主语的句子可称为"施事主语句"，也可称为"主动句";受事充当主语的句子等同于"受事主语句",也可称为"被动句"。与王力先生观点相同,他把"被动句"等同于"受事主语句"。宋玉柱(1991)、李珊(1993)、陈昌来(2000)、劲松(2004)等都持有同样的观点。

汉语中的被动句相当复杂,从某种角度看,我们甚至可以认为汉语不存在被动句,因为无论是哪种被动句都有难以解决的问题。陆俭明(2004)指出,汉语缺乏形式标记,从最宽泛的角度说,汉语被动句可以分为三类:一类是有标记被动句,如"被"字句;一类是准标记被动句,即包含"叫""让""给"的句子;第三类是无标记被动句,也就是无标记的受事主语句。但这三类被动句都有让人感到头疼的问题,如第一类有标记被动句中,短"被"字句存在争议;第二类准标记被动句与致使句边界不清;第三类无标记被动句受事难以确定,与主谓谓语句纠葛不断,句首是主语还是话题也有争议。在现代汉语里,该用哪种可操作的办法来确定被动句,有待进一步深入研究。

综上可见,学界争论的焦点集中在是否应将无标记被动句看作被动句上,其根本原因在于对被动句的界定未有定论:应该从语义上进行界定,还是将形式和语义结合起来判定?如果只是从语义上进行界定,那比较简单,只要表达被动语义的就可以称为"被动句";但仅以语义为标准,似乎不好把握。如果将形式和语义结合起来进行判定,那么汉语缺乏形态变化,难以操作;而将一些不含被动标记但确实表达被动语义且使用频率高的句子排除在外,又不符合汉语实际。总而言之,汉语无法像印欧语那样完全按照形式和意义相结合的标准去确定被动句。

本体研究的争议我们可以搁置,但教学中必须有一定的规范。我们在不同时期、不同类型的汉语作为第二语言教学大纲中发现,大多数大纲都收录了意念被动句,将其看作汉语被动句的一种。这些大纲包括《汉语水平等级标准与语法等级大纲》(国家对外汉语教学领导小组办公室汉语水平考试部,1996)《高等学校外国留学生汉语教学大纲(长期进修)》(国家对外汉语教学领导小组办公室,2002)、《高等学校外国留学生汉语言专业教学大纲》(国家对外汉语教学领导小组办公室,2002),以及2021年发布的《国际中文教育中文水平等级标准》(GF 0025—2021)。其次,意念被动句在汉语中大量存在,是一种高频被动句式，在某些情况下，它比有标记被动句的使用范围更广，是汉语学习者不能回避使用的句式。再者，许多语言中不存在无形式标记但是又表示被动意义的句子，学习者母语与目的语之间的差异会给学习者带来困扰，意念被动句是汉语学习者普遍存在的学习难点。综合以上几个方面，我们认为从教学和习得的角度来说，应该将意念被动句纳入汉语被动句的范畴。

# 2. 汉语的被动观念体现在哪些方面？

## 一、被动观念和被动结构

被动观念是基于客体（受事）处于主语（施事）掌控之下所经历或形成的状态而做出的一种判断。被动是人类语言的一种基本语法范畴，这种范畴之所以能够产生，与人类思维中的被动观念有直接联系。屈哨兵（2003）认为，被动观念的产生与人的客体凸显能力和人的因果推论能力有关。客体凸显是指人类在观察事物或事件的过程中以独立于主语之外的客体身份进行感知确认的情形。有果必有因，被动句的使用离不开对动作行为结果的描述，人的因果推论能力是被动观念形成的另一个重要条件。

李宇明（1995）的研究表明，说汉语的儿童在一岁半就开始说一些隐含着无生主语的动词主语句，两岁左右就说出了无标记被动句和有标记被动句。例如：

（1）（鸡）杀死了。（李宇明，1995）

（2）笔给老猫拿走了。（李宇明，1995）

在例（1）中，我们能明显地看出主语与动词之间的"受事—动作"关系，这种关系是被动句产生的基础。所谓受事，其实就是被凸显的客体的一种。在例（2）中，我们能比较肯定地判断出它是以相应的因果关系推论为基础的，"猫拿"是因，"笔走了"是果。

但是，头脑中的被动观念与句法上的被动结构不一样，被动观念体现在句法上不一定是被动结构，被动结构也不一定是被动观念的体现。叶斯柏森说："无论在这里还是在别处，区分句法范畴与意念范畴都是至关重要的。一个动词在句法上是主动还是被动仅取决于该动词形式本身；但同时一个意念有时可用主动形式表达，有时可用被动形式表达，……我们既可以说句法范畴的主动与被动，也可以说意念范畴的主动与被动。"（转引自屈哨兵 2003：28—29）这说明被动观念和被动结构是互有关联的两个不同层次的问题，这一点在不同语言中会有更明显的体现。例如，汉语和英语对于同一事件的表达会采用不同的形式：

（3）汉：这条路两年前修好了。

　英：This road was repaired two years ago.

表达同样一个事件，汉语常选择用主动形式，英语常选择用被动形式。但我们不能认为在说汉语的人的观念中，这个事件就没有被动观念。事实上，例（3）在汉语中是意念被动句，观念上是被动的，但句法形式上却是主动的。同样，汉语中用被动形式表达的句子，在其他语言中却难以使用被动形式。例如：

（4）汉：一郎被我打了一顿。（杉村博文，2003）

　英：* John was beaten by me.

　日：* 一郎は私に殴られた．

杉村博文（1998）指出，英语、日语的被动句施事很少由第一人称（即说话人）充当。描述这样的事件，以第一人称做施事的被动句远不如主动句来得自然。也就是说，在英语和日语中，如果要描述类似"他被我打了一顿"这样的事件，一般不会选择用被动句。

另外，即使在同一语言中，也可能因为说话人关注的视角不同，选择凸显的角度不同，而采用不同的句式来表达。例如：

（5）事件：2022 年 8 月 31 日《长江日报》报道，周女士在武汉城市留言板投诉，一位理发师未经她允许就支起 4 部手机直播剪发过程。（搜狐网，2022-09-01）

　表述 a：女子剪发被 4 部手机直播，想拒绝，被理发师怼"落伍了"。

　表述 b：武汉一位理发师未经顾客许可直播剪发过程。

例（5）的表述 a 和表述 b 叙述的是同一事件，但表述 a 和表述 b 的观察视角不同，因此使用的句式也就不一样。a 句是受事者视角，选择使用了被动句；而 b 句是施事者视角，选择使用了主动句。这说明在表达某个事件时，说话人头脑里既可以进入被动观念的表述框架，也可以进入主动观念的表述框架。

## 二、汉语表达被动观念的形式

就汉语而言，我们可以从四个层级对被动观念进行观察描写。第一层级，包含被动观念的汉字；第二层级，包含被动观念的结构；第三层级，包含被动观念的无标记受事主语句；第四层级，包含被动观念的有标记被动句。其中，第一层级所说的"包含被动观念的汉字"主要指古代汉语中一种动词和宾语合为一体的字，许多汉字还保留着上古汉语的残留痕迹，如：龀（毁齿也）、劓（截其鼻也）、刵（断耳也）等。实际上，将"龀""劓""刵"这些动作所涉及的对象作为观察的出发点也只是一念之差的事情，如"毁齿—齿被毁""截其鼻—其鼻被截""断耳—耳被断"等（引自屈哨兵2003）。从某种意义上讲，只要有动作和动作涉及的对象，这个对象就有可能成为表述或描写的出发点，因为这并不涉及事件行为类型的改变，只是观察点、观察顺序的变化而已。

第二层级所说的"包含被动观念的结构"，我们以动词充当定中结构的定语或中心语为例来说明。例如：

第一组：动词（定）+名词（中）。例如：

参考资料　学习内容　整治路段　打击对象

第二组：名词（定）+动词（中）。例如：

股票买卖　生活的改善　生产力的发展　景泰蓝的制作

在这两组定中结构中，不管动词做定语还是中心语，前面都可以加进一个"被"字，将隐含的被动意味显现出来，如"被参考的资料""股票的被买卖"，现实语言生活中虽然不这样说，但并不意味着这些结构没有隐含被动意味。至于在这些定中结构中，哪些名词和哪些动词配合才使前者具有受事意味，后者隐含被动观念，则是一个需要再深入分析的问题。某些带有一定标记性质的词或结构组成的格式，在包含被动观念方面具有一定的类推性，如"值得+VP""经过+VP""在+NP（+的）+VP+下"，当它们构成"值得借鉴""经过研究""在他的带领下"这样的结构时，其在一定的语境中可能包含被动观念。例如，在"经过+VP"结构中，VP通常会自然地处于一种被动地位。在与之相关的意念图式中，VP 所表示的动作行为只是被操作和被执行，这种状态可以用"VP + 被 + 操作 / 执行 / 进行"格式来描写。

另外，在新兴的用法中，"被"构成被动式结构的现象也在不断涌现，如"被恋爱""被结婚""被死亡""被辞职"。这种结构是在主动可控的动词前加上"被"，加上"被"后该结构不光具有了被动义，还具有了与客观现实不符的意味。例如：

（6）我都不知道自己死了几年了，三亚一女子遭遇"被死亡"。（直播海南，2018-12-07）

（7）陈某军告诉陈女士，陈女士被结婚和被买房，均为他的徒弟操作。（百度知道）

显然，例（6）中的"死亡"一事并不是真实发生了，且是行为主体"三亚女子"并不知情的，具有"被动性"。例（7）中的"结婚""买房"也不是行为主体"陈女士"主动、自愿的，是某些外在因素导致"陈女士"在还没有结婚和买房的情况下，婚姻登记处和房产登记处已经有其信息。这种结果不仅不是行为主体自主产生的（是在其不知情的情况下发生的），而且与实际情况不符，属于应当予以纠正的一种行为。

汉语的被动观念除了体现在句式中，还体现在汉字、词语结构等层面。本书主要讨论汉语的被动句式，其他层面的被动观念形式不是我们探讨的重点。相对来说，被动句式才是汉语学习者的主要学习难点。

# 3. 英语的被动句可以翻译成汉语的什么句式？

在英语等印欧语里，被动句基本上都有形式标记；而汉语缺乏形态变化，被动语义在汉语中不一定都有对应的被动形式。汉语中最典型的被动形式就是"被"字句，但不是只有"被"字句才能表达被动语义。因此，不能简单地把英语的被动句与汉语的"被"字句画上等号。

在英语中，虽然被动句的使用频率远不如主动句高，但用英语写文章不使用被动句几乎不行。相较而言，英语被动句的使用频率远远高于汉语"被"字句。曾有学者对英语小说中的被动句和汉语小说中的"被"字句的使用情况做过统计，发现英语小说中的被动句使用数量大大超过了汉语小说中的"被"字句，这说明被动句在英语中使用得非常普遍。[①] 王还（1987）指出，《当代英语语法》中提到的几种典型英语被动句翻译成汉语时，没有一句是必须要译成"被"字句的。例如：

（1）This violin was made by my father.

　　汉译：这把小提琴是我父亲做的。

（2）This conclusion is hardly justified by the results.

　　汉译：结果很难证明这个结论是正确的。

（3）Coal has been replaced by oil.

　　汉译：煤炭已经由石油替代。

（4）This difficulty can be avoided in several ways.

　　汉译：这个困难可以通过好几种办法来避免。

（5）We were encouraged to go on with the project.

　　汉译：（已取得的成绩）鼓励我们把计划进行下去。

（6）John was interested in linguistics.

　　汉译：约翰对语言学感兴趣。

（7）The modern world becomes more highly industrialized and mechanized.

　　汉译：现今世界变得更加高度工业化和机械化了。

（8）The house is already sold.

　　汉译：房子已经卖掉了。

　　虽然这些翻译并不是唯一的译法，但是至少没有一句是非译成"被"字句不可的。可见，说汉语的人对"被"字句的想法和说英语的人对被动句的想法吻合之处不多。但许多汉语学习者会自觉不自觉地将英语的被动句与汉语的"被"字

---

① 王还（1987）分别统计了英语小说《傲慢与偏见》《人性的枷锁》和汉语小说《骆驼祥子》《班主任》中的被动句使用情况，发现《傲慢与偏见》前30页有135个被动句，《人性的枷锁》前40页有115个被动句，而《骆驼祥子》共211页有100个"被"字句，《班主任》共29页有7个"被"字句。

句画上等号，因此造成学习上的障碍和困难。所以，了解英语的被动句可以翻译成汉语的哪些句式，也就是说，掌握哪些汉语句式可以与英语被动句对应，对母语为英语的汉语学习者很有帮助。

一般来说，与英语被动句对应的汉语句式主要有 7 种，分别是：非主谓句、无标记被动句、"遭受"类动词谓语句、"加以""得到"类动词谓语句、"由"字句、"是……的"句和"被"字句。

## 一、非主谓句

英语的被动句常常用在理论性较强的文体中，同样语境下，汉语常用非主谓句。例如：

（9）It is only by firmly maintaining the national united front that the difficulties can be overcome, the enemy defeated and a new China built ...（王还，1987）

　　坚持民族统一战线才能克服困难，战胜敌人，建设新中国……

（10）More roads will be built so as to improve the rural transport conditions. In the meantime, efforts will be made to increase the post and telecommunications facilities.（王还，1987）

　　　　加强公路建设，改善农村条件。同时，大力加强邮电通信建设。

例（9）是从毛泽东的《中国共产党在民族战争中的地位》及其译文中摘录下来的，例（10）是《关于第六个五年计划的报告》中的句子及其译文。这两个例子都来自政论性文体，理论性较强。在这样的正式公文中，英语常使用被动句，而汉语则不常使用被动句。当然，这也不是说这些英文句子只能有一种翻译，但无论如何翻译，汉语中一般都不大会使用"被"字句。

## 二、无标记被动句

汉语被动句中的"被"字句虽然形式比较典型，但使用频率却不高，且常用于书面语，口语中则多使用"叫""让""给"等被动句。汉语中还有一种能表达被动语义但没有被动标记的句子，就是无标记被动句。无标记被动句无论是在理论性较强的文体中，还是在文学语言中，或是在日常口语中，都大量存在。例如：

　　（11）信写好了。

　　　　The letter has been written.

　　（12）中文楼的教室王师傅负责管理。

　　　　The classroom in the Chinese building is taken care of by Mr. Wang.

　　（13）这些碗我都洗三回了。

　　　　These bowls have been washed three times.

　　（14）他前年就派到这里做一把手了。

　　　　He was sent here to be the top leader the year before last.

　　以上这些句子在汉语中均不使用被动标记，但都可以译成英语的被动句。无标记被动句以受事为话题，叙述受事受到动作影响后的结果，受事一般是确指的人或事物，所以无标记被动句在形式上与主动句相似。与"被"字句相比，无标记被动句一般用于客观叙述，句子带中性色彩，不表达明显的遭受义，被动意味相对来说也比较弱。无标记被动句是汉语学习者容易忽略的一种被动句式，特别是初学者，常常将其套进"被"字句的句法框架中，造出类似"信被我写好了""中文楼的教室被王师傅负责管理"等错误的句子。因此，汉语学习者应该特别注意，英语的被动句也可以对应汉语的无标记被动句。

## 三、"遭受"类动词谓语句

　　"遭受"类动词谓语句是指以"遭""受""挨""遭受""蒙受""受到"等为谓语动词的句子。这些句子在形式上是主动句，但在语义上，主语和谓语动词的宾语是受动关系，对应英语中动词为 suffer、experience 等的动词谓语句。例如：

　　（15）南方大部分省份都遭受了水灾。

　　　　Most provinces in south China has suffered from floods.

　　（16）他经常挨爸爸打。

　　　　He often gets beaten by his father.

　　（17）姐姐在婆家受到了虐待。

　　　　My older sister was abused in her mother-in-law's home.

这类句子主要表达遭受了不幸或者不愉快的事情。但以"受到""受"为谓语动词的句子也可以表达愉快或者如意的事情。例如：

（18）他昨天受到了公司的表彰。

He was commended by the company yesterday.

在这几个词中，"遭""遭受""蒙受""挨"一般用于表达不愉快的事情，"受""受到"用于表达不愉快或者愉快的事情都可以。

## 四、"加以""得到"类动词谓语句

"加以"等动词本身不具备实际意义，只是帮助说明人对事物如何处理，而处理的方式则由其后的具体动词表明。这类动词一般称为"形式动词"，类似的还有"进行""予以""给以"等。形式动词后还需搭配一个具备处置意义的双音节及物动词，这个词才是真正的谓语中心词。这类句子的主语是受事，可以是人或者事物，施事可以出现也可以不出现。英语中的被动句也能翻译成"加以"类形式动词构成的动词谓语句。例如：

（19）这种状况必须加以改变。（王还，1987）

This situation must be changed.

例（19）中的"加以"是形式动词，真正的实义动词是"改变"，"改变"与主语"这种状况"是受动关系。"加以"后面的动词可以是表积极意义的，如"加以改进""加以解决"；也可以是表消极意义的，如"加以整顿""加以摧毁"。

此外，还有一些特殊的动词谓语句也可以与英语的被动句对应，如以"得到"为谓语动词的句子。"得到"与"加以"不太一样，它后面可以接名词性成分，如"得到奖金""得到报酬"；也可以接动词性成分，如"得到理解""得到鼓励"。以"得到 + 动词"为谓语的被动句可以与英语的被动句对应。例如：

（20）这一决定得到了大多数人支持。

The decision was supported by most people.

（21）他今天的表现得到了肯定。

His performance today has been affirmed.

上面两例的英语译文都使用了被动句，如果将这样的被动句直接翻译成汉语的"被"字句，就会产生如"这一决定被大多数人支持""他今天的表现被肯定"的偏误。在实际学习中，这样的偏误不是少数。究其原因，是学习者不明白英语的被动句还可以对应汉语的"得到"类动词谓语句。与"加以"不同的是，"得到"后面的动词一般不能是表消极意义的，如"得到虐待""得到批评"我们一般不说，"得到改善""得到纠正""得到发扬"就可以说。

## 五、"由"字句

汉语介词"由"用以引出施事时，句子往往有被动意味，可以对应英语的被动句。但是在汉语中，"由"字句和"被"字句是两种不同的句式，汉语学习者常常会在该用"由"字句时用成"被"字句。在汉语中，这两种句式在很多情况下是不能互换的。例如：

（22）这次会议由老张主持。→＊这次会议被老张主持。

（23）钢笔都被他写坏了。→＊钢笔都由他写坏了。

"由"字句主要用于指出进行某事的责任归属于什么人，或者指出事物的组成成分，不牵涉受事受到什么影响，所以动词后不一定要带其他成分，如例（22）中的"主持"后不需要其他成分；而"被"字句却不同，它主要表达受事受到的影响，所以动词后必须带其他成分，如例（23）中的"坏了"。

## 六、"是……的"句

汉语中有许多回答或解释某事是什么时候、什么地点、以什么方式发生的或由什么人做的等可以回答一切"wh-questions"的被动句及其疑问句。表达这些语义时，汉语中一般不用"被"字句，而是用"是……的"句。例如：

（24）Q：《阿Q正传》是谁写的？

　　　A：是鲁迅写的。

（25）Q：这件毛衣是用什么线织的？

　　　A：是用羊毛混纺线织的。

这样的句子在英语中一般是用被动句来表达的，所以母语为英语的汉语学习者常常会受到母语的影响，以为也可以用"被"字句来表达，导致出现下列偏误：

（26）＊我们的汉语被张老师教。

（27）＊她的论文被张教授指导。

## 七、"被"字句

"被"字句被认为是与英语被动句最能对译的句式，很多本不该用"被"字句表达的语义，由于学习者的过度泛化，被错误地使用了"被"字句。其实在汉语中，"被"字句的使用要受到诸多限制，比如口语中常用"叫""让""给"等有标记被动句，用"被"字句的情况较少。"被"字句对于进入其中的诸多成分都有一定的限制，比如要求动词是及物性的且具有处置意义，动词后的补语必须要是能说明处置结果的成分，等等。另外，"被"字句常表达不如意或不愉快的结果，而英语被动句却没有这样的语义限制。因此，我们不应将汉语的"被"字句与英语的被动句完全画上等号。当然不可否认的是，英语中的一些被动句还是能与汉语的"被"字句进行对译的。一般必须用"被"字句的情况有：

第一，主语是受事，且主语是生命体，它与谓语动词在语义上既可以构成施动关系又可以构成受动关系。此时，为了明确施受关系，必须用"被"字句。例如：

（28）王先生被禁止自由行动。

　　　Mr. Wang was restricted from moving freely.

（29）她被勒令剪短了头发。

　　　She was ordered to have her hair cut short.

主语是生命体且需要引出施事时，也必须用"被"字句。例如：

（30）我被这刺鼻的气味熏得睁不开眼睛。

　　　I was blinded by the pungent smell.

这些句子在英语中都可以翻译成被动句。

第二，无论主语是生命体还是无生命体，当谓语动词是某些单音节动词时，如"捕""抢"等，必须用"被"字句。例如：

（31）江姐不幸被捕。

（32）新玩具被抢，他难受得哭了。

第三，句子有明显的被动意味，且表达不如意、不愉快的感情色彩时，必须用"被"字句，而不是无标记被动句。例如：

（33）刚买的新书就被他撕破了书皮。

（33'）刚买的新书撕破了书皮。

例（33'）所表达的被动意味和不如意色彩明显没有例（33）强烈。使用无标记被动句只表达对事实的一种陈述，并不表达说话人的主观色彩，如例（33'）就不表达"撕破书皮"这一结果是不如意的结果，是说话人不期望发生的，这一点与"被"字句不同。

总之，将英语的被动句翻译成汉语，很多时候并不能译成"被"字句，汉语中也不是只有"被"字句一种句式与英语被动句对应，所以我们不应该刻板地将汉语"被"字句与英语被动句完全画上等号。汉语学习者应该根据不同的情况选择不同的句式来对应英语的被动表达，尽管这些句式在汉语中不一定属于被动句的范畴。只有了解了这一点，他们在学习中才能更好地避免对某些句式进行无限类推和过度泛化。

# 4. 被动句有哪些类型？

在印欧语中，被动句有严格的形式标记，如英语被动句的谓语部分一般是"be＋动词过去分词"的形式。汉语的被动句不一定有形式标记，尽管这在汉语学术研究界还存在争论，但从汉语作为第二语言教学的角度看，多个语法教学大纲都从是否具有形式标记的角度对被动句做出了分类，如《汉语水平等级标准与语法等级大纲》（1996）、《高等学校外国留学生汉语言专业教学大纲》（2002）、《高等学校外国留学生汉语教学大纲（长期进修）》（2002）等都列出了意念被动句，2021年3月发布的《国际中文教育中文水平等级标准》中也有意念被动句。遵从现有的汉语教学大纲和教材，以及从汉语实际使用的情况看，外国学习者在学习汉语被动表达时无法回避无标记被动句，因此在本书中，我们将其看作被动句的一种。从是否有标记的角度，我们可以将被动句分为两类：有标记被动句和无标记被动句。

## 一、有标记被动句

有标记被动句是具有"被""让""叫""给"等标记，并用其引进施事的被动句，具体包括"被"字句、"让"字句、"叫"字句、"给"字句，以及与其相关的被动结构。其中，以"被"字句最为典型，是有标记被动句的代表句式。

### （一）"被"字句

"被"字句在谓语动词前有一个表示被动意义的介词"被"或由"被"构成的介词短语做状语。"被"字句叙述的行为一般不是主语所代表的人或事物的主动行为，而是说明某人或某事物受到某动作的影响而产生某种结果，这种行为大多是主语被动发生的且结果多为不如意的。"被"字句所表示的语法意义就是被动意义。"被"字句的基本格式是：主语＋被＋宾语｜动词＋其他成分。例如：

（1）杯子被我摔碎了。

（2）小王被老李打了一下。

"被"字句表示人或事物因为受到某种影响而有所变化。"被"的宾语在意义上是谓语动词所表动作的发出者，也就是施事。"被"字句的施事在句中可以出现，也可以不出现。根据施事是否出现，我们又可以将"被"字句分为长"被"字句和短"被"字句。例如：

（3）门被吹开了。

（4）我的病被治好了。

（5）那本书被他撕掉了封面。

（6）他被老师批评了一顿。

在例（3）、（4）中，"被"后的施事没有出现，这两个句子可以称为短"被"字句；而在例（5）、（6）中，"被"后出现了施事"他""老师"，这两个句子可以称为长"被"字句。例（3）、（4）中的施事可以根据上下文语境补充出来，变成例（3′）、（4′）；例（5）、（6）也可以因为表达需要把施事省略，变成例（5′）、（6′）。例如：

（3′）门被风吹开了。

（4′）我的病被医生治好了。

（5′）那本书被撕掉了封面。

（6′）他被批评了一顿。

现代汉语中的"被"还能与"给""所"等词语构成"被……给……""被……所……"等结构。例如：

（7）我的车不小心被小偷儿给偷走了。

（8）这件事差点儿被我给忘了。

（9）他完全被这姑娘的眼睛所吸引。

（10）没想到你会被这种小把戏所欺骗。

上述句子中的"给"和"所"是助词，没有实际意义，省略后也不影响句义表达。"被……所……"结构是古代汉语的遗留。另外，现代汉语中还有用"为"表示被动的句子，如"为……所……"结构，这些都是古代汉语遗留的句式。例如：

（11）这个消息暂时不为人知。

（12）他这种行为，为人类社会所不容。

## （二）表示被动的"让"字句、"叫"字句和"给"字句

在口语中，被动标记"被"经常被"让""叫""给"等词语代替，构成相应的有标记被动句。例如：

（13）他让雨淋湿了衣服。

（14）我的词典叫弟弟弄脏了。

（15）他的手机给老张摔坏了。

以"叫""让""给"为标记的被动句在表示被动义时用法与"被"字句有一定的区别。"被"多用于正式、庄重、严肃的场合，"让""叫""给"多用于口语，书面语中很少使用。根据吴门吉、周小兵（2004）的调查，用"被"的被动句在书面语中占有绝对优势，书面语中几乎不用"让""叫"被动句；但在京味儿的戏剧、相声中，则更多地使用"让""叫"被动句。另外，用"让""叫"引出施事的被动句，也可以与助词"给"配合使用，构成"让……给……""叫……

给……"结构，起到加强语气的作用，但没有"给……给……"表示被动的说法。与"被……给……"结构一样，"让……给……""叫……给……"中的"给"也可以省略不用，省略后不影响句义表达。例如：

（16）花生米都让老鼠（给）偷吃了。

（17）裤腿都叫雨水（给）打湿了。

"让""叫""给"①在表示被动时，后面的施事一般不能省略，这一点与"被"有所不同。例如：

（18）a. 弟弟被人打了。

　　　　b. 弟弟被打了。

（19）a. 弟弟让人打了。

　　　　b. *弟弟让打了。

例（19b）在表示被动时是不合格的句子。"叫"后面的施事很少省略，"给"后面的施事有时可以省略，有时不能省略。例如，"这一点已经被证明了"可以说，"这一点已经给证明了"就不能说；"他终于被接受了"可以说，"他终于给接受了"就不能说②；而"他们的衣服给马咬坏了三个洞"也很少直接省略成"他们的衣服给咬坏了三个洞"③。

还有一点需要注意，"让""叫""给"后面加指人的名词或代词时，其介词用法很容易与它们的动词用法混淆，让人产生误解，而"被"不会有这个问题。例如：

（20）桌子没让他搬走 ＝没命令他搬走

　　　　　　　　　　＝没容许他搬走

　　　　　　　　　　＝没被他搬走

（21）我叫他说了几句 ＝请他说了几句

　　　　　　　　　　＝被他说了几句

---

① "给"在被动句中有两种不同的用法：一是助词"给"，与"被""叫""让"构成"被/叫/让……给……"结构；二是介词"给"，与"被""叫""让"一样是被动标记，如例（15）。此处说的"给"是指被动标记"给"。

② 语例引自齐沪扬（2007）。

③ 语例引自齐沪扬（1995）。

（22）饼干给她吃了 ＝ 把饼干给她吃了

　　　　　　 ＝ 饼干被她吃了

（齐沪扬，2007）

例（20）～（22）的每个句子都不止一种语义，其中只有一种是表示被动义的。在实际使用中，只有当"让""叫""给"作为介词引出施事时，句子才表示被动。

## 二、无标记被动句

无标记被动句指句中没有使用被动标记但又表示被动意义的句子，也就是一般所说的意念被动句。例如：

（23）那橘子吃了。

（24）那橘子扔了。

（25）那碗摔坏了。

（26）那衣服叠得整整齐齐。

李珊（1993）认为，这种无标记被动句的特点集中体现在主语上：第一，主语在语义上是谓语动词所支配的对象。第二，主语是有定的，或是已知信息，或是上文中已经提到过的。第三，主语多半是无生命的。如果主语有生命，那语境会明确告知听话人主语绝不可能发出谓语动词所表示的动作。在无标记被动句中，施事一般不出现，如例（23）～（26）。如果施事要出现，它通常置于受事主语后、谓语动词前，这样句子在句法结构上就形成了"主 | 主 ＋ 谓"的主谓谓语式。主语是受事，谓语是主谓短语，主语在意念上接受主谓短语中动词的支配。例如：

（27）书包他收拾了。

（28）自行车小王骑走了。

（29）动画片儿你喜欢看吗？

（30）老张我不认识。

在例（27）、（28）中，施事通常不出现，即使出现了也可以删去，删去后句子的语义和结构不改变。施事还可以前移，前移后句子的语义、结构均发生改变，施事变为领事。例如：

（27′）他的书包收拾了。

（28′）小王的自行车骑走了。

　　这一类是比较典型的受事主语句，使用频率比较高。另外一类如例（29）、（30），施事在句中也可以不出现，即使出现了也可以删去；但与前一类不同的是，施事前移后，句子的语义、结构均维持不变。比较：

（29′）你动画片儿喜欢看吗？

（30′）我老张不认识。

　　其中的 $N_1$ 和 $N_2$ 不能有语义上的联系。如果"你"与"动画片儿"有语义联系，那例（29′）就不是"施事＋受事＋动词"的对应形式，而是一般的受事主语句，即"受事＋动词"，"你动画片儿"其实是"你的动画片儿"。它实际上是"受事＋施事＋动词"的对应式，或者说是它的变式。例（30）中的施事必须出现，如果删除施事"我"，受事"老张"会从受事转为施事，整个句子变成"老张不认识"。这一类句子的使用频率很低，动词仅限于"管""认识""了解""知道"等几个。

　　像例（31）、（32）这样的无标记被动句，还可以将受事主语后移到谓语动词的宾语位置上，这时全句就成了主动句。例如：

（31）《红楼梦》我已经读过许多遍了。

（32）今天的作业他早就做完了。

（31′）我已经读过许多遍《红楼梦》了。

（32′）他早就做完今天的作业了。

　　如果不需要强调施事，施事也可以不出现。例如：

（33）这个问题你们解决得很好。→ 这个问题解决得很好。

（34）今天的报纸我们已经买来了。→ 今天的报纸已经买来了。

　　这样的无标记被动句，有时候可以在施事前加上"被"，变成"被"字句。例如：

（35）那本书他弄脏了。→ 那本书被他弄脏了。

（36）那床被子雨淋湿了。→ 那床被子被雨淋湿了。

　　但有时候却不能变换成"被"字句。例如：

（37）信老李刚写了一半。→＊信刚被老李写了一半。

（38）小张的名字我记住了。→＊小张的名字被我记住了。

无标记被动句常用于泛论一般道理，有时也用来说明事物处于什么状况。例如：

（39）早饭要吃好，午饭要吃饱，晚饭要吃少。

（40）（他）头上戴着朵大红花，辫子也随意搭在了脖子后。

（41）长袖穿在里面，短袖穿在外面，这就是最新潮的样式。

上述这几个句子，主要是对现象或状态的描写，有学者认为可以将它们称为"描记句"或"评议句"（范晓，1994；张豫峰，2006）。

根据李珊（1993）的总结，无标记被动句一般具备四个特点：第一，无施事；第二，无"被"字；第三，无使役关系；第四，不蕴含褒贬义。吕文华（2008）提出，基础汉语教材中历来只介绍"被"字句和意念上的被动句两种，《汉语水平等级标准与语法等级大纲》甲级语法项目中介绍的被动句也是以上两种，而且最新的《国际中文教育中文水平等级标准》中也是将被动句划分为有标记被动句和无标记被动句两类。至于汉语本体研究中认为的表示被动意义的其他句式，如"由"字句、"遭受"类动词谓语句、"是……的"句等，我们在本书中不作为典型被动句式讨论，但会涉及相关内容。我们对被动句的界定和分类主要还是从汉语教学的角度出发，依据大纲、教材及使用频率、偏误率等因素综合考量。

# 5. 无标记被动句有哪些类型？

无标记被动句是指结构中没有特殊标记，但是又表示被动意义的句子。无标记被动句往往是外国学习者学习汉语被动句时最容易出现偏误的一类（李大忠，1996）。因为许多语言对施事和受事、主动和被动的区分比较明确，不仅印欧语如此，而且韩语、日语也是这样。在这些语言的母语者看来，如果一个句子表示被动意义，那句中就应当有表示被动语态的某种标记或手段。基于这样的认识，他们认为只要表示被动意义，就应该使用有标记被动句。将这样的观念迁移到汉语学习中，他们自然会出现很多偏误。要解决这个问题，外国学习者除了需要了解汉语无标记被动句和有标记被动句的区别外，还应该了解无标记被动句有哪些类型，以便更好地认识、理解和使用无标记被动句。

从结构上看，汉语的无标记被动句主要有两种类型。一种是"N$_受$＋V"型。在这种被动句中，受事做主语，后面紧跟动词，动作的施事不出现。相对来说，这种被动句的结构比较简单。另一种是"N$_受$＋N$_施$＋V"型。与前者相比，这种被动句在受事主语后、谓语动词前出现了施事名词，相对来说结构比较复杂。我们把前者称为"简单的无标记被动句"，把后者称为"复杂的无标记被动句"。

## 一、简单的无标记被动句

简单的无标记被动句（即"N$_受$＋V"）是最典型的无标记被动句（吕文华，2013）。这类被动句在汉语中使用广泛，其各句法成分都有一定的特点，具体如下：

### （一）主语

简单的无标记被动句中，施事一般不出现，受事居于句首主语的位置。从语用上说，受事既是主语也是句子的话题。例如：

（1）饭已经煮好了。

（2）运动会上周举行了。

例（1）中的主语"饭"相对于谓语动词"煮"来说，是受事，句中没有出现"煮"的施事。同样，例（2）中的主语"运动会"是"举行"的受事，句中施事也没有出现。这类句子主要用于叙述某个事物或事件发生的变化，没有不如意的感情色彩，句子的被动意味比较弱。有的情况下，这类被动句可以变换为"被"字句。例如：

（3）花瓶已经摔碎了。→花瓶已经被摔碎了。

（4）房间弄得一团糟。→房间被弄得一团糟。

例（3）、（4）如果要凸显被动意味，就可以直接在句中谓语动词前加上"被"

变换为有标记被动句。但是这种变换有一定的要求，即当句中的动作结果表达不如意的感情色彩时才能进行，例（1）、（2）就无法变换成"被"字句。例如：

（1′）*饭已经被煮好了。

（2′）*运动会上周被举行了。

被动句的主语是动作的受事，若是无生命体，其本就不易与后面的谓语动词产生施受关系上的混淆；若是生命体，但从语义上不会影响其成为动作受事时，句子也能成立。例如：

（5）这次任务完成得很好。

（6）现在人们的生活质量比过去提高了不少。

（7）这个岗位上的负责人撤换了好几波。

（8）失散多年的亲人找着了。

例（5）、（6）的主语"任务"和"生活质量"都是无生命体，它们在逻辑上只能充当动作的受事。例（7）、（8）的主语"负责人"和"亲人"是生命体，但他们与后面的谓语动词"撤换"和"找着"只能是受事关系，不会让人产生误解，所以句子能成立。如果主语是生命体且又具备成为谓语动词的施事的可能，那句子则容易产生歧义。例如：

（9）老王找到了。

例（9）可以理解为"老王找到了某物"，也可以理解为"老王被谁找到了"。要想消除歧义，我们可以通过添加被动标记或改换其他句式表达来实现。例如：

（9′）a. 老王被我们找到了。

　　　b. 老王找到（某物）了。

在例（9′）中，a 句是通过增加被动标记，确定了"老王"受事主语的地位，句子是被动句；b 句是在谓语动词后面添加了宾语"某物"，这就能说明"老王"是动作的发出者，确定了句子是主动句而不是被动句。

## （二）谓语动词

由于受事已经在谓语动词前做了主语，因此谓语动词后一般不带宾语，如以上各例句。但是，也有一些谓语动词后带宾语的情况。例如：

（10）地中海沿岸称为西方文明的摇篮。（龚千炎，1980）

（11）《西游记》已经翻译成几十种语言，畅销全世界了。

（12）西瓜买了两个。

（13）这条路刚铺了水泥。

（14）那么多人要解决温饱。

（15）这件衣服打了八折。

在例（10）中，"称为"这个动词的性质接近于"是"，主语和宾语实际上是同一事物的不同名称。在例（11）中，宾语"几十种语言"是《西游记》变化后的结果。在例（12）中，宾语是主语的一部分，即"两个"是全部西瓜中的两个。在例（13）中，"水泥"是铺路的材料，同时也是"铺"的宾语。在例（14）、（15）中，"解决温饱"和"打八折"都是结构关系比较紧密的动宾短语，不能拆开。因此这类无标记被动句的谓语动词要带宾语，那宾语必须跟主语或者谓语动词有密切关系，这样句子才能成立。

在无标记被动句中，谓语动词前如果有表示意愿的能愿动词，那么句子的被动性会更加突出。例如：

（16）乱收费的现象应该坚决整治。

（17）老百姓的吃饭问题要妥善解决。

（18）"一个亿"的小目标明年可以实现。

在例（16）～（18）中，谓语动词前分别有能愿动词"应该""要""可以"。能愿动词一般置于实义动词前，用来加强实义动词的语气，这时谓语动词与受事之间的受动关系也会得到加强，句子的被动意味会更加明显。

有时谓语动词前还有"加以""予以""给以"等形式动词，或"得到""值得"等后面常带谓词性动词做宾语的动词，这时句子的被动性也比较强。例如：

（19）这股歪风习气必须加以惩治。

（20）民生问题得到了极大的改善。

"加以"等形式动词后通常会带双音节或多音节的动词性成分（多数是双音节，少数是三音节或四音节），其后一般不能再带宾语，因为真正的宾语已经居于句首做主语了。

### （三）表示强调的固定结构

简单的无标记被动句还可以作为表示强调的一种固定格式。例如：

（21）这么长时间过去了，一点儿消息也没有。

（22）他就呆呆地坐在那里，一句话都不说。

（23）现在这个时候，（他）什么道理也听不进去。

上面三个句子中的"一……也……""一……不……""什么……不……"都是一种表示强调的固定结构，无标记被动句与这类固定结构组合，使得整个句子也具备了强调作用。

## 二、复杂的无标记被动句

跟简单的无标记被动句相比，复杂的无标记被动句的特点是在受事主语和谓语动词中间插入了施事。与一般主动句比较，它可以看成受事从宾语的位置前移到了主语的位置上。整个句子从结构上看有两个层次，受事主语和后面的谓语是第一层，谓语部分又由一个主谓结构构成，其中的主语和谓语可以看作第二层。

### （一）两种句式的变换

"$N_受$＋V"与"$N_受$＋$N_施$＋V"经常可以互相变换。例如：

（24）教室打扫干净了。→教室他们打扫干净了。

（25）书已经包好了。→书妈妈已经包好了。

（26）这碗饭吃得干干净净。→这碗饭我吃得干干净净。

有时也不能变换。例如：

（27）人民的生活水平提高了。→＊人民的生活水平政府提高了。

（28）世界性的难题得到了解决。→＊世界性的难题科学家们得到了解决。

（29）你们的遭遇我们很同情。→＊你们的遭遇很同情。

（30）这种榴梿我喜欢。→＊这种榴梿喜欢。

能不能变换主要看句子的施事是否可以出现。如果施事是不确定的或众所周

知的不需要出现的人或机构，那么句子只能使用"N$_{受}$ + V"句式，不能变换为
"N$_{受}$ + N$_{施}$ + V"句式，如例（27）、（28）；有些施事是必须出现的，省略了会影响语义，那么句子只能使用复杂的无标记被动句，不能变换为简单的无标记被动句，如例（29）、（30）。

这两种无标记被动句都可以变换为"被"字句。当简单的无标记被动句可以变换为"被"字句时，它也能变换为复杂的无标记被动句；而当复杂的无标记被动句可以变换为简单的无标记被动句时，它也同样能变换为"被"字句。但反过来就不行。例如：

（31）椅子踩脏了。→ 椅子被踩脏了。/ 椅子被他们踩脏了。→ 椅子他们踩脏了。

（32）信写好了。→ *信被写好了。

（33）这个口味的冰激凌我吃多了。→ *这个口味的冰激凌被我吃多了。

## （二）主语的生命性

在复杂的无标记被动句中，如果受事主语是无生命体，而施事是生命体，则其可以变换成"被"字句。例如：

（34）他的马脚我们已经发现了。

　　　他的马脚已经被我们发现了。

如果受事主语和施事都是无生命体，或者受事是生命体而施事是无生命体，那就只能构成"被"字句，而无法构成复杂的无标记被动句。例如：

（35）他的内心突然被这一幕触动了。

　　　*他的内心突然这一幕触动了。

这是因为无标记被动句的被动意味没有"被"字句那么强，如果没有"被"的标记作用，那么句子的被动意味较弱，句子无法成立。如果把"这一幕"去掉，改为"他的内心突然触动了"，句子可以成立，但就不具有明显的被动意味了。

## （三）表示强调的固定结构

复杂的无标记被动句中也可以有表示强调的固定结构。例如：

（36）什么问题我都替你处理好了。

（37）这些人一个我也不敢得罪。

例（36）的受事主语是任指性词语，后面是一个主谓结构充当谓语，"什么……都……"是表示强调的固定结构；例（37）中的"这些人"是受事主语，与"一个"是整体与部分的关系，"一个……也不……"也是表示强调的固定结构。复杂的无标记被动句与这些表示强调的结构结合，使得整个句子就具备了明显的强调作用。

可见，汉语的无标记被动句根据谓语动词的施事是否出现大致可以分为两类，简单的无标记被动句和复杂的无标记被动句。无标记被动句是受事做主语的句子，它与有标记被动句有一定的变换关系。这类句子有时候会产生歧义，主要看主语与谓语动词的语义关系是否存在多种理解。如果主语只能理解为谓语动词的受事，那么就没有歧义；如果主语从语义上既可以看作谓语动词的施事，也可以看作谓语动词的受事，那么句子有歧义。主语理解为谓语动词的施事时，句子是主动句。

# 6. 有标记被动句表达什么语义？

"被"字句是有标记被动句的典型代表，有标记被动句还包括以"叫""让""给"等为标记的句子。有标记被动句主要表达被动语义，但是这几个句式在表达被动语义时有所不同。另外，以"叫""让""给"为标记的有标记被动句还能表达其他的语义。这些句式所表达的不同语义会给汉语学习者带来一定的困难，因此本问主要讨论有标记被动句的语义问题。

## 一、"被"字句的语义

### （一）表示"不如意"

"被"字句是有标记被动句的典型代表。许多学者认为"被"字句除了表示被动语义外还常常带有"不如意"的语义色彩，如王力（1957）认为"被"字句在表义上有限制，即"表示那些对主语所表的事物来说是不幸或不愉快的事情"，并说这是汉语"几千年来的语言习惯"，现代汉语口语中使用的"叫"字句、"让"字句和"给"字句也有相同的语义特征。可以说，"不如意"是对"被"字句语义解读的代表性观点，并得到了学界的普遍认可。李临定（1980）就对此进行过专门考察，他对《骆驼祥子》中的"被"字句进行统计和分析，发现在102个"被"字句里，表示不如意的有81个，表示中性的有21个，没有表示褒义的。桥本万太郎（1987）说道："因为'被'字是个动词而表示遭受一件事，'被'字句有不幸、不利之色彩是理所当然的。"因此他认为"被"字句表示"受害语态"。李珊（1993）也提到"'被'含'蒙受'义，表示一种遭受现象，这种语义上的独特之处，使汉语"被"字句于被动意义之外，一开始就多了一层不幸、不如意、不愉快、有所损害的语义色彩"。李宗江（2004）指出，汉语被动句的语义特征应该概括为"有损"，这种"有损"是针对主语而言的。"有损"语义可以通过"被＋V＋了"脱离语境后的可接受性来检验，即凡具有"损害"语义特征的动词都可以出现在这个句法槽中，而且这种语义特征越明显，"被＋V＋了"的可接受性就越强。他还认为，损害义动词可分为强损动词和弱损动词两类。有一些动词表示的动作行为可以使主语受益，如"拔擢"类动词（"提""选""评"等）。这类动词进入"被"字句中可以看成使某人离开原来的群体进入另一个群体，相对于原来的群体来说，这种"离去"也表示一种损害。从这个角度说，这类动词也属于弱损动词。

## （二）表示"不可控"

随着语言的发展，无论是将"被"字句的语义归纳为包含中性色彩的"不如意"之义，还是将"如意"看作"不如意"的特殊类型，以"不如意""不幸""遭受/蒙受"等来概括"被"字句的语义特征似乎已不符合当下的汉语实际。戴耀晶（2006）通过对比被动句与相应主动句的语义，认为表示"不如意"也能使用主动句，而且有些被动句（如表示褒义的被动句）无法用"不如意"来解释。于是，他提出有标记被动句的句式语义可以用"不可控"来概括。"不可控"就是被动，在语义上属于"不如意"的上位。"不可控"指的不是说话人，而是句中受动词支配的被动者（通常是主语）。被动者对动词表示的动作行为可以喜欢，也可以不喜欢，但对其没有控制力。汉语中许多被动句所表示的"不如意"都可以从"不可控"的语义中衍生出来，这一点也能保证被动句与相应的主动句形成明显的语义差别。其实，"不可控"对于受事来说就是一种意外。在这一点上，不少学者都有过类似的表述。杉村博文（2006）认为，汉语的被动概念可以理解为"以受事为视角，叙述一件出乎说话人意料地发生的事件"，被动句的语义原型可以理解为"意外事件"，这种"意外"的语义与被动句是一种无标记组配。木村英树（2005）也指出，被动句的语义原型在于表示某个参与者受到了另外一个参与者的动作行为的影响而产生某种非自主的变化，"非自主"实则"意外""不可控"。持"意外"说的学者还有许多，如邵敬敏（2006）、马庆株（2006）等都有提到"被"字的语法意义是凸显某个事物遭受到出乎意料的动作行为的影响。

我们认为，学者们用"不可控""出乎意料"等语义概括有标记被动句的特点是准确的，这种"出乎意料"正好反映了被动句中施动者的动作行为给受动者所带来影响的不可预测性，也体现了说话人对"动作影响下的结果"的强调。这种"出乎意料"既能概括"不如意"的结果，也能概括"如意"的结果和中性的结果。例如：

（1）新买的玻璃杯被老李摔坏了。

（2）我们的领导刚被评为"优秀党员"。

（3）老李前几天刚被上级部门调走。

从语义上说，这三个例句都反映了受事受到动作行为影响后产生了令说话人出乎意料的结果。例（1）是传统意义上的"不如意"的结果；例（2）中是"拔擢"类动词做谓语，其所产生的结果是"如意"的；例（3）中的结果无所谓如意或不如意，但仍然体现了受事对事件结果的不可预料性。

## 二、"叫""让""给"有标记被动句的语义

"叫""让""给"也可以作为有标记被动句的被动标记，以此为标记的被动句也表示被动语义；但是与"被"字句相比，它们在语体、句法、语义等方面都

有所不同。相对来说，"叫""让""给"有标记被动句在口语中使用较多，"被"字句在书面语中比较常见。

木村英树（2005）指出，汉语被动句的语义原型在于表示某个参与者受到了另外一个参与者的动作行为的影响而产生某种非自主的变化，并且认为"给"字句的受益者是动作引发者，即引起别人执行某种动作的动因，而被动句的施事是状况引发者，即促使别人产生某种状况的动因。他们都是引发某种事态的动因。以这一共同点为契机，北京话"给"字的功能由标记受益者（即动作引发者）扩展到标记状况引发者，从而产生了"给"字的被动介词功能。李宇明、陈前瑞（2005）也对"给+VP"的语义发展途径进行了考察，他们认为此结构的发展路径可以概括为：受益→处置→被动。屈哨兵（2006）认为，"叫""让""给"一般被看作被动标记，既往关于这些标记的研究主要集中在两个方面：一是语体色彩，认为这几个被动标记的口语色彩比较浓；二是地域分布，通常认为"给"这个被动标记可能更多地受南方方言的影响，"叫""让"则是北方方言的本色。祁文娟（2013）从主观性的角度对"被"字句和"叫""让""给"有标记被动句进行了对比，认为在"被"字句中，说话人对受事的移情等级是最高的，主观性最强；"叫""让"被动句表达的主观性次之；"给"字被动句表达的主观性最弱。

我们认为"叫""让""给"作为被动标记时，句子表达被动语义；但是与"被"字句不同的是，"叫""让""给"有标记被动句表达的意义相对主观，且受到的限制较多。在句法上，"被"字后的施事是否出现，句式均能成立。例如：

（4）小猫被弟弟打了一下。→ 小猫被打了一下。

但"叫""让""给"后的施事是否可以省略是有限制的。例如：

（5）小猫叫弟弟打了一下。→ * 小猫叫打了一下。

（6）小猫让弟弟打了一下。→ * 小猫让打了一下

（7）小猫给弟弟打了一下。→ ？ 小猫给打了一下。

在语义上，"被"后有施事出现时，句子的被动语义比较明确，不会产生歧义；而"叫""让""给"后有施事时，其介词用法容易与动词用法产生混淆。例如：

（8）饭碗被他拿走了。（被动）

（9）饭碗叫他拿走了。（被动／命令）

（10）饭碗让他拿走了。（被动 / 允许 / 命令）

（11）饭碗给他拿走了。（被动 / 处置）

相对来说，"叫""让""给"有标记被动句所表达的被动义要弱于"被"字句，换而言之，就是它们表达被动义的独立性没有"被"字句强。

# 7. 无标记被动句表达什么语义？

无标记被动句也能表达被动语义，它与有标记被动句所表达的语义是否一致？它在语义表达上有什么特点？汉语学习者应该如何区分有标记被动句和无标记被动句？

## 一、无标记被动句的语义

2021 年发布的《国际中文教育中文水平等级标准》中列举的无标记被动句（意念被动句）如下：

（1）蛋糕吃光了。

（2）衣服穿破了。

（3）车票卖完了。

对于这类句子所表达的语义，不同的学者有不同的看法。龚千炎（1980）认为，无标记被动句是由受事充当主语的，可以叫作"受事主语句"，也是汉语中的被动句，自然具有被动语义；并且指出，这类句子跟施事主语句用在一起可以不破坏句法的整齐度，能够用来泛说一般的道理、列举各种情况、衔接上下文，还能与各种句式配合，灵活变换角度，加强表达效果。王还（1983）认为，主语是受事而不用"被"字的句子在汉语中比"被"字句要多得多，而且并不全是被动句，只有其中一部分可以算作被动句。这主要根据谓语是叙述性的还是描写性的进行区分。如果谓语部分是叙述性的，句中没有施事，多数情况下也很难补出施事，而且说话人只对某事物或某人发生了什么变化有兴趣，而对使这种变化产生的来源毫不在意，这类句子中只有小部分是可以在谓语动词前加"被"，大部分是不能加的，即便加了也不自然。这类句子的受事主语绝大多数是事物，极少是人，谓语动词完全不牵涉愉快不愉快的问题，被动语气很弱。如果谓语部分是描写性的，句子就不能算是被动句。宋玉柱（1991）认为，只要主语表示动作的受事，句子就可以叫作"被动句"，被动句即表达被动意义。李珊（1993）也指出，汉语被动意义的表达通常不需要用什么形式标记，只有当句子结构不足以充分显示主语的受动特点，不足以表示被动动词的语义指向时，才使用特有的表被动的形式标记。因此，被动句显示主语的受动特点，表示被动动词的语义指向。吕文华（2008）提到，无标记被动句在表达上是以受事为话题，叙述受事受动作影响后的结果，主语是确指的事物或人。这种句子一般用于心情平静时不带感情色彩的叙述，被动意味比较弱。

　　当然，也有学者从形式和意义不相匹配的角度出发，认为这类句子不可以称为"被动句"。范晓（1994）提到，这类句子中的谓语不是表示主语的施动或被动，而是表示受事主语所代表的事物的情状或是对与主语有关联的某种动作行为进行的评议。张豫峰（2006）同意范晓的观点，认为这类句子更多的是在描记或评议，听话人很难从逻辑意义上去判断是主动还是被动。戴耀晶（2006）的观点是，如果从被动意义出发构建语法范畴，那么没有"被"字的被动表达也可以归入被动语态，只不过由于没有被动标记，句子的被动性得不到保证，且有可能产生歧义。

　　尽管学界对于例（1）～（3）这类句子是否属于被动句的范畴还有争议，但不可否认的是，这些句子都能表达或传递被动意义，都能表示受事主语所代表的事物在经过谓语动词所表示的动作行为影响之后，所达到或呈现出来的结果或状态。这类句子的被动意味有时候需要通过语境才能确定，相对来说被动性比较弱，甚至可以理解为对结果或状态进行描记或评议。也许有标记被动句和无标记被动句的被动等级之间存在一定的阶层差异，正如邢欣（2006）认为的被动句本身是一个连续统，分为强制性被动句、选择性被动句和隐性被动句。强制性被动句，即典型的"被"字句，是被动句的原型；选择性被动句，"被"字可用可不用，语义上被动性减弱，结果性和使役性增加；隐性被动句，不能用"被"但是语义上表示被动，主要强调结果。这个连续统是根据被动性的减弱和结果性的增强来确定使用不使用被动标记的，到最后，谓语动词只是为了满足形式上的需要，句子语义已经过渡到结果或状态，"被"字完全消失，便是隐性被动句。

## 二、无标记被动句和有标记被动句的语义区别

无标记被动句和有标记被动句虽然都可以表达被动意义，在一些情况下还可以互相变换，但是二者在语义上还是有所区别的。试比较一下：

（4）a. 他拿走了那本书。

b. 那本书他拿走了。

c. 那本书被他拿走了。

例（4）这组句子要表达的基本义是"某人拿走了一本书"。a句和b、c句的区别在于话题选择的不同：a句是叙述施事"他"的动作和行为，是主动句；b、c两句的话题是受事"那本书"，两个句子都在叙述受事受动作影响后的结果，是被动句。b句和c句的区别在于表达的被动语义程度和感情色彩不同。b句着重于对"那本书"这一话题进行描述，表达作为话题和谓语动词"拿"的受事的"那本书"所经历的状态以及目前所呈现的结果（即"拿走了"）。说话人在说出这个句子时，并不带有任何感情色彩。这个句子可以出现在以下语境中：

（5）甲：上周我买的那本漫画书呢？

乙：哪本书？

甲：就是我去书店买的那本日本漫画书。

乙：哦，那本书他（小王）拿走了。

例（5）中的"那本书他拿走了"对于说话人而言，只是在描述一个事实，即目前的"书"所呈现的一种状态，并不涉及说话人的主观感情。这个句子着重于叙述事实本身，被动意味比较弱，如果换成有标记被动句，则能体现出说话人对"书被拿走"这件事的遗憾或不满。因此相较于例（4b）这样的无标记被动句，例（4c）不仅明显标示了"书"与"拿"之间的受动关系，而且还带有说话人一定的感情色彩。例（4c）可以理解为"那本书我还没有看呢，但是被他拿走了"，但如果换成"那本书我还没有看呢，他拿走了"，似乎就缺少了说话人的主观感情，被动义也不够明确，更多的是在陈述事实。

可见，无标记被动句也能表达被动语义，只不过相对来说它在语义上更倾向于对受事主语起到一种描述、评议或说明的作用；而有标记被动句不仅能表达被动语义，还能体现说话人一定的主观感情色彩，表达受事主语受到动作影响后产生了一定的结果。换言之，有标记被动句表达的被动语义更强一些。

# 8. 什么时候使用有标记被动句？

既然汉语被动句可分为无标记和有标记两种，那么什么时候该使用有标记被动句，什么时候该使用无标记被动句，就成了汉语学习者最想要了解的问题。本问我们就来谈谈有标记被动句的使用条件。

## 一、句子结构的需要

从句子结构的角度看，使用有标记被动句主要有以下几个原因：

第一，句中如果有"所""给""将""把"等词语，与"被"组合成"被……所……""被（叫/让）……给……""被……将……"等格式，或者与"把"字结构套用，组合成"被……把……"结构时，句子只能使用有标记被动句。例如：

（1）＊她的建议我们所接受。

　　→她的建议被我们所接受。

（2）＊牲口套绳把腿捆住了。

　　→牲口被套绳把腿捆住了。

例（1）、（2）是汉语学习者常见的偏误句式，他们本该使用被动标记"被"与后面的"所""把"形成固定结构却没有使用，使"被……所……""被……把……"这样的固定结构不完整，从而导致句子不正确。从成句的角度看，在套用格式中，被动标记的使用有一定的成句作用。

第二，当一些表示不如意、不企望等意义的单音节动词已经与被动标记在搭配上固定化时，句中需要使用有标记被动句。例如：

（3）＊公司的建筑材料不幸盗。

　　　　→公司的建筑材料不幸被盗。

（4）＊他又一次罚。

　　　　→他又一次被罚。

　　例（3）的谓语动词是单音节的"盗"，例（4）的谓语动词是单音节的"罚"，这样的动词还有"杀""砸""炸""骗""扔""拆""整""劫""擒""烧""围"等。这些单音节动词一般表示伤害义或受损义。这些动词与被动标记的搭配已经固化，所以例（3）、（4）中都应该使用被动标记"被"构成有标记被动句，这样句子结构才完整。

## 二、句子语义的需要

　　当句子的语义关系不清时，句中就有必要使用被动标记来理清语义关系，否则句子会产生歧义。例如：

（5）a. 王博士被看中了。

　　　b. 王博士看中了。

　　例（5）的主语"王博士"具有［＋生命性］的语义特征，而且谓语动词和主语的语义关系是可变的。若不用被动标记"被"，会出现两种情况：第一，句子的基本意义发生变化。在例（5a）中，"王博士"是受事，是被看中的对象；而在例（5b）中，"王博士"则成了施事，是他看中别人。第二，句子的性质发生变化。例（5a）是典型的被动句，而例（5b）则是主动句。被动标记能将句子从主动语态转化为被动语态，起到成句的作用，加强句子的被动意义。当句中含有施事，且施事与受事都对谓语动词具有施动的可能性时，被动标记必须使用，否则句子表达的意思就会出现偏差或者句子根本就不成立。再如：

（6）＊张三任命为销售部部长。

　　例（6）缺少被动标记"被"，导致语义表达不完整，句子不能成立。若将例（6）改为"张三被任命为销售部部长"，增加被动标记后，整个句子结构完整，语义清楚。可见，当受事主语是指人的名词或代词，语言环境又不足以表明其与谓语动词之间的受动关系时，为了避免歧义，被动标记必须使用。

### 三、句子语用的需要

从语用的角度看，被动标记也能起到特定的作用。具体如下：

第一，使用被动标记可以凸显语义。在具体叙述的过程中，说话人想要强调或凸显某个行为或动作的被动性、承受性，甚至是不可抗拒性，就必须有意识地使用被动标记。例如：

（7）坐在火堆旁，他觉得从脸到脚都被热气围着。

（8）明星出现负面新闻后，作品马上就被下架了。

将例（7）改为"坐在火堆旁，他觉得热气把脸和脚都围着了"后，句子凸显的是"热气"，而不是原句所强调的"从头到脚"；将例（8）改为"明星出现负面新闻后，作品马上就下架了"，句子能成立，表义也完整，但只是在陈述一个事件，没有凸显"作品下架"与前文"出现负面新闻"的因果关联性，更凸显不出"作品下架"的被动性和严重性。所以，例（7）、（8）如果不用被动标记，无论是改用"把"字句还是无标记被动句，都不可能达到同样的表达效果。

第二，使用被动标记可以使句子连贯。从篇章的角度看，为了使前后句或者前后分句的话题保持一致，需要使用被动标记，确保篇章前后连贯、协调。例如：

（9）很多书就这么堆在地上，被尘土覆盖。

（10）黄大仙到香港交了好运，被香港人越拜越大。

例（9）、（10）的主语分别是"很多书"和"黄大仙"，后面各分句的主语也与前句完全一致。如果不用被动标记而改用相应的主动句，如将例（9）改为"很多书就这么堆在地上，尘土覆盖了这些书"，将例（10）改为"黄大仙到香港交了好运，香港人把他越拜越大"，这势必会破坏整段话语的话题链，造成前后脱节，使篇章失去内在的连贯性。

第三，使用被动标记可以形成被动和主动的对照。有时句中需要通过主动形式和被动形式的对照来形成强烈的反差，起到鲜明的对比效果，这时就需要使用被动标记。例如：

（11）我从来没有这么舒心过，从来没有这么被人尊重过。

（12）小贝摔倒了，不但无人同情，反倒被同学们嘲笑。

例（11）为了突出"尊重"这种情况，使用了被动标记；例（12）为了强调"摔倒却被嘲笑"这一与众不同的情况，使用了被动标记。二者都表达了意外、出乎意料等语义。实际上，被动表述表达的是一种所受到的意外影响，而这种影响可能是不好的，也可能是好的。

第四，使用被动标记可以表达评价意义。当句中想要表达说话人的评价语气时，可以使用被动标记。例如：

（13）小王被评为"优秀教育工作者"了。

（14）老马被双规了。

例（13）是想表达说话人对"小王"的肯定，例（14）是想表达说话人认为"老马"要"出事"了。如果换成无标记被动句，就不具备这样的表达效果了，而且还有可能造成语义上的混乱。

因此，从结构上看，当句中出现"被……所……""被（叫／让）……给……""被……将……"和"被……把……"等套用格式时，或者出现与被动标记在搭配上已经固定化了的表示伤害义或受损义的单音节动词时，句子需要使用有标记被动句；从语义上看，当受事主语是指人的名词或代词，语言环境又不足以表明其与谓语动词之间的受动关系时，为了避免歧义，句子需要使用有标记被动句；从语用上看，为了凸显被动语义、使句子连贯、形成被动与主动的鲜明对照和表达评价意义，句子需要使用有标记被动句。

# 9. 什么时候使用无标记被动句？

无标记被动句没有明显的形式标记，有时候从语义上也不易看出被动关系。对于语感较弱的汉语学习者来说，想掌握好这种句式并不容易。因此，我们需要进一步向汉语学习者说明无标记被动句在什么情况下必须使用，在什么情况下可以有选择地使用。

## 一、必须使用无标记被动句的情况

### （一）当句子主语是无生命体且施事不出现时

无标记被动句着重描述或说明情状，并不强调被动意义。当没有必要强调被动意义，尤其当主语是无生命体或抽象事物，主语和谓语动词之间是明确的受动关系时，我们不能使用有标记被动句，而需要使用无标记被动句。例如：

（1）饭做好了。（*饭被做好了。）

（2）信寄了。（*信被寄了。）

（3）作业做好了。（*作业被做好了。）

（4）钱包丢了。（*钱包被丢了。）

例（1）～（4）中的主语都是无生命的受事，句中没有出现施事，但在逻辑上，"饭""作业"不会自己做好，"信"不会自己寄走，"钱包"也不会自己丢了。因此，在这些句子中，主语和谓语动词之间的受动关系很明确，主语只能是谓语动词的受事，不会被误认为是施事。这样的句子往往是对句子的主语进行描述或说明，并不刻意强调其被动意义，所以必须使用无标记被动句。

### （二）当句中谓语动词后有可能补语时

当句中谓语动词后有可能补语时，我们需要使用无标记被动句，而且此类句子不能变换成有标记的"被"字句。例如：

（5）a. 这件事情肯定办得成。

　　　b.* 这件事情肯定被办得成。

（6）a. 富有的亲戚攀不上。

　　　b.* 富有的亲戚被攀不上。

这类句子的主语既可以是生命体也可以是无生命体，句中的受动关系也很明确。例如，例（5）的主语"这件事情"是无生命体；例（6）的主语"富有的亲戚"尽管是生命体，但是其与谓语动词"攀"只能形成受动关系"攀亲戚"，不可能形成施动关系"亲戚攀"或其他语义关系。这类句子无法变换成"被"字句，只能采用无标记被动句的形式。

### （三）当句中有某些强调结构时

在结构形式上，无标记被动句经常和一些表示强调的结构搭配。特别值得注意的是，这类句子无法用"被"字句或主动句进行表达，只能用无标记被动句表达。例如：

（7）a. 一个有用的线索也找不到，这个案件没法儿侦破了。

　　　b.* 一个有用的线索也被找不到，这个案件没法儿侦破了。

"一……也……"是表示周遍性的结构，有凸显主题的作用。副词"也"和"一"相呼应，使整个句子的受事主语具有了周遍性。而"被"字句要求受事主语必须是有定的，所以该句无法用"被"字句表达。该句也无法变换成主动句，因为一旦变换成主动句，就失去了凸显话题的作用。除此之外，还有一些固定结构，如"连……也/都……""除了……之外"等，如果要使用被动句，只能使用无标记被动句，不能使用有标记被动句。例如：

（8）连马铃薯都不认识，你还认识什么？

（9）除了碗没洗之外，地也没扫。

## 二、可用无标记被动句也可用有标记被动句的情况

在有的情况下，我们既能使用无标记被动句也能使用有标记被动句；但是使用不同的被动句，句子语义会有一定的变化。汉语学习者要根据具体的语言环境和语义表达需求进行选择。

### （一）主语承前省略，被动语义明确时

如果一个句子承前省略了主语，且后半句被动语义明确，不会产生歧义时，我们可以用无标记被动句表达，也可以用有标记被动句表达。例如：

（10）a. 张三感染了肺炎，已经送到医院隔离了。

　　　b. 张三感染了肺炎，已经被送到医院隔离了。

例（10a）承前省略了主语，所以后半句便没有出现主语了。单独看后半句会有歧义，但因为有了前半句的说明，后半句就不会产生歧义了。此外，后半句

用无标记被动句表达更有利于凸显句子的连贯性与衔接性，让表达更加自然流畅。当然，后半句也可以加"被"字，如例（10b），用有标记被动句表达。加上"被"字后，整个句子表达的被动意味就更浓了，主要用来强调说明"张三已经被送到医院隔离了"这样的结果。

### （二）主语是无生命体，句子不带感情色彩时

如果句子只需要用来说明事件发生的情况或描写事物的状态，无须表达特殊的感情色彩，而且无论是否用被动标记都不影响被动语义的表达，这时既可以使用有标记被动句，也可以使用无标记被动句。例如：

（11）a. U盘拿走了。

b. U盘被拿走了。

（12）a. 紧急研发宫颈癌疫苗的难关终于突破了。

b. 紧急研发宫颈癌疫苗的难关终于被突破了。

在上述两例中，无论句子是否用"被"都可以成立，都可以表示主语与谓语动词之间的受动关系，但是语义有所差别。a句是无标记被动句，句中没有被动标记，着重于描述事物的情状，被动意义较弱。b句是有标记被动句，相较于a句，它更强调事件的结果，被动意味更强。例如，例（11b）强调"U盘已不在原处"这个结果，例（12b）强调"难关突破"这一结果。无标记被动句则没有这种"言外之意"。

### 三、无标记被动句的语用功能

### （一）保持篇章的连贯性

使用无标记被动句能起到插入话题，使篇章结构更加丰富多样，使情节起伏又有节奏的功能。无标记被动句常用来说明事物的状态、性质、结果等，受事在前的结构特点使它能够平稳自然地承接上文，延续话题，避免句间频繁地更换主语，保持句子前后主语的一致性，从而使篇章表达更加连贯流畅。例如：

（13）保姆走后，家里乱了套。幼儿园没找着，两人就得轮流请假在家看孩

子。这时老婆又开始恶狠狠地责骂保姆，怪她给出这么个难题，又责怪小林无能，连个幼儿园都找不到。（刘震云《一地鸡毛》）

例（13）前后的话题分别是"家里"和"老婆"，中间加入一个无标记被动句"幼儿园没找着"，是在上下文中插入了一个话题。这样避免了整个篇章用的都是同一个主语、同一种句式，使篇章的整体结构更加丰富多样。除此之外，"幼儿园"这个话题的插入将丰富文章的情节，为后文做铺垫。再如：

（14）一群"干女儿"都毕恭毕敬地向她敬礼，每个人都递上一卷钞票。她，像西太后似的，微微含笑，上了汽车："开北海！"她下了命令！汽车开了，开入一片黑暗。她永远没再看见北海。（BCC 语料库）

例（14）上一段结尾的话题是"汽车开北海"，下一段开头用了一个无标记被动句"汽车开了"来说明汽车的状态。将其置于句首，延续了上文中所谈的话题，而且与下文的"开入一片黑暗"实现了自然过渡，保证了上下文的平稳衔接，使得篇章表达更加连贯流畅。

（15）5G 技术是第五代宽带移动通信技术。它已经应用于通信、教育、医疗、智能家居、工农业生产等各个方面，是实现人机物互联的网络基础设施。（百度百科）

例（15）在语篇中间用了一个受事主语为"它"的无标记被动句，"它"指代的是"5G 技术"。这样做可以有效避免句间频繁地更换主语，保证句子前后主语的一致性。如果将无标记被动句换成主动句会导致语篇衔接不流畅，如果将无标记被动句换成有标记被动句会让表达显得突兀不自然。从以上分析看，无标记被动句在语用上具有保持篇章连贯性和主语一致性的功能。

## （二）突出句子的主题

使用无标记被动句可以起到突出句子主题的功能。无标记被动句将受事，即动作的承受者从宾语的位置提前至主语的位置上，既能够更好地凸显受事，突出句子的主题或重点；又能使听话人更清楚地领会到说话人想要重点表达的内容。例如：

（16）西瓜卖得不好，就卖了几个，明天不来集市了……

（17）马三去集市上卖西瓜，不知道几点能收摊儿。

例（16）是无标记被动句，句子的主语是"西瓜"，"西瓜"是整个句子谈论的主题，也是人们关注的焦点。这句话用无标记被动句表达就是为了突出"西瓜"的情况。施事"我"不需要出现，也没有必要出现。相较而言，例（17）是一个主动句，宾语"西瓜"是全句的次要信息，主语"马三"才是谈论的主题和主要对象，"卖西瓜"和"收摊儿"全部是围绕主语"马三"进行的。

无标记被动句在语篇中还经常以对举的形式出现，这样有突出强调的作用，能够更好地表达说话人想表达的内容与主题。例如：

（18）饭吃饱了，酒喝足了，该回家休息了。

（19）头发梳得整整齐齐，衣服穿得工工整整，皮鞋擦得锃亮锃亮，他要去和女朋友约会了吗？

例（18）的"饭吃饱了""酒喝足了"是突出强调"吃好""喝好"的状态，例（19）的"头发梳得整整齐齐，衣服穿得工工整整，皮鞋擦得锃亮锃亮"是突出强调精心打扮时的状态。上述两例中的无标记被动句以对举的形式呈现，突出强调了受事所处的状态，更好地表达了说话人想表达的内容。如果把上述两例中的无标记被动句全部换成有标记被动句或主动句，就不会产生现在这种既自然流畅又凸显主题的表达效果。

## （三）体现语言的经济性

无标记被动句的受事主语多半是无生命的、有定的。在不添加任何被动标记的情况下表达被动语义，这要求句子主谓之间的受动关系非常明显，且不会影响人们对整个句子的理解。使用无标记被动句进行表达，简洁实用，更符合语言的经济性原则。例如：

（20）那个玻璃杯打碎了。

（21）下午开会的通知已经发出去了。

（22）她的卫衣洗干净了。

在上述例句中，句首的受事主语"玻璃杯""通知""卫衣"都是无生命的事物，它们发不出"打""发""洗"这样的动作，只能作为谓语动词的受事，且这种被动关系非常明显，我们很容易就能理解句子想表达的意思，不会产生歧义。无须添加任何被动标记，这符合语言的经济性原则。

综上所述，作为汉语的一种常用句式，无标记被动句具有自己独特的表达功能。我们需要明确无标记被动句的使用条件，也就是什么时候必须使用，什么时候可以有选择地使用。另外，汉语学习者还要着重关注它与"被"字句、主动句的区别，如此才能正确地习得无标记被动句。

# 10. 长短"被"字句有哪些不同？

在"被"字句研究中，有学者提出根据"被"后面是否带有施事成分，可以将"被"字句分为长"被"字句和短"被"字句。学界对长短"被"字句的区别进行过讨论。有的学者认为，长"被"字句和短"被"字句是同一种结构，长"被"字句省略了施事就变成了短"被"字句。有的学者认为，从表面上看，这只不过是术语的不同，将带施事和不带施事的区别变成了句子长度的差别；但从实质上看，提出这两个概念的目的是将两种"被"字句彻底分开，即不承认两者有结构上的瓜葛，主张短"被"字句从一开始就只包括一个论元，不是省略了施事的长"被"字句。讨论的核心问题之一，就是其中的"被"是什么词性。一种说法是，长"被"字句中的"被"是介词，用于介引出名词性成分，做后面动词的状语；短"被"字句中的"被"是动词，可以直接带宾语（冯胜利，1997；Huang，1999；熊仲儒，2003；等等）。另一种说法是，无论长短，"被"字句都是相同的结构，"被"都为介词（李珊，1993）。还有一种说法，认为"被"字句中的"被"既不是典型的动词也不是典型的介词，是一种特殊情况（石定栩、胡建华，2005）。目前学界一般以第二种说法为主流，认为长短"被"字句中的"被"都是介词。无论学界争论如何，依汉语事实看，汉语中确实存在"被"后带施事成分的长"被"字句和"被"后不带施事成分的短"被"字句。长短"被"字句有什么不同，如何选择合适的"被"字句进行表达，这才是汉语教学者和学习者最关心的问题。

一般来说，长短"被"字句不能随意换用。请看下面两个句子，它们一个是长"被"字句，一个是短"被"字句。

（1）国际霹雳舞大赛女子组冠军被中国 16 岁小将刘清漪摘取，男子组冠军则被俄罗斯选手夺得。（大河网，2021-09-05）

（2）孩子们在幼儿园每天都被逗乐儿，这种生活太开心了。

例（1）是长"被"字句，第一个"被"后面出现了施事"中国 16 岁小将刘清漪"，第二个"被"后面出现了施事"俄罗斯选手"。这两个名词性成分都不能省去，即不能说成"女子组冠军被摘取""男子组冠军被夺得"，因为国际比赛的冠军一定会有人拿到，听话人关注的重点是谁拿到冠军，而不是"冠军被摘取"。例（2）是短"被"字句，描述的是孩子们在幼儿园的生活，有特定的场景。句中可以不出现"被谁逗乐儿"这个施事主体，因为从语境中可以推知一定是幼儿园老师之类的看护者。因此，汉语学习者需要弄清楚"被"后名词性成分出现的条件及影响因素。总的来说，"被"后的名词性成分是否出现主要与句法、语义、语用三方面的因素有关。

## 一、句法方面

从句法上说，影响"被"后名词性成分隐现的主要有音节、结构两个因素。在音节上，一般来说，如果"被"后的动词是单音节的，则"被"后不出现名词性成分。例如：

（3）女子家中监控突然断网，百万财物被盗。（澎湃新闻，2021-09-15）

（4）古建筑、桥梁被毁并不是个例。

上面两例中的"被盗""被毁"，其他还包括"被割""被抢""被偷""被拆""被打""被关""被骗"等都是"被+单音节动词"的组合，这些都不能在"被"与单音节动词之间再出现名词性成分。如果把这些单音节动词换成多音节动词（包括双音节动词），那么"被"后的名词性成分就可以出现了。例如：

（3′）女子家中监控突然断网，百万财物被窃贼盗取。

（4′）古建筑、桥梁被洪水损毁并不是个例。

在结构上，有时前文中已提到施事成分，这时"被"后面就不需要再出现表施事的名词性成分了。例如：

（5）民警守株待兔抓捕绑匪，解救 10 岁男孩，结果人质已经被转移了。（网易新闻，2021-04-15）

（6）每个孩子都由一名教职工牵手护送，最后，27 名孩子全部被护送到家。（潇湘晨报，2022-03-12）

例（5）的前文信息中提到了"民警抓捕绑匪"的事件，据此推测"被转移"的施事成分肯定是"绑匪"，因此这一信息不需要再次出现。例（6）同样，前文提到"教职工"是"护送"的施事主体，因此"被"后不需要再重复这一信息，若加上则显得冗余。另外，有时主动和被动两种结构会并列在一起，这时"被"后也不能出现名词性成分。例如：

（7）民事案件中执行与被执行有什么区别？（百度知道）

（8）我们要让监督与被监督都成为习惯。（中国青年网，2018-11-16）

此外，还有"关押与被关押""上诉与被上诉""投靠与被投靠""保险与被保险""投诉与被投诉""绑架与被绑架""管理与被管理""处罚与被处罚"等类似的并列结构，其中的"被"后都不能出现名词性成分。

如果动词后面有介词短语，"被"后一般也不能补出施事成分。例如：

（9）昔日的欢乐被淹没在无限的悲伤中。（BCC 语料库）

（10）那个人被碾压在工程车的车轮下。

在上面两个例子中，"被"后的动词后都有介词短语，这时没法儿确定动词的施事是谁，所以就无法补出。

有的"被"字句包含一些嵌套结构，如"被……把……""被……给……""被……所……""被……将……"等。在这些嵌套结构中，"被"后的名词性成分必须要出现，否则句子不能成立。例如：

（11）孩子因为违反纪律被老师把座位调到了最后一排。

（12）我都快被他给笑晕了。

（13）劳务派遣向来被人们所深恶痛绝。

## 二、语义方面

从语义上说，如果"被"后的名词性成分表示泛指，或者动词已经蕴含了相关的名词性成分的语义，这时"被"后的名词性成分就不用出现。

第一，"被"后的名词性成分表示泛指，即动词的施事不是具体的人或物，而是任意的人或物，这时"被"后的名词性成分可以不出现。例如：

（14）秦始皇陵兵马俑被称作"世界第八大奇迹"。

（15）下龙湾被誉为"海上小桂林"。

（16）高考被看成"独木桥"，重视教育的家长变多，学生"内卷"更严重。

上面三例中的"被称作""被誉为""被看成"的"被"后都省略了没有具体指称的名词性成分，这个名词性成分泛指普罗大众。一般来说，那些具有结果特征且表示人们对事物的观念或态度的动词，大都有这种用法。如果动词是"V为"结构的，大部分"被"后的名词性成分都是倾向于省略的。不管 V 是单音节的还是双音节的，其施事主体都泛指有施事能力的"人"，如"被授予为""被形容为""被理解为""被认定为"等，同理还有"V作""V成"这类结构的动词。正因为这些动词经常用来表达被动，所以它们自然而然地浸染了被动的用法。例如：

（17）"水立方"又（被）称为"国家游泳中心""冰立方"。

在例（17）中，动词虽然没有被"被"字标记，但也可以表达被动义，前面加上"被"后表达也不受影响。

第二，动词本身蕴含了一定的施事成分，或者听话人通过动词可以联想到相应的施事成分或工具成分，这时"被"后的名词性成分也经常省略。例如：

（18）东西被盗窃了，你第一个想到的办法是什么？

（19）有了烘干机，衣服被子被淋后不用愁。

（20）近日，邯郸两位高级干部被查处，另有几位干部被开除。

像"盗窃""淋""查处""开除"这类动词，它们的施事主体的专指性比较强，听话人通过动词的语义就能推知施事主体，如"盗窃"的施事主体肯定是"小偷儿／窃贼"，"淋"的施事主体一般都是"雨"，"查处""开除"的施事主体往往是"公安机关"或其他政府部门。同类的"被"字结构还有"被诊断""被缴获""被判处"等等。由于这些动词的施事专指性比较强，它们本身就蕴含一个相关的施事成分，所以"被"字结构中无须再出现施事成分。如果一定要出现，那肯定是为了强调非常规蕴含的施事。例如：

（21）小李的这点儿小毛病竟被庸医诊断为癌症。

（22）本来还想着明天买票去看演唱会，现在被你一句话浇灭了我的热情。

在例（21）中，"诊断"蕴含的施事成分应该是"医生"，但是说话人要特别强调"诊断"主体的特殊性，正因为是"庸医"，所以才导致了错误的诊断。在例（22）中，"浇灭"蕴含的施事成分一般是"水"之类的液体，但说话人要特别强调"一句话"与"冷水"一样的拟物性，它与"浇灭"之间存在施动关系，所以才将施事成分特意凸显出来。

## 三、语用方面

从语用上说，"被"后面是否出现名词性成分与表达重心和上下文有关。从表达重心来说，"被"后的名词性成分如果是说话人要表达的语义重心，那么这个名词性成分就不能省去。例如，当句中有"被称作""被形容为""被认定为"等固定搭配或动词蕴含相关的施事成分时，施事成分经常省去；但是如果说话人要特意凸显这个施事成分，那就不能省。例如：

（23）老王被这场突如其来的大雨淋得跟落汤鸡一样。

（24）只见他的脸被雪光晒得黑里透红。

本来动词"淋"和"晒"就蕴含了一定的施事成分，如"雨淋""阳光晒"，但是说话人要特别凸显"突如其来的大雨"和"雪光"，在这样的情况下施事成分就不能省略了。还有些句子的表达重心在于指出特定结构中要强调的内容，如"是"字句中包含的"被"字结构，其后的名词性成分一般也不能省略。例如：

（25）在这里我没听说哪一个病人是被肺炎康复者传染上的。

（26）没有一名患者是被我们医院的医生手术害死的。

例（25）、（26）要特别凸显被什么"V的"，"是……的"句中的内容是说话人要表达的语义重心。例如，例（25）中特别要强调的是"被肺炎康复者传染"，如果没有"肺炎康复者"这个名词性成分，句子就变成了"在这里我没听说哪一个病人是被传染上的"，意思就成了"所有的病人都不是被传染上的"，这就与说话人要表达的原意不符了。另外，如果上下文语篇中已经出现了动词的施事成分，那么"被"后的名词性成分也可以不出现。例如：

（27）记者昨天从安徽煤矿安全监察局获悉，在救援人员夜以继日地奋力救援下，安徽透水煤矿事故现场又有8名矿工被发现。（新京报，2015-03-12）

（28）只要多练习家长的签名，老师一般不会发现是代签的。我9岁第一次考试低于98分后就学会签我爸的名字，到高中才被发现。

例（27）、（28）在前文中已经提到了施事成分"救援人员""老师"，因此"被"后不需要再指出，这符合语言的经济性原则。

总的来说，如果"被"后的名词性成分能从上下文或动词中推知，则可以使用短"被"字句；如果不能，或者说话人要特别强调动词的施事成分，则需要使用长"被"字句。

综上，我们从句法、语义、语用三个方面归纳了长短"被"字句的使用条件，但这些不是绝对的，可能还存在一些例外的情况，我们需要具体情况具体分析。

# 11. "被"字句的谓语动词后能带宾语吗？

汉语"被"字句的一般结构是：N$_受$＋被＋N$_施$＋V＋C。主语是谓语动词的受事，居于句首；谓语动词的施事处于介词"被"后面；谓语动词后的补语或其他成分表示动作的结果。通常受事居于句首，谓语动词后就不会再带宾语；但有一种特殊的"被"字句，受事居于句首，谓语动词后还可以再带宾语。例如：

（1）饭已经被他吃了两碗。

（2）小王被老李抓住了把柄。

（3）病人被救护车送进医院了。

以上三例受事均居于句首，谓语动词"吃""抓""送"后仍然有宾语"两碗""把柄""医院"。也就是说，句子的主语和宾语都是谓语动词的受事。这样的"被"字句比较特殊，句子成立需要满足一定的条件，主要看谓语动词后的宾语与主语在语义上是否存在以下几种关系：

## 一、宾语是主语的一部分

谓语动词后的宾语与受事主语之间是部分与整体的关系，受事主语是整体，而宾语是部分，二者可以构成名词性的偏正短语。例如：

（4）羊被弄丢了两只。

（5）钱被他花了一半。

（6）这只老鼠被黑猫警长打掉了一只耳朵，所以外号叫作"一只耳"。

上面三个例句中的宾语都是数量（名）结构，都是主语所指代群体的一部分，如例（4）中的"两只"是"所有羊"中的"两只"，例（5）中的"一半"是"所有钱"中的"一半"，例（6）中的"一只耳朵"是"老鼠"的某个部位。宾语与主语可以构成名词性的偏正短语，如"两只羊""一半的钱""一只耳朵的老鼠"，在这种情况下句子能够成立。

还有一种情况，宾语不是数量（名）结构而是名词。例如：

（7）苹果被削了皮。

（8）他被那些人抓着剃出了阴阳头。

（9）隔壁老王被大家伙儿看了笑话。

（10）贪污公款的局长被上级部门撤了职。

在上面四个例句中，谓语动词后的宾语都是名词，它们都属于主语，也就是说，主语和宾语具有领属关系，二者可以构成名词性偏正短语，如"苹果的皮""他的阴阳头""老王的笑话""局长的职（务）"。

## 二、宾语是主语受动作支配后的结果

谓语动词后的宾语表示主语在谓语动词的支配和影响下所产生的某种结果。在这种情况下，主语和宾语的关系还可以分为两种不同的类型。第一种是宾语所表示的结果与主语是同一关系，也就是说，宾语所指事物与主语所指事物是属于同一性质的。例如：

（11）他被大伙儿看作领头羊。

（12）我妈妈刚被单位聘为工程师。

在上面两个例句中，例（11）的主语"他"与宾语"领头羊"之间是复指关系，即"他就是领头羊"；例（12）的主语"我妈妈"与宾语"工程师"之间也是复指关系，即"我妈妈就是工程师"。这类句子中的谓语动词一般表示认定、聘任等意义，如"看""选举""任命"等等，谓语动词后还经常有"为""作""成"等表示动作结果的补语成分。

第二种是宾语虽然也表示主语受动词支配后的结果，但是它们之间没有同一关系。例如：

（13）门前的那块地被他们挖了一个大坑。

（14）刚缝好的裤子又被撕开了两个大口子。

例（13）的主语"那块地"与宾语"一个大坑"之间没有同一关系，"一个大坑"是"那块地"被"挖"后的结果；例（14）也是如此。

## 三、主语是宾语附着的处所

有时主语指一个处所，而宾语是附着在这个处所上的某个物体。例如：

（15）装肉汤的碗里被洒上了几粒葱花，顿时觉得漂亮极了。

（16）我的手被小刀划了一道血印。

例（15）的主语"装肉汤的碗里"是表示处所的词语，"葱花"是洒在"碗里"，附着其上；例（16）的主语"我的手"虽然不表示处所，但从后面的宾语"一道血印"可推知，"血印"一定是在手上的，这时"手"就具备了临时的处所义。

## 四、宾语是主语到达的地点

这种类型的宾语一般由处所词语充当，表示主语受动词影响后所到达的地点。例如：

（17）受伤的村民被大伙儿七手八脚地送进了医院。

（18）难产孕妇被乡亲们抬去了县里。

例（17）的宾语"医院"是主语"村民"受动作"送"影响后所到达的地点，例（18）的宾语"县里"也是主语"孕妇"受动作"抬"影响后所到达的地点。

## 五、宾语是主语的接受者或被接受者

有时，宾语与主语还有可能是其他关系，如宾语是主语的接受者或被接受者，这时宾语不一定是名词性的，还有可能是动词性的。例如：

（19）小玲从小就被亲生父母卖给了现在的养父母。

（20）新的时代，精神文明被赋予了新的内涵。

（21）孩子刚刚被妈妈罚蹲马步。

（22）皇亲国戚被慈禧赏赐看戏。

例（19）的宾语"现在的养父母"是主语"小玲"的接受者，"养父母"是接受方。例（20）的主语"精神文明"是宾语"新的内涵"的接受者，"精神文明"是接受方，这与例（19）正好相反。例（21）、（22）的主语都是接受者，宾语"蹲马步""看戏"都是接受的内容，是动词性的，与大多数名词性宾语不同。

总的来说，汉语"被"字句的谓语动词后再带宾语是一种特殊结构。这种结构具有特殊的语用功能，既可以增加句子的新信息，又可以使句子表达更加具体、准确、简洁。例（23）实际上就是在一个句子中包含了两个谓词性结构。

（23）我的手被虫咬了一个包。

  a. 我的手被虫咬。

  b. 虫咬了一个包。

a句和b句是说话人想表达的语义，如果不使用谓语动词后带宾语的"被"字句，那就要用两个句子表述，这不符合语言的经济性原则。另外，这种句式还能起到加强语气，调整句子结构，使句子流畅、活泼的作用。

# 第二部分　被动句的变换

## 12. "被"字句什么时候可以变换为无标记被动句？

汉语中有标记被动句和无标记被动句有时候可以任意变换，有时候变换却受到限制。例如，"被"字句有时候可以变换为无标记被动句，有时候却不可以。例如：

（1）房子被炸毁了三间。→ 房子炸毁了三间。

（2）自行车被老王借走了。→ 自行车老王借走了。

（3）碗被弟弟摔坏了。→ 碗弟弟摔坏了。

（4）她被一场暴雨淋湿了。→ *她一场暴雨淋湿了。

（5）老郭被骂了几句。→ ?老郭骂了几句。

（6）我们决不被敌人所屈服。→ *我们决不敌人屈服。

在上述例句中，例（1）～（3）的"被"字句可以变换为无标记被动句，且语义基本保持不变；而例（4）～（6）的"被"字句要么不能变换为无标记被动句，要么变换后语义发生了变化。例（4）、（6）不能进行合格的变换，例（5）变换后虽然句子依然成立，但却变成了主动句，语义发生了改变。

同样，无标记被动句有时候能变换为有标记的"被"字句，有时候却不能。例如：

（7）书小王扔了。→ 书被小王扔了。

（8）舌头烫了一个大泡。→ 舌头被烫了一个大泡。

（9）衣服妈妈洗干净了。→ ?衣服被妈妈洗干净了。

（10）仗快打完了。→ *仗快被打完了。

（11）干馇馇辣饼子咽不下去。→*干馇馇辣饼子被咽不下去。

（12）事情简直说不清。→*事情简直被说不清。

在上述例句中，例（7）、（8）是无标记被动句，可以变换为有标记的"被"字句，且语义基本保持不变。例（7）、（8）有一点不同的是，例（7）中出现了施事，例（8）中没有出现施事，但无论施事是否出现，都不影响变换句式的成立。例（9）变换后的句子在没有特殊语境的支持下，一般不能成立；除非说话人要表达"衣服洗干净了"这件事情是不可预料、不受控制的，此时句子才有可能成立。若此句的上下文语境是"衣服上有之前特地做的记号，妈妈在不知道的情况下把这个记号洗掉了"，那么变换后的句子是可以成立的。可见，例（9）在一般情况下不能变换为"被"字句。例（10）～（12）则不能变换为"被"字句。由此可以看出，"被"字句和无标记被动句之间的变换不是自由的，是受条件限制的。"被"字句与无标记被动句进行变换的条件涉及两个方面：句子的主语部分；句子的谓语部分，包括谓语动词、谓语动词与补语的语义关系等。具体如下：

## 一、主语的条件

两种被动句式是否能进行变换，首先要看主语的情况。主语可以分两种情况进行讨论，一是当主语是无生命体时，二是当主语是生命体时。

### （一）主语为无生命体

当主语为无生命体时，主语一般只能与谓语动词形成受动关系。当谓语动词和其后的补语成分能表达事件的结果时，两种被动句式可以自由变换。例如：

（13）a. 饭碗被砸了。

　　　b. 饭碗砸了。

（14）a. 小说被改编成了电视剧。

　　　b. 小说改编成了电视剧。

句中施事可以出现，也可以不出现。例如：

（13'）a. 饭碗被老张砸了。

　　　 b. 饭碗老张砸了。

如果句中出现施事，施事一般要具有［＋生命性］的语义特征，且为确指名词；若不是确指名词，"被"字句不能变换为无标记被动句。例如：

（15）a. 课本被谁扔了？

　　　b. 课本谁扔了？

（16）a. 课本被人家扔了。

　　　b. 课本人家扔了。

（17）a. 课本被人扔了。

　　　b.* 课本人扔了。

例（15a）、（16a）的"被"后虽然没有出现确指名词，但是有"谁""人家"这样有确指对象的人称代词，这时"被"字句也能变换为无标记被动句。例（17a）的"被"后是不确指的"人"，听话人不能确定施事的具体指向，因此该句不能变换为无标记被动句。

## （二）主语为生命体

当主语为生命体时，两种被动句式也能进行变换，但前提是主语不会被误认为是动作的施事，即主语与谓语动词在语义上要形成受动关系。例如：

（18）小偷儿被抓住了。→ 小偷儿抓住了。

（19）几名工人在地震中被压伤了。→ 几名工人在地震中压伤了。

在这两个例句中，虽然主语是有生命的"小偷儿""工人"，但是在句子语境中，主语与谓语动词"抓住""压伤"只能形成受动关系，因此句子语义明确，"被"字句和无标记被动句可以自由变换。

## 二、谓语的条件

两种被动句式是否能进行变换，还要看谓语部分的条件限制，其中包括谓语动词、谓语动词和补语的语义关系等。主要有以下几种情况：

## （一）谓语动词后有助词"了"

当谓语动词后是助词"了"，且表示动作的结果，同时主语不会被误认为是动作的施事时，"被"字句可以变换为无标记被动句。例如：

（20）最好的位置被他占了。→ 最好的位置他占了。

（21）大好前程就这样被葬送了。→ 大好前程就这样葬送了。

（22）门口的大土坑被爸爸填平了。→ 门口的大土坑爸爸填平了。

（23）王老师的职称被重新认定了。→ 王老师的职称重新认定了。

在上述例句中，谓语动词都具有积极的处置意义，谓语动词后的助词"了"能表达处置后的结果。当然，这种结果有可能是消极的，如"占了""葬送了"；也有可能是积极的，如"填平了""认定了"。如果助词"了"后带宾语，句式变换也能成立。例如：

（24）那美丽的壁灯也被砸了几盏。→ 那美丽的壁灯也砸了几盏。

（25）刚买的花盆被他不小心摔了一个。→ 刚买的花盆他不小心摔了一个。

## （二）谓语动词后有补语

当谓语动词后有结果补语"坏""糟""乱""破""光"等或情态补语时，变换也往往能成立。例如：

（26）好好儿的事儿被弄糟了。→ 好好儿的事儿弄糟了。

（27）他妻子的钱也快要被他花光了。→ 他妻子的钱他也快要花光了。

（28）新发的课本被孩子们画得乱七八糟。→ 新发的课本孩子们画得乱七八糟。

（29）才说的事儿转眼间被他忘得一干二净。→ 才说的事儿转眼间他忘得一干二净。

例（26）、（27）的谓语动词后是结果补语"糟""光"，在保证主语受动性明确的情况下，无论句中施事是否出现，"被"字句都可以变换为无标记被动句。例（27）中的"被"前有副词，去掉"被"后副词应该放在谓语动词前面，变换时要做适当的调整，但这并不影响变换句式的成立。例（28）、（29）的谓语动词后是情态补语"乱七八糟""一干二净"，二者都可以表达确定的事件结果，两种句式能进行自由变换。

### （三）谓语动词是特殊动词

某些表示人所从事的社会活动的动词，其支配对象是无生命体，如"整顿""扭曲""处理""改造""保存""发扬""采纳""扩大""布置"等，谓语动词后是助词或上述所说的补语时，两种句式也能进行变换。例如：

（30）在这种文艺思想的控制下，现实主义精神被严重扭曲。

（31）缉私行动缴获的一批走私物品已经被处理了。

（32）停建索道的建议没有被采纳。

（33）会场被布置一新，舞台中央挂着两国国旗。

如果谓语动词是某些词缀为"化"的动词，如"绿化""简化""强化""氧化""碳化""液化"等，其支配对象为无生命体，那两种句式也可以进行变换。例如：

（34）纳米粉暴露于空气中瞬间就会被氧化。

（35）人力资源和社会保障部被简化为人保部。

当谓语部分是某些第二成分为"作""为""成"的复合结构，如"称为""当作""译成""改编成"等时，变换也能成立。例如：

（36）原来加拿大还可以被称为"叶子国"。

（37）老师说的话被当作座右铭了。

（38）中国的长城被看作世界八大奇迹之一。

（39）《红楼梦》被译成了很多种语言。

另外，当"被"字句中有助词"给"，构成"$N_1$＋被＋$N_2$＋给＋V＋C"结构时，助词"给"在句中不表达任何具体意义，可有可无，有没有"给"不影响"被"字句和无标记被动句之间的转换。例如：

（40）衣服被妈妈给洗干净了。→衣服被妈妈洗干净了。→衣服妈妈洗干净了。

因此，"被"字句变换为无标记被动句的条件应该是：主语为无生命体，谓语动词具备对主语进行施动的能力，同时谓语动词和补语之间能形成确定事件结果的语义关系；主语也可以具备［＋生命性］的语义特征，但不会被误认为是谓语动词的施事，即能保证主语的受动性。

# 13. "被"字句和无标记被动句什么时候不能互相变换?

"被"字句和无标记被动句有时不能进行变换。例如:

(1)他被一场暴雨淋病了。→＊他一场暴雨淋病了。

(2)弟弟被坏孩子抢走了心爱的书包。→＊弟弟坏孩子抢走了书包。

(3)老王被骂了几句。→？老王骂了几句。

例(1)、(2)不能由"被"字句变换为相应的无标记被动句;例(3)可以不使用被动标记,但省略被动标记后句子不再是被动句,而变成了主动句,语义也发生了根本性的改变,不能视为合格的变换。同样,无标记被动句也不能任意地变换为"被"字句。例如:

(4)仗快打完了。→＊仗快被打完了。

(5)干馇馇辣饼子咽不下去。→＊干馇馇辣饼子被咽不下去。

(6)事情简直说不清。→＊事情简直被说不清。

(7)这些问题应该加以解决→＊这些问题应该被加以解决。

例(4)～(7)的无标记被动句都不能变换为"被"字句。显然,"被"字句和无标记被动句之间的变换存在限制,那么限制条件是什么呢?

## 一、"被"字句不能变换为无标记被动句的情况

"被"字句不能变换为无标记被动句主要有四种情况,分别如下:

### (一)主语是生命体且与谓语动词的施受关系可变

当主语是生命体,且与谓语动词的语义关系既可以理解为施事又可以理解为受事时,句中必须用"被"来标示主语的受动性。例如:

(8)小吴被批评了几句。→？小吴批评了几句。

(9)总督被剪去了辫子逃跑了。→？总督剪去了辫子逃跑了。

(10)他被房东告上了法庭。→＊他房东告上了法庭。

以上几句去掉被动标记"被"后，句子要么语义发生改变，要么不能成立。例（8）、（9）变换后的句子虽然是合格的，但显然与变换前的句子在语义上不相同。变换后的句子不再是被动句，而是主动句。例如，例（8）变换之前"小吴"是谓语动词"批评"的受事，去掉"被"以后，就变成了"批评"的施事，不是"小吴"被"别人"批评，而是"小吴"批评"别人"；例（9）也是相同的情况。例（10）去掉"被"以后，句子不能成立，因为句中出现了两个具备施动能力的名词——"他"和"房东"，我们无法判断它们与动词之间的施受关系。

另外，当句中的动词性成分为以下6种类型时，"被"字句也不能变换为无标记被动句（吕文华，2008）。具体如下：

第一，以生命体为处置对象的动作行为动词，如"打""骂""捆""绑""踢""开除""批评""抛弃""欺骗""折磨""利用""杀害""唾弃""镇压"等，这些动作行为对主语来说多为遭遇性质的。例如：

（11）他被骂得摸不着头脑。→＊他骂得摸不着头脑。

（12）老王经常迟到，已经被公司开除了。→＊老王经常迟到，已经公司开除了。

如果将被动标记去掉，句子要么语义发生改变（容易被理解为主动句），要么不成立。

第二，某些表示被动性思维活动或心理活动的及物动词，如"信任""怀疑""辜负""原谅""羡慕""猜测""珍爱""宽恕""忘"等。例如：

（13）这几天他像宝贝似的被人珍爱着。→＊这几天他像宝贝似的人珍爱着。

（14）在他人眼里你也有被羡慕的地方。→＊在他人眼里你也有羡慕的地方。

如果变换为无标记被动句，主语的受动性得不到保证，所以句子不成立。

第三，某些第二成分是"作""成""为"的动词短语，如"选作""看成""封为""评为""任命为"等。例如：

（15）张荣芳最近被上级领导任命为教育局局长。→＊张荣芳最近上级领导任命为教育局局长。

（16）齐白石画的《虾》被看成他的代表作。→＊齐白石画的《虾》看成他的代表作。

变换为无标记被动句后，句子不能成立。

第四，某些表示使令意义的动词，如"请""命""叫""指定""逼迫""允许""禁止""催"等。这些动词的受事是生命体且处于主语的位置，动词后常带连动成分。例如：

（17）夏小丽就被请到他家里看过电影。→﹡夏小丽就请到他家里看过电影。

（18）在过去，女性完全不被允许参与政治活动。→﹡在过去，女性完全不允许参与政治活动。

这样的情况下用无标记被动句的话，句子是不成立的。

第五，某些可带双宾语的动词，如"告诉""问""说""求""授予""告知"等。这些动词的间接宾语是生命体且处于主语的位置，动词后一般带直接宾语。例如：

（19）李爱国被授予"劳动模范"的光荣称号。→？李爱国授予"劳动模范"的光荣称号。

（20）两分钟后当事人立即被告知了审判结果。→？两分钟后当事人立即告知了审判结果。

这两个句子如果不使用"被"字句，就容易被理解为主动句，会产生歧义。

第六，某些行为动词，如"剃""刮""剪""理"等。如果去掉"被"，句子虽然能成立，但是主语由受事变成了施事，句式由被动句变成了主动句。因此在这种情况下，"被"字句不能变换为无标记被动句。例如：

（21）杨吉利在看守所里被剃光了头。→？杨吉利在看守所里剃光了头。

（22）小王突然被刮了一刀，手上破了一个大口子。→？小王突然刮了一刀，手上破了一个大口子。

以上分析表明，当主语是生命体，谓语部分的动词性成分是上述6种情况时，"被"字句一般不能变换为无标记被动句。变换后，要么句子主语的受动性得不到保证，句义发生改变；要么句子不成立。

## （二）"被"后的名词是无生命体

如果"被"前是有生命名词，"被"后是无生命名词，去掉"被"后，句子往往不能成立。请比较：

（23）我快被这种浓烈的香水味儿熏得晕过去了。→ * 我快这种浓烈的香水味儿熏得晕过去了。

（24）每逢春节那几天，他都在被窝里被鞭炮声吓醒。→ * 每逢春节那几天，他都在被窝里鞭炮声吓醒。

这两句如果去掉了被动标记"被"，原先"被"后的名词与谓语动词之间的语义关系就不确定了，主语与谓语动词之间的施受关系也不明确了，因此不能变换为无标记被动句。这样的情况还有很多，例如：

（25）每次巴菲特投资都被市场关注。→ * 每次巴菲特投资都市场关注。

（26）半兽人被山坡阻挡，停下了前进的脚步。→ * 半兽人山坡阻挡，停下了前进的脚步。

### （三）谓语动词是某些单音节动词

如果"被"字句的谓语动词是单音节的，两种句式常常不能变换。例如：

（27）江姐不幸被捕。→ * 江姐不幸捕。

（28）学校的电脑昨晚被盗。→ * 学校的电脑昨晚盗。

在这样的句子中，施事成分一般不会出现，但谓语动词前常有状语。这个时候，谓语动词实际上已经与"被"形成了一种比较紧密的关系，"被"不再是引出施事的介词，而已与谓语动词形成了一个新的复合词，如"被杀""被害""被盗""被辱""被抢""被告"。在这种情况下，"被"字不能省略，也就是说，"被"字句不能变换为无标记被动句。

### （四）以"被……所……"结构的形式出现

当"被"字句在句中以"被……所……"的形式存在时，它也不能变换为无标记被动句。例如：

（29）他从不被金钱所动。→ * 他从不金钱所动。

（30）我们总是容易被表象所迷惑，看不清外物更不懂自己。→ * 我们总是容易表象所迷惑，看不清外物更不懂自己。

在这种情况下，"被……所……"是固定结构。没有"被"，固定结构则不完整，因此"被"字句也就不能自由变换为无标记被动句。

## 二、无标记被动句不能变换为"被"字句的情况

上面讨论了"被"字句不能变换为无标记被动句的情况。同样，无标记被动句变换为"被"字句也需要满足一定的限制条件。这些限制条件主要涉及主语名词、谓语动词和谓语动词后的成分三个方面。

### （一）主语名词

当无标记被动句的主语是无生命体，且与句中谓语动词的语义关系不会发生变化时，无标记被动句在语义上更多的是对主语的状态进行叙述或说明。这时句子并无太多被动含义，也不强调主语受到谓语动词的处置后产生什么结果，所以无标记被动句不能变换为"被"字句。例如：

（31）信写完了。→*信被写完了。

（32）仗打完了。→*仗被打完了。

（33）这只手表买贵了。→*这只手表被买贵了。

### （二）谓语动词

当句中的谓语动词是某些特殊类别时，无标记被动句不能变换为"被"字句。例如：

（34）你的境遇我们很同情。→*你的境遇被我们很同情。

（35）这些字写得很漂亮。→*这些字被写得很漂亮。

在这样的句子中，施事成分可以不出现，如果要出现则应该是有生命名词。句中的谓语动词有以下三种情况：

第一，非处置性动词，如"进""见""上""喜欢""同情""领受""赞成"等。例如：

（36）钱进得太少。→*钱被进得太少。

（37）这样的女子你我也见过几个。→*这样的女子被你我也见过几个。

（38）他的这个提议大家都不赞成。→＊他的这个提议被大家都不赞成。

第二，第二成分是语素"得"的动词，如"认得""记得""穿得""吃得"等，且动词后没有其他成分。例如：

（39）王家人你不认得？→＊王家人被你不认得？

（40）这八个字到现在我还记得。→＊这八个字到现在被我还记得。

（41）这种东西大熊猫也吃得。→＊这种东西被大熊猫也吃得。

第三，动词是"进行""给予""予以""加以""值得"等形式动词，且形式动词后是双音节的及物动词。例如：

（42）这种束缚人的制度应该予以改革。→＊这种束缚人的制度应该被予以改革。

（43）法律上已经明确的问题不应该再加以否定。→＊法律上已经明确的问题不应该再被加以否定。

（44）无名英雄同样值得尊敬。→＊无名英雄同样被值得尊敬。

如果无标记被动句的谓语动词是以上三种情况，那无标记被动句一般不能变换为"被"字句。

## （三）谓语动词后的成分

无标记被动句能否变换为"被"字句还要看谓语动词后的成分，主要有四种情况，具体如下：

第一，当谓语动词后的成分是助词"了"，谓语动词是表示增添义或无减损义的行为动作，如"写""种""装""建立""栽植""堆放""移""维持""换"等时，无标记被动句一般不能变换为"被"字句。例如：

（45）桂树大量栽植了，崭新的公园、饭馆建立起来了。→＊桂树大量被栽植了，崭新的公园、饭馆被建立起来了。

（46）这种生活也不能维持了。→＊这种生活也不能被维持了。

（47）你的手机该换了。→＊你的手机该被换了。

第二，当谓语动词后的补语由"住""定""见""完""成"等以及表结果的形容词"好"充任，句子无特殊的感情色彩，主语为无生命体时，无标记被动句也不能变换为"被"字句。例如：

（48）新的国际机场建成了。→＊新的国际机场被建成了。

（49）过节用的水月灯今天就得安好。→＊过节用的水月灯今天就得被安好。

（50）这些值班记录已经检查完了。→＊这些值班记录已经被检查完了。

第三，当补语为结果补语，且由含对比义的形容词，如"大""小""多""少""快""慢""宽""窄""轻""重""咸""淡""厚""薄"等充当时，无标记被动句也不能变换为"被"字句。例如：

（51）大鱼大肉吃多了，对身体有害。→＊大鱼大肉被吃多了，对身体有害。

（52）院子弄窄了，大家都感到不方便。→＊院子被弄窄了，大家都感到不方便。

（53）今晚的菜做咸了，怪不得他没吃几口。→＊今晚的菜被做咸了，怪不得他没吃几口。

第四，当补语为可能补语时，无标记被动句不能变换为"被"字句。例如：

（54）事情肯定办得成。→＊事情肯定被办得成。

（55）好的顾主儿拉不上。→＊好的顾主儿被拉不上。

从上面的分析看，如果不需要强调主语受谓语动词影响后的结果，谓语部分只对主语起到描述、说明的作用，句子在语义表达上不需要强调受动性，那么无标记被动句一般不能变换为"被"字句。

在汉语中，"被"字句和无标记被动句之间的变换是有条件限制的，这种限制一般与句中的三个句法成分有关，一个是主语是否具有[＋生命性]的特征，另外一个是谓语动词，以及谓语动词与补语的特殊关系。另外，变换是否能够实现也与两种不同类型的被动句的语义特点有关："被"字句的被动意义比较强，无标记被动句的被动意义比较弱。当句子需要特别强调被动意义或主语受谓语动词影响后的结果时，"被"字句无法变换为无标记被动句；而当句子在语义上倾向于对主语的状态进行描述、说明时，无标记被动句则无法变换为"被"字句。因此，两种句式是否能进行变换除了要从结构上去分辨，还要从语义上进行衡量。

# 14. "叫"字句什么时候表示被动？

"叫"在现代汉语中既可以做动词也可以做介词。作为动词，"叫"具有"呼叫""招呼""召唤""称为""命令""容许"等义项；作为介词，"叫"具有"被动""依、照"等义项。动词的"命令""容许"等义项容易与介词的"被动"义项混淆。从汉语发展的角度说，"叫"最开始是用作动词表示叫唤、喊叫；后来发展为使役句的第一动词，如"我叫他回家一趟"中的"叫"，表示容许、使令；然后再发展为被动标记，如"钱包叫我弄丢了"中的"叫"。"叫"字句作为使役句和被动句时的句法结构基本相同，二者都可以格式化为：$NP_1$ + 叫 + $NP_2$ + VP（V + $NP_3$）。二者在语义上也难以区分。例如：

（1）我叫他说了几句。

（2）地叫小李扫了。

例（1）、（2）中的"叫"既可以理解为动词，表示"命令""容许"；也可以理解为介词，表示"被动"。究其原因，这种两可情况的存在与句中两个名词性成分 $NP_1$、$NP_2$ 和谓词性成分 VP 之间的语义关系密切相关。从汉语发展的角度说，不少学者认为"叫"的被动义是从使动义发展而来的（江蓝生，2000；蒋绍愚，2002；李崇兴、石毓智，2006；朴乡兰，2011；等等），动词后的受事 $NP_3$ 前移或者使役动词的致使度降低，导致使役动词发展为被动标记。汉语教师和学习者需要弄清楚"叫"在什么时候表示被动义，以及如何将表使动义的"叫"字句和表被动义的"叫"字句区分开来，这是学好汉语"叫"字句的关键。

李崇兴、石毓智（2006）认为，要考察"叫"的哪些语义特征与被动标记的形成与发展直接相关，首先要搞清楚被动式的结构和语义特征。被动式的结构为"$NP_1$ + 叫 + $NP_2$ + VP（V + $NP_3$）"，其语义特征可以概括为三点：第一，主语 $NP_1$ 不支配 $NP_2$ 的行为 VP；第二，如果主语是人，$NP_2$ 的行为通常不是出自主语 $NP_1$ 的意愿的；第三，$NP_2$ 独立执行自己的行为，并且该行为影响到了主语 $NP_1$。从使役句的角度说，"叫"的语义可以分为以下几类：a. 用言语通知某人做某事；b. 使令、支使某人做某事；c. 称呼某人为什么；d. 容许、任凭某人做某事。历时地看，前三点与被动标记的形成与发展没有关系，但是 d 项语义与被动式的语义特征很相似，它指主语 $NP_1$ 创造了某种环境或者制造了某种条件，容任 $NP_2$ 可以自由执行某种动作。这里的 $NP_1$ 不直接支配 $NP_2$ 的行为，$NP_2$ 的行为完全出于自己的意愿。此时，"叫"字句的主语往往是一种状况，而不是人。这一点跟被动句很接近，因为被动句的主语常常是无生命事物。在这种容任义中，一般 $NP_1$ 制造的状况跟 $NP_2$ 的行为之间都有比较明确的因果关系。例如：

（3）充足的饭菜叫工人师傅们吃个饱。

例（3）中的"充足的饭菜"和"工人师傅吃饱"之间具有因果关系。如果这种因果关系不明确，或者说它们之间没有什么逻辑关系，那么整个句子就非常像被动句了。

跟容任义相同，"叫"的致使义用法也与被动式接近。"叫"的致使义是指 $NP_1$ 不支配 $NP_2$ 的行为，只作为某种状况，使得 $NP_2$ 有了某种行为，$NP_2$ 的行为出于自己的意愿。更重要的是，表致使义的"叫"其主语可以是一个事物，也可以是事件，它在形式上更接近被动式，因为被动式的主语常常是无生命事物。例如：

（4）真正奇怪的事叫人意想不到。

（5）一声巨响叫我吓出了冷汗。

以上两例中的"叫"都是致使义用法，但是已经与被动义用法非常接近了。被动句的动词必须是及物的，只有当动词具有及物性时，表使役的"叫"字句才有可能演化为表被动的"叫"字句。如上面所说，表容任义、致使义的"叫"字句的动词受事 $NP_3$ 只出现在动词后，而表被动义的"叫"字句的受事必须出现在句首，而且动词后不能再带受事宾语。"叫"从动词的容许义、致使义转化到介词的被动义，一般需要具备几个条件，具体如下：

## 一、使役句的主语不出现，动词的受事宾语承前省略

如果使役句中动词 V 的受事宾语已经在前文中出现了，而且很难再在动词后补出来（补出来会导致语义重复），在这种情况下，"叫"前面的主语不出现，"叫"的动作义就会被减弱，动词的受事又出现在前文，要补也只能在句首话题

处补出来，因此就可以形成这样的结构：

（6）扁担叫士兵们挑了。

（7）钱财叫小王拿走了。

这两个例句很容易被理解为被动句，但如果"叫"前有具体的施事成分，则不会被理解为被动句。例如：

（6′）扁担军官叫士兵们挑了。

（7′）钱财我叫小王拿走了。

例（6′）、（7′）中"叫"的施事"军官""我"一出现，"叫"就很容易被看作动词。体词性成分在前，谓词性成分在后，二者组合后形成主谓结构是非常自然的。

## 二、动词的受事宾语被话题化

当使役句的主语逐渐由一个事件变成一个体词性成分，这个体词性成分又是句中动词 V 的受事，动词 V 原本所涉及的对象 $NP_3$ 与 $NP_1$ 为复指成分时，$NP_3$ 可以承前省略，"叫"就有可能转化为被动标记。话题化一个很重要的原因就是有定性。一些定指的名词性短语、人称代词或指示代词都表示有定的意义，当这些成分做主语时，"叫"字句很容易被理解为被动句。例如：

（8）老李叫人扶起来坐在凳子上。

（9）装首饰用的盒子也叫强盗们掠走了。

在上述两例中，"老李""装首饰用的盒子"都是有定成分，这些成分是句中动词"扶""掠"支配的对象，与动词之间是一种受动关系。

## 三、动词具有强及物性

使役句中有两个动词：第一个动词是使役动词"叫"，它既与 $NP_1$ 有关，也与 $NP_2$ 有关，受 $NP_1$ 支配的同时又支配着 $NP_2$；而另外一个动词 V 则主要呈现 $NP_2$ 的结果或状态，这种结果或状态不需要具有及物性，因此不及物动词、心理动词、形容词等都可以充当。例如：

（10）他这一去叫我担心了好几个月。

（11）我们就是要叫绿水青山变成金山银山。

（12）老师傅一出手便叫他们甘拜下风。

但是在被动句中，"叫"后面的动词必须是强及物性动词，因为它需要具备对 NP$_1$ 的施动能力。因此，与使役句不同的是，被动句的动词需要具备强及物性，具有真正的施动能力。例如：

（13）这几只小鸡都叫你们玩儿坏了。

（14）这桌还没吃的菜一下叫她打翻在地。

（15）你这一吼老虎都叫你吓破胆儿。

例（13）、（14）中的"玩儿""打"都是实义的动作动词，具有强及物性；而例（15）中的"吓"虽然是心理动词，但也具备及物性，能与 NP$_1$ 形成受动关系。另外，被动句的动词不能是光杆儿动词，后面大多需要带有表示完成或结果的补语成分，使役句则没有这个限制。动词后面补语成分的使用，也使得"叫"字句表示被动的作用得到强化；同时动词前面有时候还附有助词"给"，形成"叫……给 VP……"结构，这也有助于加强"叫"字句的被动语势。例如：

（16）好不容易修好的球拍没一会儿就叫他给打坏了。

## 四、语用上表达出乎意料

汉语被动句的一个语用功能是表明对主语或说话人来说出乎意料。因为 NP$_1$ 为事件的引发者，促使事件发生，但它在句中的操控性弱，不能阻止不如意的结果产生，所以 NP$_1$ 经常被省略。同时，NP$_1$ 引发的事件反而会给自身带来不如意的结果，因此句子常有"不幸""不如意"的意味。当 NP$_1$ 是说话人移情的对象时，"叫"的被动性就会增强。例如：

（17）我这里叫他们吵够了。

（18）你们三个叫老师教了几遍才会的？

以上两例的受事位于句首，动词的语义指向主语，NP$_1$ 对事件的发生没有任何控制性，因而句子看不出原来的使役语义。李崇兴、石毓智（2006）认为"叫"向被动标记发展的合适语义特征和句法环境为：甲做了某事，容任或者使得乙做出某种动作。如果甲做的事是独立的，且甲主观上并不希望乙做某事，但是客观上甲的所为容任乙做某事，而且乙的行为涉及对象是甲。这时，人们就倾向于把这类句子理解为被动句。从这个角度说，被动句中动词的结果对主语来说是不如意的、出乎意料的也就得到了印证。

实际上，由表达使役逐渐转变为表达被动，"叫"不是特例，汉语中很多被动标记都是由实义动词转化而来的，如"被""让""给"等。这也不是汉语的特殊之处，使役转化为被动具有语言类型学上的共性，英语、法语、韩语等语言也都存在这种情况（朴乡兰，2011）。江蓝生（2000）曾指出，使役转化为被动需要具备三个条件：第一，主语为受事；第二，谓语部分所表达的情况已经实现；第三，谓语动词为及物动词。而"叫"由实义动词转化为使役句的第一个动词再转化为被动结构的被动标记，刚好符合这三点要求。这也是区分"叫"字句是使役句还是被动句的关键所在。

# 15. "让"字句什么时候表示被动？

"让"在现代汉语中语义比较丰富，根据《现代汉语词典》（第 7 版）和《现代汉语八百词》的释义，"让"可以用作动词、介词和名词。"让"用作名词时表示姓氏，与我们本问要讨论的内容无关。《现代汉语词典》（第 7 版）指出，"让"用作动词时有 7 种义项，用作介词时有 2 种义项。其中，"让"用作动词时表示的指使、致使、容许或听任等义与用作介词时表示的被动义经常混淆，甚至在同一句子中，"让"可做不同的理解。例如：

（1）我让他打了两下。

这个句子可以理解为多种语义：

a. 我命令他打了两下。

b. 我容许他打了两下。

c. 我听凭他打了两下。

d. 我被他打了两下。

其中，a～c 中的"让"是动词，可以理解为"命令""容许""听凭"等义，在句中可以理解为致使语义；d 中的"让"是介词，在句中应理解为被动义。但是这几种"让"字句经常交织在一起，我们无论从句法形式上还是从语义上都很难将它们区分清楚。这就给外国学习者带来了较大的学习困扰，因此如何理解和分辨"让"字句的语义，是汉语被动句教学的重要内容。我们认为，汉语学习者大致可以从句法和语义两个方面来确定"让"字句的被动义。

## 一、句法方面

如果将"让"字句的结构格式化为"$NP_1$＋让＋$NP_2$＋VP（V＋$NP_3$）"，那么表被动义的"让"字句对句法结构中的各个成分都是有所要求的。具体如下：

### （一）$NP_1$ 和 $NP_2$

在"让"字句中，$NP_1$ 和 $NP_2$ 从成分性质上说，可以是体词性的，也可以是谓词性的。体词性的 $NP_1$，包括名词、代词及其相关结构。例如：

（2）这盆菜让老鼠偷吃光了。

（3）他让这帮人说得心烦意乱，再也不想待在这里了。

以上两例中的 $NP_1$"这盆菜"和"他"分别是名词性结构和代词。$NP_1$ 也可以是谓词性的，但这时 $NP_1$ 一般具有体词性倾向。例如：

（4）说得太多容易让人误会。

（5）他即使犯了错也不会轻易让别人察觉出来。

这两句中的 $NP_1$ 都是谓词性结构，"说得太多"是动补结构，"他即使犯了错"是主谓结构；但这两个结构居于 $NP_1$ 位置时就具有了体词性成分的性质，如"说得太多"指的是一种状态，"他即使犯了错"指的是一种情况。$NP_1$ 有时候还可以缺省。例如：

（6）不知怎么搞的，居然让对手知道了这个消息。

例（6）中"让"前的 $NP_1$ 省略了，但句子仍然成立。我们可以通过语境将 $NP_1$ 补出来，如 $NP_1$ 有可能是与"对手"相对的另一方，即"我方"。

再来看 $NP_2$ 的情况。$NP_2$ 一般也是体词性成分，多数是指人或动物的名词、代词及其相关结构。例如：

（7）地里的玉米多半让虫子咬坏了。

（8）王小明让老师严厉地批评了一顿。

上面两例中的"虫子""老师"都是名词。一般来说，$NP_2$ 不能缺省，因为它是事件的主要施力者，如果缺省句子则不成立。这两例中的 $NP_2$ 都具有主动施力的条件。有时，$NP_2$ 还可以指无施事能力的物体。例如：

（9）章亚若浑身让汗水湿透了。（BCC 语料库）

（10）今天坏心情让这舒服的微风一吹而散。

"汗水""微风"都是无施事能力的物体。从语义上说，这两例"让"字句还保留了一定的致使义，可以理解为"章亚若因汗水浑身湿透了""今天的坏心情因这舒服的微风一吹而散"。因为使役和被动本就处在一种连续统中，"让"字句的被动义是由使役义转化而来的，在一定情况下，原来的语义会有所滞留（陈力、曲秀芬，2008；周文华，2007；等等）。

## （二）谓语 VP

"让"字句中的体词性成分 $NP_1$ 和 $NP_2$ 在致使句和被动句中的表现形式没有太大区别，谓词性成分是体现二者区别的关键。表被动义的"让"字句的谓语多由及物动词及其相关结构充当，不可以为不及物动词或形容词。例如：

（11）这连续剧的大结局让他们猜中了。

（12）你们上课吃东西最好别让老师撞见。

"猜中""撞见"都是及物的行为动词。这类句子还可以在动词前加上一个助词"给"。例如：

（11′）这连续剧的大结局让他们给猜中了。

（12′）你们上课吃东西最好别让老师给撞见。

另外，谓语部分还可以是动词性短语，如动补短语、动宾短语等。例如：

（13）图书馆的椅子都让他坐坏了好几把。

（14）一个少年瞬间就让车祸夺去了生命。

（15）这件毛衣让猫把线头扯出来了。

在例（13）～（15）中，谓语部分分别是动补短语、动宾短语和"把"字结构。但是，表被动义的"让"字句的谓语部分不能是形容词或心理动词。例如：

（16）再没有比失而复得更让人欣喜的了。

（17）一次就能中大奖太让我吃惊了。

例（16）、（17）更多地表达致使义，"失而复得"导致"人"呈现出"欣喜"的状态，"一次就中大奖"导致"我"呈现出"吃惊"的状态。如果说从构成成分看，"让"字句的致使义和被动义的区分还不够明显的话，那么从语义角度看可能会更加有助于我们区分二者。

## 二、语义方面

从语义角度看，$NP_1$ 和 $NP_2$ 的生命度以及谓语 VP 的语义会影响"让"字句体现为致使义还是被动义。

### （一）生命度

从语义角度说，在表被动义的"让"字句中，$NP_1$ 和 $NP_2$ 可以是生命体，也可以是无生命体。例如：

$NP_1$ 有生命 $NP_2$ 有生命：他让孩子哭得心烦意乱。

$NP_1$ 有生命 $NP_2$ 无生命：人不能总让困难给吓住。

$NP_1$ 无生命 $NP_2$ 有生命：后来这个秘密让人发现了。

$NP_1$ 无生命 $NP_2$ 无生命：路边的一排自行车让台风刮倒了。

与生命度密切相关的两个语义概念是"意识度"和"控制度"，表被动义的"让"字句中因为 $NP_2$ 是动作的主体，所以 $NP_2$ 需要具有意识度或控制度。一般而言，有生命度就会有意识度，有意识度就会有控制度，但是也可能存在不具有意识度却具有控制度的情况。这种控制度可以是主观上的控制度，比如生命度高的人或动物，或者有行为能力的组织机构等；也可以是客观上的控制度，如风、雨、雷、电等大自然现象。因此，有的 $NP_2$ 虽然不具有生命度，但是也能进入表被动义的"让"字句中，因为这些无生命的 $NP_2$ 也具备一定的意识度或控制度。在被动句中，$NP_1$ 一般是受事，处于被动接受的地位，相对而言其意识度无关紧要。在表被动义的"让"字句中，$NP_2$ 的控制度和意识度是强势成分，$NP_2$ 的生命度越高，被动句成立的可能性就越大。另一方面，在表达致使义的"让"字句中，由于 $NP_1$ 是主要施力者，所以 $NP_1$ 的生命度是强势成分。

## （二）谓语 VP 的语义

表致使义的"让"字句和表被动义的"让"字句最重要的区别就是语义不同。从体词性成分与谓语动词之间的关系看，表致使义的"让"字句是主动句，表现为 $NP_1$ 产生的控制力作用到 $NP_2$ 上，导致 $NP_2$ 发生一定的改变或呈现出某种状态。因此，从施力作用方向看，主动句的施力作用方向是顺向的。而被动句是一种受事主语句，表现为 $NP_1$ 作为受事，$NP_2$ 产生的控制力作用到 $NP_1$ 上，导致 $NP_1$ 发出某种动作或产生某种结果。因此，被动句的施力作用方向是反向的。这是致使"让"字句和被动"让"字句有所区别的重要原因。

另一方面，从说话人的角度看，被动句，特别是有标记被动句一般具有 [＋意外] 的语义，大多数有标记被动句还具有 [＋不如意] 的语义特征；但是在主动句中，这两种语义特征都不明显。这一点可以从以下句子中看出：

（18）我让他拿走了两本书。

（19）他们不能让别人欺负。

这两个句子都可以理解为致使义和被动义。但是，理解为被动义时，结果对主语来说具有 [＋意外][＋不如意] 的特征。例如，例（18）如果理解为被动义，那么"拿走书"的结果对主语"我"来说是不如意的；例（19）如果理解为被动义，那么"欺负"的对象就是"他们"，这也是一种不如意的结果。但是，这两句如果理解为表致使义的"让"字句，就不表达这样的语义了。反过来说也成立，即如果谓语对主语来说是一种意外的、不如意的结果或状态，则句子就是被动句；如果谓语不表示意外的、不如意的结果或状态，则句子是主动句。

因此，"让"字句在表达被动义时，从句法结构上看，动词应为及物动词且具备对体词性成分 $NP_1$ 的施动性。从语义上看，$NP_2$ 的生命度要高于 $NP_1$，$NP_2$ 具备一定的控制度和意识度，对 $NP_1$ 有施动作用，可以保证 $NP_1$ 的受动性；另外，表被动义的"让"字句大多具有 [＋意外][＋不如意] 这两种语义特征。

# 16. "给"字句什么时候表示被动?

现代汉语中的"给"是一个功能和用法都相当复杂的词,既可以是动词,也可以是介词,还可以是助词。在《现代汉语八百词》中,"给"作为动词的义项有3个,作为介词的义项有6个,作为助词的义项有2个。外国学习者面对"给"的这些义项常感到难以区分。本问我们就来谈谈"给"字句什么时候表示被动。

我们这里说的"给"字被动句是指"给"作为介词表示被动的句子,不包括"给"作为动词和助词处于其他被动结构中的情况,如"被/叫/让……给……"这类结构。"给"作为介词表示的关系大致有三种:a.受事关系,对其后的名词具有处置作用,相当于"把""将""管"等,如"鸡给米吃完了";b.施事关系,引出动作的实施者,相当于介词"被""叫""让"等,如"杯子给弟弟打破了";c.对象关系,引出服务的对象,相当于介词"替""向""为"等,如"大夫给病人打针"。(齐沪扬,1995)只有第二种关系体现了被动语义,其所在的句子是"给"字被动句。表达被动义的"给"字句对句法结构中的各个成分都有一定的限制和要求,具体如下:

## 一、对"给"的限制

"给"要表达被动义需要先失去其他的语义功能,如失去作为谓语动词的给予义。例如:

(1)骨头给狗啃了。

例(1)可以做两种理解:第一种是"给"为给予义,句子可以理解为"某人把骨头拿给狗啃了";第二种是"给"为被动义,句子可以理解为"骨头被狗啃了"。这时就需要从上下文或者句外因素中找到支持"给"表达为被动义的证据。按照刘畅(2018)的观点,如果"给"要表达为给予义,那上下文中必须有给予方,也就是说,语义环境中出现了给予方、接受方、给予物,给予义才能确定;而要表达为被动义,则句中"给"的前后需要出现动作的施事、受事等成分。在例(1)中,动作的施事和受事都已经出现在句中,且施事和受事的生命度有所不同，"骨头"的生命度显然要低于"狗"的生命度，因此如果上下文中没有出现给予方的话，这个句子更容易被理解为被动义。

同时，"给"不能是助词，也就是说，"给"不能是"把"字句中"把……给……"结构中的"给"，也不能是以"被""叫""让"为标记的被动句中"被/叫/让……给……"结构中的"给"。因为这样的句子虽然表示被动，但是被动标记却不是助词"给"，而是前面的介词"被""叫""让"。"给"在句中的作用大多是加强语势，去掉也不影响句义，加上似乎具有"程度更深""影响更大"的语义倾向。（寇鑫、袁毓林，2018）

## 二、对谓语动词的限制

"给"字句表被动义对谓语动词的限制较多，除了在句法上有要求，在语义上也有一定的约束，这样才能保证被动义的实现。

### （一）谓语动词为及物动词

"给"字被动句的谓语动词通常是及物动词，可以是动作性动词，也可以是非动作性动词，但语义上都应能支配或影响"给"前的名词性成分。例如：

（2）苹果给小王吃了。

（3）这个消息不小心给敌人知道了。

例（2）中的"吃"是动作性动词，能支配"给"前的名词"苹果"；例（3）中的"知道"虽然是非动作性动词，但也是及物动词，能支配"给"前的名词性成分"这个消息"。根据刘畅（2018）的统计，经常出现在"给"字长被动句[1]中的动词有"偷""打""看见""知道""发现"等，出现频率较低的动词有"写""送""带来""造成""提供""提出""增加""安排""留下""创造"等。

### （二）谓语动词一般不能为光杆儿形式

"给"字被动句的谓语动词一般不能为光杆儿形式，其后需要有表示完成的

---

[1] 刘畅引述邓思颖（2003）的观点，认为"给"字长被动句是指被动标记"给"字后面"有施事主目的被动句"，"给"字短被动句则是指被动标记"给"字后面"没有施事主目的被动句"。

体标记或者补语成分。被动句一般用来表示对已然事实的陈述（如果用于未然句，一般只能出现在禁止句中），因此谓语动词后必须带有表示完成体态的助词"了""过"或者表示动作完成的结果补语等成分。例如：

（4）a. 饭给他吃。

　　　b. 饭给他吃了。

　　　c. 饭给他吃完了。

例（4a）中的"给"只能理解为给予义，句子为主动句；例（4b）在谓语动词"吃"后加了体标记，例（4c）加了结果补语，二者都可以理解为被动句。

谓语动词后带有动量补语时，句子可以理解为被动义，但也可以理解为其他的语义。例如：

（5）a. 张三给李四打了。

　　　b. 张三给李四打了一顿。

谢晓明（2010）认为，例（5a）这样的句子一般作为被动句理解，但例（5b）既可以理解为处置句（即"张三把李四打了一顿"），也可以理解为被动句（即"张三被李四打了一顿"），北京话更倾向于作为处置句理解。如果谓语动词是非动作性动词，那二者都可以理解为被动句。例如：

（6）a. 张三给李四骗了。

　　　b. 张三给李四骗了一回。

"骗"是非动作性动词，无论其后加完成体标记还是动量补语，句子都可以表达被动义。因此，谓语动词后带动量补语，影响句子被动义的确立。例（5）、（6）在汉语不同方言中也有不同的理解，如河南洛阳话认为例（5a）也是处置句，即"张三把李四打了"的意思。"给"最终表达什么语义，还要依据上下文的语言环境来确定。

谓语动词也有一些例外的情况，有的谓语动词为光杆儿形式也能表达被动义。例如：

（7）哥哥，可别给父亲知道，这事可不是小事。

例（7）中的"知道"是光杆儿形式，但是不影响句子被动义的表达，当然如果加上体标记，其被动义会更明显。例如：

（7′）哥哥，可别给父亲知道了，这事可不是小事。

## 三、对 NP 的限制

### （一）名词性成分的数量及句法位置

谓语动词所关涉的名词性成分出现的多少及出现的句法位置，影响着被动义的确立。如果谓语动词所关涉的名词性成分只出现了一个且在"给"前，句子一般表达被动义；如果出现在"给"后，且表示动作的接受者、受益者或受害者，则句子的被动义不明显。例如：

（8）a. 苹果给吃了。

　　　b. 给老鼠吃了。

例（8a）明显表达被动义，而例（8b）则有可能表达给予义、处置义。如果谓语动词所关涉的名词性成分出现了两个且分别出现在"给"的前后，这时句子是否表达被动义，与名词性成分的另外一个特征有关，即生命度。

### （二）名词性成分的生命度

名词性成分根据其所指称事物有无生命度，分为有生命度名词和无生命度名词两种。有生命度名词根据名词所指称事物生命度的高低，从高到低又分为"指人名词 > 动物名词 > 植物名词"。在这一等级序列中，排列越靠前的生命度越高。生命度高意味着该名词所指称的事物对其他事物的支配力和影响力强，反之则弱。有生命度名词比无生命度名词的支配力强，一般处于施动者地位，而无生命度名词一般处于受动者地位。在"给"字被动句中，名词生命度的有无和高低对被动义的表达有一定的制约作用。刘畅（2018）给出了更详细的"给"字被动句中 NP 的生命度等级序列，即"第一人称代词 > 第二人称代词 > 第三人称代词 > 专有名词 > 指人的普通名词 > 动物名词 > 植物名词 > 无生命普通名词"。名词性成分越靠前，说明它对其他名词性成分的支配力和影响力就越强。一般来说，在"给"字被动句中，"给"后的名词性成分的生命度要高于"给"前的名词性成分。例如：

（9）苹果给老鼠偷吃了。

（10）老鼠给弟弟抓住了。

在例（9）中，"给"后的名词性成分"老鼠"的生命度高于"给"前的名词性成分"苹果"，句子易被理解为被动义；例（10）同理。这两个例子完全遵循了上面的生命度序列。但也有特殊的情况，即如果句中出现的两个名词性成分的生命度处在相同的等级，那么这时我们就得依靠百科知识去进行判断。例如：

（11）a. 羊给狼吃了。

　　　b. 狼给羊吃了。

这两个句子中的"羊"和"狼"都属于动物名词，在生命度序列中处于相同的等级。这时，我们需要依据常识判断哪种语义发生的可能性更大。一般在自然生物链中，羊是不会吃狼的，而狼是吃羊的。因此，例（11a）容易被理解为被动句，而例（11b）则容易被理解为处置句。

总之，"给"字句要表达被动义会受到各方面因素的制约。"给"本身是一个多义词，我们在理解"给"的语义时，不仅要从句中各成分的相互关系上去理解，还要结合上下文语境进行综合判断。

# 17. "给"字被动句的句法、语义特点是什么？

"给"字被动句是"给"作为介词介引施事，表达被动语义的句子。本问我们来谈谈"给"字被动句的句法、语义特点。

## 一、"给"字被动句的句法形式

### （一）典型形式及变式

从形式上看，"给"字被动句的典型形式为"$NP_1$ + 给 + $NP_2$ + VP"。其中，$NP_1$ 为受事，$NP_2$ 为施事。例如：

（1）后来，花瓶给人偷走了。

（2）好多人家的麦子给洪水冲走了。

有的时候施事 $NP_2$ 可以省略，这种情况一般是施事不可知或者没有必要知道时。例如：

（3）以前遗留下来的文物一下给烧没了。

（4）副镇长反对大办钢铁给丢进大牢了。

在例（3）中，具体是谁把"文物"给"烧"了，句中没有交代清楚，可能说话人认为没必要交代清楚，但我们可以根据上下文推测出来；在例（4）中，"丢"这一行为的具体实施者是谁我们不知道，不过也可以根据上下文推测出来。

有时候受事 $NP_1$ 位于施事 $NP_2$ 之后，整个结构为一个偏正结构，以"给 + $NP_2$ + VP + 的 + $NP_1$"的形式呈现，受事充当这个偏正结构的语义中心。这种形式的"给"字被动句可以看作典型形式的一种移位变换式，它把施事作为一种背景成分，用来突出说明受事的情状。例如：

（5）到处是给太阳晒得懒洋洋的风，不像搅动屋里沉闷的那样有生气。（BCC 语料库）

（6）看着给弟弟又一次玩儿坏的遥控车，我忍不住大吼起来。

在例（5）中，"给太阳晒得懒洋洋的"作为定语修饰"风"，"太阳"在叙述场景中是一种背景成分，用来说明"风"变得"懒洋洋"的原因；同样在例（6）中，"弟弟"作为背景信息，用来说明"遥控车"遭到"损坏"的致使者。这时，我们可以将受事 $NP_1$ 从偏正结构中提出，置于句首，将句子还原为典型的"给"字被动句。以上两例可做如下变换：

（5'）风给太阳晒得懒洋洋的。

（6'）遥控车又一次给弟弟玩儿坏了。

原本作为偏正结构的"给"字被动式，如果要变换为被动句，还要加上一定的完句成分，如例（5'）中的"的"、例（6'）中的"了"。

有时，"给"字被动句的结构还会发生变化，如在动词性成分后出现另外一个受事 $NP_3$，且 $NP_3$ 与 $NP_1$ 具有领属关系，即 $NP_3$ 隶属于 $NP_1$。例如：

（7）他常听到心烦，以为他那未婚妻就给这电话的"盗魂铃"送了性命。

（8）他抱着胸脯，缩着脖子，变成了一切书冲撞的目标，给书砸痛了头，碰伤了肩膀，擦破了皮肤。

例（7）中的动词"送"的受事宾语"性命"是属于受事主语"未婚妻"的，例（8）中的动词"砸""碰""擦破"的受事宾语"头""肩膀""皮肤"是属于受事主语"他"的。这两例中的受事主语与受事宾语之间的关系是领有者与被领有者的关系。

虽然"给"字被动句在结构上有几种形式，但它们在本质上是相通的，是基本结构"$NP_1$＋给＋$NP_2$＋VP"的不同变式。

### （二）句法成分的限制

"给"字被动句对其句法成分有一定的限制。首先，作为句子核心的动词，一般要为及物动词，这样才能保证对受事$NP_1$具备处置作用；即便句子的核心动词为不及物动词，一旦进入句式，受到句式语义的影响，也具有及物性特征。例如：

（9）大床给舅舅睡了。

"睡"一般认为是不及物动词，但是在例（9）中具有及物性，可以对受事"大床"产生一定的处置作用，这种作用是通过"给"字被动句的句法环境获得的。也就是说，在这一句式中，VP要与$NP_1$形成受动关系，才能满足句式成立的条件。另一方面，$NP_2$与VP之间也要满足一定的条件。一般情况下，$NP_2$是VP的发出者。例如：

（10）花瓶给弟弟打碎了。

"弟弟"是"打"的动作发出者，这是最典型的情况。但有时候，$NP_2$不是VP的发出者，而是语义场景中的其他因素，真正的动作发出者未出现或者可以通过语义推知。例如：

（11）他的手刚给碎玻璃渣子割破了。

句中"碎玻璃渣子"不是"割破"这一动作的真正发出者，只是这个语义场景中"手破了"的原因或影响因素。"割破"这一动作可能是由于某种外力作用产生的，虽然"碎玻璃渣子"无法发出"割破"的动作行为，但它具备能导致"割破手"这一结果的条件，比如"尖锐""细小"等。

## 二、"给"字被动句的语义功能

木村英树（2005）认为，汉语被动句的原型语义功能在于表示某参与者受到另外一个参与者的行为动作的影响而产生某种非自主的变化。若只表述受事接受了某种行为动作，而不表述行为动作给受事所带来的影响，这很难构成合格的被动句。他还指出，动结式是最适合做被动句谓语的结构，即由结果句式构成的被动句才是被动句的原型。因此，被动句是用来表述受事因施动者的行为动作而发生某种状态变化的句式，它主要关心的是受事发生怎样的非自主性变化，而不是被施加了什么动作。被动介词标记的参与者既可以是施事，也可以是促使受事产生某种状态或变化的引发者，如在"他被小红咳嗽咳醒了"中，"小红"就是"他醒了"这一结果的引发者。因此，当施动者的动作行为成为引起他人（或物）状态变化的直接原因时，无论是及物性动词的施事还是不及物性动词的施事，都可以由被动介词来标记。可见，被动介词标记的参与者担任了双重语义角色。这也能说明例（11）中引发动作"割破"的原因 $NP_2$，并不是真正意义上的动作发出者。

在大多数情况下，"给"字被动句中的施事是可以省略的；而且从语料统计看，省略施事的"给"字被动句是多于出现施事的"给"字被动句的（刘畅，2018）。从语言使用的经济性上看，省略施事的"给"字被动句在口语中用起来更便捷。但是，施事的隐现会导致语义上的不同。首先，施事出现表明说话人对整个动作过程的描述很完整，并且强调过程的施动者。如果 $NP_1$ 和 $NP_2$ 都出现在句子中，被动句对事件的表述则十分清楚，包括动作者、过程、目标、结果等，这使得句义趋于完整。例如：

（12）锅碗给偷走了。

（13）锅碗不知给哪个小子偷走了，气死我了。

上面两例中的谓语动词都是"偷"，说话人不一定知道这个动作的发出者是谁，但是他们都选用了"给"字被动句。不同的是，一个句中没有出现 $NP_2$，一个句中出现了 $NP_2$。没有 $NP_2$ 的"给"字句，即例（12），说话人更想表达的是"锅碗被偷走"这一结果；而有 $NP_2$ 的"给"字句，即例（13），说话人更在意

的是谁"偷走了锅碗",即便他没有看到被偷的过程。(刘畅,2018)

其次,施事出现可以起到强调说明施事对受事影响的作用。被动句的基本语义功能是强调受事受到行为动作的影响或支配后,状态发生改变。如果句中出现施事 $NP_2$,则更能凸显 $NP_1$ 是在 $NP_2$ 的动作行为影响下发生改变的意思。例如:

(14)小偷儿给抓住了。

(15)小偷儿给警察抓住了。

例(14)、(15)叙述的都是"抓小偷儿"事件,但是例(14)重点在于强调"抓住了"这一结果,而例(15)在此基础上还意在向听话人说明"小偷儿"是在"警察"的作用下才"抓住"的,强调"警察"对"小偷儿"的影响。

总之,"给"字被动句在句法、语义上有其自身的特点,与其他有标记被动句不同。"给"字被动句虽然在书面语中占比不大,但却是口语中的常用句式,所以也是汉语学习者需要掌握的重要句式。

# 18. "被""叫""让""给"等被动标记可以任意互换吗?

有标记被动句包括"被"字句以及"叫""让""给"等做介词表示被动的句子,这是学界已达成的共识。但学界对这几种被动句的具体区别讨论较少,普遍认为它们的最大差异在语体上,即"被"字句多用于书面语,"叫""让""给"等被动句多用于口语。也有学者认为,使用哪种被动句,受到南北方言的影响,北方多用"让""叫"被动句,南方多用"给"字被动句。周一民(1998)指出,北京话中没有"被"字句,常用被动标记"让""叫",偶尔也用"给"。许多学者也谈到如果排除南方官话的"给","被""叫""让"可以自由互换。但是这几个被动标记真的可以任意互换吗?除了受语体和方言使用习惯的影响外,它们是否还有其他的区别?

赞井唯允、徐杨(1991)对北京人、上海人和长春人口语中的被动标记分别做过调查,发现这几个被动标记不是在任何时候都可以互换的,具体有以下几种情况:

## 一、"被""叫""让""给"可以互换的情况

"被""叫""让""给"在一定条件下可以互换使用，如以下例句选用任何一个被动标记都可以成立。

（1）他被人打了。（叫 / 让 / 给）

（2）这片池塘被化学物质污染了。（叫 / 让 / 给）

（3）树上的叶子被大风刮下来了。（叫 / 让 / 给）

这些句子的特点是：动词后有助词"了"表示动作已经实现；句子表达使受事主语产生物理性变化或者在境遇、状态方面发生变化的意义。但是这些句子在南北方人的口语使用中有所差异，如北方人认为以上几个被动标记可以互相替换，南方人会对"叫""让"的出现有所怀疑，特别是当被动标记后出现无生命名词时，如例（2）、（3）。

还有一种情况，即当动词后有结果补语或状态补语时，这四个被动标记一般可以互换。例如：

（4）小王被那帮歹徒刺伤了。（叫 / 让 / 给）

（5）两个小猫被你一声叫唤吓跑了。（叫 / 让 / 给）

（6）金色的麦穗被阳光照得闪闪发光。（叫 / 让 / 给）

（7）地面被铺上了红地毯。（叫 / 让 / 给）

当动词后有结果补语或状态补语时，被动句表示受事主语因动作实现而产生的结果或状态变化。相对来说，这种类型的被动句最为稳固，因其最能表现出受事主语受到某种动作影响而呈现出来的变化。所以在这种情况下，"被""叫""让""给"可以互换使用。

## 二、能用"被""叫""让"，但"给"受限的情况

从北京人的视角看，以下这些句子中能用"被""叫""让"，但不太能用"给"。

（8）这些脏衣服被我们扔了。（让 / 叫 / ? 给）

（9）他藏起来了没有被敌人发现。（让 / 叫 / ? 给）

（10）老李刚刚被公司表扬了。（让 / 叫 / ? 给）

（11）南京被解放军解放了。（让 / 叫 / × 给）

（12）我被他的话感动了。（让 / 叫 / × 给）

以上几例北京人认为"让""叫"和"被"可以任意互换，但是例（8）、（9）、（10）用"给"不太自然，例（11）、（12）则根本不能用"给"。按照上海人的语感，前三句用"给"也能成立，但后面两句表示褒义的结果，只能用"被"而不能用"叫""让""给"。这些句子的特点是动词后没有补语。这些动词的完成时态并不含有因动作实现而使受事主语产生物理性或者境遇、状态方面的变化。有时虽然受事主语好像受到了影响，但这种影响非常抽象，而且不含有被害或不利的结果，如例（11）、（12）。

还有一种情况，即当动词后有结果补语时，北京人认为可以随意用"被""让""叫"，但不能用"给"。例如：

（13）上课不要吃东西，小心被老师看见。（让 / 叫 / × 给）

（14）这种私密的话不要大声说，容易被别人听见。（让 / 叫 / × 给）

（15）这件衣服终于被我找到了。（让 / 叫 / × 给）

在以上句子中，动词后的结果补语并不表示受事主语产生的物理性变化，只是表示动作目的的实现或动作的完全执行。这跟前一种类型的结果补语大不相同。而南方人认为，"给"在这些句子中也能比较自然地使用。

还有一种情况，即当动词后有结果补语或趋向补语，且这些补语表示因动作的实现而使受事主语产生位置上的改变时。例如：

（16）桌子被小李搬走了。（让 / 叫 / × 给）

（17）那些年很多沉在水里的文物都被渔民捞上来了。（让 / 叫 / × 给）

（18）好吃懒做的人就会被他们赶出去。（让 / 叫 / × 给）

这些句子中虽然也有结果补语，但是结果补语大多表示受事主语经动词施动后所产生的位置上的改变，不是物理性的或状态上的变化。对上海人来说，这些句子中用"给"也可以接受；但是对北京人来说，这种无受损义的被动句中用"给"是不能接受的。另外，下面这类带结果补语的被动句，北京人也认为可以用"被""让"，但不能用"叫""给"。例如：

（19）那些文物被他们保护起来了。（让 / × 叫 / × 给）

（20）电脑被老李修好了。（让/×叫/×给）

如果在这两个句子的动词前加上助词"给"，北京人又觉得"叫"也能接受。例如：

（21）那些文物叫他们给保护起来了。

（22）电脑叫老李给修好了。

也许在北京人的语感中，"叫"的使役性更加强烈，单独作为被动标记来理解会比较为难。而上海人对像例（19）这种句子，只能接受"被""给"而不能接受"叫""让"；而对像例（20）这种句子，只能接受"被"而不能接受"叫""让""给"。

## 三、能用"叫""让"，但"被""给"受限的情况

有些被动句，北京人能接受"叫""让"作为被动标记，但不能接受"被""给"作为被动标记。例如：

（23）叫爸爸知道了，他更加不会同意我去参加晚会。（让/×被/×给）

（24）你的想法也需要叫人了解呀。（让/×被/×给）

（25）小心着点儿，你别叫我再看见！（让/×被/×给）

这些句子的特点是：谓语动词是"知道""了解""看见""碰见"等，其动作行为或状态的产生与 $NP_2$ 的意志无关。与其说 $NP_2$ 是动作的发出者，不如说它是动作的体验者，也就是说，$NP_2$ 对其后的谓语动词不具有操控性。动作本身对句子的受事主语也不产生什么影响，受事主语甚至可以不出现。例如：

（26）真倒霉！不小心让台阶绊了一跤！

这些句子在形式上和主动句比较相近，"叫""让"的功能和其用于一般被动句的情况不同：主语和动词不受一般被动条件的制约；主语不出现在被动标记之前。南方人对这类句子的判断稍有不同，他们认为这四个被动标记都能接受。

## 四、只能用"被"，"叫""让""给"受限的情况

有些被动句，北京人只能接受"被"作为被动标记，不能接受"叫""让""给"作为被动标记，或者说接受度比较低。例如：

（27）这一伟大胜利必将被载入史册。（×让/×叫/×给）

（28）他的这种弱点有可能被敌人利用。（×让/×叫/×给）

（29）如果不好好儿处理，这种小矛盾就会被无限放大。（×让/×叫/×给）

这些句子的特点是：动词后没有助词"了"或者补语。句子叙述的不是已经实现的事实，而是在讲道理。而且，句中的双音节动词带有深厚的书面语色彩。因为这些句子多出现在书面语中，而"被"的书面语色彩最为浓厚，所以用"被"最为合适。

## 五、能用"被""让"，但"叫""给"受限的情况

有些被动句，北京人能接受"被""让"作为被动标记，但对"叫""给"做被动标记接受度较低。例如：

（30）他被人称为败家子。（让/×叫/×给）

（31）我的心一下子被掏空了。（让/×叫/×给）

（32）被人当作骗子的滋味真不好受。（让/×叫/×给）

（33）你看，被阳光一照，顶着露珠的小草显得更加晶莹剔透。（让/×叫/×给）

这类句子在结构上似乎找不出共同点，但从语体上说，基本上都是书面语，当然每个人的语感会有所不同。例如北京人会认为"让"在这样的句子中也能接受，但南方人可能只接受"被"。因此，具体语境中该用什么标记，不同地区的人会有不同的语感，甚至同一地区的人也会有所不同。

赵元任（1979）认为，"被""叫""让""给"这四个被动标记的使用频率是依次递减的。周一民（1998：222）在《北京口语语法·词法卷》中说："北京口语里没有介词'被'。表示施事或动作行为主体主要用'让'和'叫'，偶尔也用'给'。"吴门吉、周小兵（2004）选取了有代表性的现当代文学作品作为考察语料，包括小说、戏剧、相声、报纸，其中小说、报纸属于书面语语体，而戏剧、相声中的人物语言基本能反映口语表达的情况。通过考察，他们认为小说中的"被"字句相对"叫""让"被动句占有绝对优势。在叙述语言中，"被"字句占所有有标记被动句的99%，而"叫""让"被动句总共才占1个百分点。在人物语言中，"被""叫""让"被动句所占的比例分别是29%、29%、42%，

"让"字被动句占优势。把叙述语言与人物语言一起计算，"被"字句占96%，"叫""让"被动句分别为1.6%、2.5%。因此，"被"字句占有绝对优势。总之，在书面语中，用"被"的被动句占有绝对优势，书面语中几乎不用"叫""让"被动句；但京味儿的戏剧、相声中的确更多地使用"叫""让"被动句，因为戏剧作品和相声作品为了语言的生动形象、风趣幽默，常常使用当地土语（王改改，2003）。王改改（2003）利用北京话口语语料库对北京话口语中的"被"字句使用情况进行了考察，发现老北京人（父母双方都是北京人）用"被"比较少，而新北京人（父母双方一方不是北京人）对"被"字句的使用明显多于老北京人。这种现象的出现有可能是受父母方言或普通话的影响。由此可见，北京人口语中喜欢用"叫""让"被动句，这一使用习惯具有地域色彩，受普通话影响后，"被"字句的使用就多起来了。相对来说，"给"是带有南方方言色彩的被动标记，甚至在一些南方方言中，只有"给"才能作为被动标记。因此我们可以认为，"被""叫""让""给"都是汉语中的被动标记，只不过相对来说，"被"最为普遍和典型，其他三个被动标记都有一定的条件局限和地域局限。再者，"被"后的施事可以不出现，而"叫""让"后的施事却必须出现。因此，"被"的句法限制相对较少，使用起来相对容易。

# 第三部分 "被"字句和其他句式的联系与区别

## 19. "把"字句和"被"字句有什么联系?

"把"字句和"被"字句都是汉语中的特殊句式,也是外国学习者学习汉语时普遍存在的难点。这两种句式有时候可以互相变换,有时候却不行。它们与一般的主谓宾结构也存在着一定的对应关系。弄清楚"把"字句和"被"字句的联系与区别,是汉语学习的重要内容。本问我们先来谈谈这两种句式有什么联系。

### 一、句法方面

第一,"把"字句和"被"字句在一定的条件下是可以互相变换的。例如:

(1) a. 他把我的杯子打碎了。

　　 b. 我的杯子被他打碎了。

(2) a. 小明把报纸拿走了。

　　 b. 报纸被小明拿走了。

以上两组例句,每组中的 a 句是"把"字句,b 句是"被"字句,它们之间可以进行变换。二者同时又和一般的主谓宾结构存在一定的对应关系,如上面两组例句都可以变换为主谓宾结构,即"他打碎了我的杯子""小明拿走了报纸"。

第二,两种句式中标记词后面都不能出现否定词,否定词要放在标记词前面。例如:

(3) 他没有把我的事情放在心上。

(4) 王丽丽没有被大家选为劳动模范。

词语中如果含有特定的否定词，则可以置于"把"和"被"的后面，如"看不上""瞧不起""否定""否决"等。例如：

（5）把宝玉没急死。（王还，1984）

（6）你为什么把从前的灵机都没有了？（王还，1984）

（7）便怕白闹一场，反被宝蟾瞧不起。（王还，1984）

（8）她的建议在会上被大家否决了。

王还（1984）认为，在以上"把"字句和"被"字句中，否定形式的动词具有肯定的意义。但有肯定意义而采取否定形式的动词、中间带否定词的特殊结构毕竟是少数，因此我们仍然可以将"在'把'字句和'被'字句中，'把'和'被'的后面不能出现否定词语"视为一条规律。

第三，"把"字句和"被"字句中的动词不能是光杆儿形式，要么有前置成分，要么有后置成分。例如：

（9）我被他这么突然一问，当时也怔住了。

（10）我们必须要把事情弄清楚。

在以上两例中，"一问"和"弄清楚"都不是动词的简单式，如果换成光杆儿动词"问"和"弄"，句子要么不成立，要么可接受度低。

第四，"把"字句和"被"字句中的动词前都可以加助词"给"。例如：

（11）你把孩子的前程给耽误了。

（12）小王的书被同学给撕坏了。

在以上两例中，动词前的"给"可用可不用，但是助词"给"一般是在表示不如意或者损害的语义环境下使用的。

第五，标记词"把"和"被"必须与表受事的名词性成分同现。在"把"字句中，"把"必须与受事宾语 $NP_2$ 同现；在"被"字句中，"被"必须与受事主语 $NP_1$ 同现。它们在句法上都位于谓语动词的前面。这种强制性的同现要求意味着它们在句法、语义上具有紧密的关系。这是标记词与标记对象构成标记关系的必要条件。例如：

（13）他把书撕破了一个角儿。

（14）书被他撕破了一个角儿。

在例（13）的"把"字句中，"书"作为"把"的宾语在句中是强制性成分，必须出现，而且往往是句子的重音所在；而作为主语的"他"则不是强制性成分。在例（14）的"被"字句中，"书"作为主语是句中的强制性成分，必须出现；后面的宾语"他"可以隐去，隐去后也不影响句义表达。

## 二、语义方面

### （一）都表示事件结束后受事经历了明显的状态变化

张伯江（2001）认为，"把"字句和"被"字句在语义上都有"对受事有明显的影响"的强制性要求，如果不表示对受事产生某种影响，就不能用"把"字句或"被"字句。例如：

（15）* 我把看见了。

（16）* 蓝天被我看见了。

任何人的"看见"行为都不可能对"蓝天"产生影响，因此上述两例都不成立。可见，"把"字句和"被"字句都要求行为对目标物具备影响性。同样，当某一事件既可以用"把"字句或"被"字句表达，又可以用主谓宾句表达时，"把"字句或"被"字句表达的"受影响"语义更加彻底。例如：

（17）a. 他喝了酒了。

　　　b. 他把酒喝了。

　　　c. 酒被他喝了。

（18）a. 他骗了我，可是我没有上当。

　　　b.* 他把我骗了，可是我没有上当。

　　　c.* 我被他骗了，可是我没有上当。

在例（17）中，三种句式都能成立，但是 a 句的主谓宾结构不表示"完全喝掉了酒"的意思，而 b、c 两句就有"完全喝掉了特定量的酒"的意思。这一点在例（18）中表现得更明显。例（18a）的"他骗了我"只表示"骗"这一行为本身，至于受动者是否受到影响，这不是句子所关注的。而"把"字句和"被"字句就要求受动者的被影响性是必有的，这种对受动者的"完全影响"与后面的

"可是我没有上当"自相矛盾，所以例（18b）、（18c）不成立。

## （二）都可以容纳弱施事性成分

一个强及物事件中的施事应该体现出自主性（或称"意愿性"）。缺乏意愿性，则应该视为弱施事性。在汉语里，由及物动词构成的主动宾结构中一般不容许非意愿性成分做主语，只有一些有标记句式可以容纳弱施事性成分，"把"字句和"被"字句就是可以容纳弱施事性成分的有标记句式（张伯江，2001）。请看下面的例子：

（19）a.？ 这瓶假酒喝倒了前来祝贺的客人。

　　　b. 这瓶假酒把前来祝贺的客人喝倒了。

　　　c. 前来祝贺的客人被这瓶假酒喝倒了。

（20）a.？ 一阵凄厉的呼救声吸引过来了人群。

　　　b. 一阵凄厉的呼叫声把人群吸引过来了。

　　　c. 人群被一阵凄厉的呼救声吸引过来了。

上述两例中的"这瓶假酒""一阵凄厉的呼救声"都是非意愿性成分，它们不是发起事件的主谋者，但事件的叙述人将事件的发起归因于它们。一般来说，一个成分是否具有意愿性跟它自身的生命度相关，无生命的肯定没有意愿性，但生命度高的也未必总是有意愿性。例如：

（21）a.* 成龙迷住了她。

　　　b. 成龙把她迷住了。

　　　c. 她被成龙迷住了。

作为电影明星，"成龙"不会有意地去迷住哪个观众，实际情况只能是观众因为看了"成龙"的影视作品而着迷，因此"成龙"虽然有生命度，但未必在任何时候都具有意愿性。这样的非意愿性成分出现在"把"字句和"被"字句这类有标记句式中，其可接受度比出现在一般的主动宾句中高。

因此，从语义上看，"把"字句、"被"字句与主动宾句不同的是，前两者都具有强影响性和弱施动性的特点，不过强影响性是必有的，弱施动性不是必有的。主动宾句具有强施动性，"把"字句和"被"字句具有强影响性。

### 三、语用方面

从语用上说，"把"字句的"把"和"被"字句的"被"都具有标记功能，是一种语用标记，即凸显动作行为对所标记对象的影响（邵敬敏、赵春利，2005）。"把"用来凸显动作行为对其后宾语的影响，这种影响分为有意识的和无意识的。例如：

（22）他把杯子打破了。

（23）他把我吵醒了。

以上两例都可以有两种不同的理解。第一种理解是，"他"的动作是有意识的，如：他故意击打杯子，杯子破了；他故意吵我，我醒了。第二种理解是，"他"的动作是无意识的，如：他不小心碰到杯子，杯子破了；他在做其他事情时不小心吵到我，我醒了。在第一种理解中，"把"的作用是凸显动作的处置对象；在第二种理解中，"把"的作用是凸显动作的影响对象。可以说，"把"是句子语义焦点的语用标记，用来标记说话人所要强调的影响成分。

同样，"被"字句的"被"也是一种语用标记，主要作用是标记话题。"被"字句的主语是强制性成分，一般不能省略。"被"字句的主语并不都是受事，也可以是其他语义成分。例如：

（24）那人一口气杀了三条狗，我被这场景吓了一跳。

（25）他本来想帮你，没想到你却被他害了。

（26）他的眼睛被这些小字看花了。

以上三例说明，"被"字句的主语不一定就是受事，它只是动作行为影响的对象。从这个意义上说，"被"和"把"是一致的，都是语用标记，其功能都是凸显动作行为所影响的对象，只不过"把"所凸显的对象紧跟在其后，而"被"所凸显的对象在主语位置或者中心语位置上。

综上所述，"把"字句和"被"字句都是汉语中的特殊句式，二者在句法、语义、语用等方面都有许多相同点，在一定条件下能互相变换；但二者的差异也是显而易见的。汉语学习者容易将二者混用而出现偏误，因此我们不仅要明确它们之间的联系，还要关注它们之间的区别。

# 20. "把"字句和"被"字句有什么区别?

"把"字句和"被"字句虽然有诸多相同点,但它们的差异也非常明显。汉语学习者只有分辨清楚它们之间的差异,才能掌握好这两种句式。本问我们主要从句法、语义、语用等方面分析二者的区别。

## 一、句法方面

从句法层面上说,"把"字句和"被"字句的典型结构相同,即"名词性成分+把/被(+名词性成分)+谓词性词语+其他成分",谓语都要求是动词性成分;但两种句式对标记词后的名词性成分的省略、谓语动词的属性等方面的要求则有所不同。

### (一)标记词后的名词性成分可否省略不同

"把"字句中的介词"把"后面必须接名词性成分,不能直接跟动词性成分,而"被"字句中的介词"被"可直接放在动词性成分前面。例如:

(1)a.弟弟把水杯摔坏了。

　　 b.*弟弟把摔坏了。

(2)a.水杯被弟弟摔坏了。

　　 b.水杯被摔坏了。

例(1)是"把"字句结构,"把"后的名词性成分"水杯"必须出现,不出现则句子不成立。例(2)是"被"字句结构,介词"被"后的名词性成分"弟弟"可以出现,也可以不出现,出现和不出现都不影响句子的成立。

### (二)能进入句中的谓语动词不同

"把"字句和"被"字句对进入句中的谓语动词有一定的限制。有些限制是相似的,如"有""在""当(教师)""得(病)""起(作用)""属于""接近""离开""依靠"等动词不能用在"把"字句中,也不能进入"被"字句中;

但是有些动词可以用在"被"字句中而不能用在"把"字句中，如"知道""看见""听见""碰到""信任""拥护"等。例如：

（3）a. 这件事被领导知道了。

　　　b.* 领导把这件事知道了。

（4）a. 他俩在校园里手拉手被我碰到了几次。

　　　b.* 我把他们在校园里手拉手碰到了几次。

在例（3）、（4）中，"知道""碰到"能进入"被"字句中做谓语动词，却不能充当"把"字句中的谓语动词。

另外，有的学者提出"把"字句和"被"字句中不能运用光杆儿动词是无条件的，也就是说，光杆儿动词不能做这两个句式的谓语没有例外（张伯江，2001）。但是，据考察有一些例外现象，如刘承峰（2003）对《汉语动词用法词典》中的1223个动词做了调查，发现可用在"把"字句和"被"字句中做谓语的光杆儿动词有"撤销""颠倒""俘虏""逮捕""开除""克服""扭转""抛弃""养活""抹煞""镇压"等，共13个；可用在"被"字句中而不可用在"把"字句中的光杆儿动词有"采用""操纵""拆除""处分""打倒""发现"等，共30个；可用在"把"字句中而不可用在"被"字句中的光杆儿动词有"摆脱""暴露""保卫""充满""产出""出版""打倒""打破""断绝""发表"等，共32个。由此看来，光杆儿动词不能进入这两种句式是多数情况，但也不是绝对的。另外，能进入"把"字句的动词和能进入"被"字句的动词并不完全相同。刘承峰（2003）认为，承认这些动词在"把/被"字句中的合法性与该句式所表达的"影响性"意义并不矛盾，因为这类动词在表达"影响性"的意义上是自足的，并不需要其他词来补充说明这一语义。

## 二、语义方面

### （一）直接影响和间接影响的差异

张伯江（2001）曾提出，"被"字句和"把"字句在语义上表现为动作者通过动作对受影响者产生了一定的影响。尽管二者在语义上都具有"强影响性"和

"弱施动性"的特点，但是它们在影响性上还是有差异的。"被"字句的影响性不仅是针对句中受影响者的。例如：

（5）a. 我知道了你的密码。

b. 我知道了你的名字。（张伯江，2001）

（6）a. 你的密码被我知道了。

b.* 你的名字被我知道了。（张伯江，2001）

（7）a. 他的纸条被老师看见了。

b.* 他的纸条被房子上的猫看见了。（张伯江，2001）

例（5）的主动宾句有时可以变换为"被"字句，如例（6a）；有时则不能变换为"被"字句，如例（6b）。张伯江（2001）认为，在社会生活中，名字是一个人最为公开的信息，可以说，取名就是为了让人知道的，所以一般情况下，知道了谁的名字并不会对他产生什么影响；而密码则是一个人最为隐秘的信息，一旦让别人知道就失去了它的隐秘性，对人的影响十分严重。所以句式变换是否成立，不是完全由动词决定的，还与逻辑语义有关。例（7）更能说明这个问题。同样是动词"看见"，但是"被"后的宾语不同代表着逻辑语义不同："老师看见纸条"对"他"会有影响，而"房子上的猫看见纸条"对"他"没有影响。是否有影响，取决于"老师"看见还是"猫"看见。"他的纸条"实际上是转喻"他"的，句式表达的是对"他"的影响，而不是对主语"他的纸条"的影响。而在"把"字句中，事件的影响力仅限于句法成分本身。例如：

（6'）* 我把你的密码知道了。

（7'）* 老师把你的纸条看见了。

这样的句子不能说是因为"把"字句只关心"把"后的宾语有没有受影响，所以"把"字句的宾语只能是直接的影响者；而"被"字句的主语既可以是直接的影响者，也可以是间接的影响者。这一点还可以通过"被"字句的另一种形式得到证明。例如：

（8）他被人家知道了密码。

（9）他被老师看见了纸条。

"他"是这两个"被"字句中的实际受影响者。这种受影响者可以作为间接遭受者在句法上以论元的身份出现，如例（8）、（9）；也可以不以论元的身份出现，如例（6a）、（7a）。

### （二）直接使因和间接使因的差异

"把"字句和"被"字句都有"弱施动性"的特点，具体体现在这两个句式中的施动者经常可以在句法层面上不出现。"被"字句中"被"后的宾语经常可以不出现，这是人们共知的事实；但是"把"字句中的主语也可以不出现，这一点很少有人提及。张伯江（2001）举例如下：

（10）致秋大概第一次把照片放得这样大。

这个句子所在的语境是：主人公"云致秋"去世以后的追悼会会场很凄凉，人们望着他的遗像想。句中的主语"致秋"其实并不是"放"这一动作的发出者，他的照片是被别人放大的。因此，"把"字句中的动作施事也可以不出现，这一点甚至比主动宾句还不受限制。因此在这两种句式中，"弱施动性"其实呈现出来的是一种"使因"。使因跟结果之间的关系可以表现为直接使因，也可以表现为间接使因。直接使因在句法上总是处于一个事件的内部，或实现为动补结构，或实现为名动结构。间接使因跟结果是分离的，作为起因的第一个事件，它往往是独立叙述的，听话人看到结果成分才完全明了二者之间的因果关系。"把"字句可以容纳直接使因，也可以容纳间接使因；而"被"字句只能容纳直接使因。例如：

（11）a. 亲家爹一抱拳，把申涛弄了个不知所措。

b.* 申涛被亲家爹一抱拳，弄了个不知所措。

c. 申涛被亲家爹的抱拳弄了个不知所措。（张伯江，2001）

（12）a. 我今天帮她洗碗，把手都洗脱皮了。

b.* 手被今天帮她洗碗洗脱皮了。

c. 手被（我）洗脱皮了。

从以上两组例句中可以看到，"把"字句中作为事件的主语与结果之间可以形成因果关系，这种事件可以与动词分离，独立存在，是一种间接使因事件；而"被"字句中排斥这种间接使因，间接使因只有加以改造变成直接使因，让动词与使因形成直接的句法关系，句子才能成立。

### （三）正向影响和逆向影响的差异

"把"字句和"被"字句在句法上的作用大体相近，都是起到提醒听话人注意动作所影响的对象及其方向。一般来说，动词的方向表述通常有两个：一个是顺向表述，从 A 到 B，即站在 A 的立场观察，是 A 发出动作，影响到 B；一个是逆向表述，即站在 B 的立场观察，是 B 遭受到 A 动作的影响。顺向的动作一般不需要特殊的标记，如主动宾句"她打开了门"；逆向的动作就需要进行特别的标记，如"她把门打开了""门被她打开了"。作为标记的"把"字结构和"被"字结构都位于动作之前，但有所不同的是，"把"字结构表达的是动作在逆方向上对事物的主动性影响，而作为后置标记的"被"凸显的是动作在逆方向上对事物的被动性影响。

## 三、语用方面

"把"字句和"被"字句在适用语境、语用标记功能等方面也有所差异。具体来说，"把"字句可以用于祈使句，而"被"字句不能用于祈使句。例如：

（13）a. 你赶快把玩具收起来！

　　　b.* 玩具赶快被你收起来！

在例（13）中，a 句是祈使句，表示命令的语气；而同样的祈使语境，就不能用"被"字句，如 b 句。另外，邵敬敏、赵春利（2005）还提到，"把"字句的"把"和"被"字句的"被"都是一种语用标记，但"把"位于标记对象的前面，属于前置标记，而"被"位于标记对象的后面，属于后置标记。从性质上说，介词"把"在"把"字句中除了引进一般意义上的语义角色外，还是一个语用标记，用来凸显说话人关注的焦点。例如：

（14）a. 老王骂女儿，结果把女儿骂哭了。（邵敬敏、赵春利，2005）

　　　b. 老王骂女儿，结果把老婆骂哭了。

在例（14）中，a 句中的"女儿"既是动作的受事，也是"把"字句要凸显的动作影响的对象，即语义角色和语义表达是一致的；b 句中的"女儿"仍然是动作的受事，但"老婆"才是说话人要强调的动作影响对象。从认知语言学的角度看，其他因素都是"背景"，而"把"的宾语才是"图像"，是听话人所要关注的焦点信息。所以，我们应该把"把"看成一个引进焦点的标记。

相较而言，在"被"字句中，"被"的宾语可以不出现，但是主语必须出现，它是"被"字句所要凸显的对象。在句法结构上，"被"与主语存在紧密关系。所以，如果将"把"看成引进焦点的标记，那么"被"则可以看成话题标记。但无论是焦点标记还是话题标记，它们都属于语用层面的概念。

总之，"把"字句和"被"字句都是汉语中的特殊句式，它们有诸多方面的相同之处，但同时差异也很明显。无论在句法、语义还是语用上，"把"字句和"被"字句都有显著不同。汉语学习者只有区分清楚这两种句式的差异，才能真正学好汉语。

# 21. "由"字句和"被"字句在结构上有什么区别？

汉语中有一种句式，其由介词"由"引出施事置于谓语动词前，基本结构为"N₁＋由＋N₂＋V"，如"这件事情由他负责"，这样的句子就是"由"字句。一些学者认为，"由"字句和"被"字句同样是被动句，如王还（1983）提出汉语的"由"字句是"汉语中可能译成英语被动句的句式"之一，并且指出"介词'由'，当其在句中的功能是引出施事时，可以和'被'一样译成英语的 by。整句也就可以译为被动句"。朱其智（2002）认为，"由"是施事标志，可以看成句型变换过程中插到施事名词之前的被动标记，"由"字句能与主动式进行自由变换。例如：

（1）a. 老李主持会议。

b. 会议由老李主持。

a 句是主动式，b 句是被动式。这种变换还能逆向进行，即由被动式变换为主动式。例如：

（1′）b. 会议由老李主持。

c. 由老李主持会议。

b 句是被动式，c 句是主动式，只不过变换后，介词"由"仍然保留。因而，"由"不仅可以跟"被"字一样在被动句中引进施事，而且能在主动句中引进施事（朱其智，2002）。张谊生（2004）指出，"由"字句与"被"字句一样，都表示被动语态，在一定的条件下可以引出施事表达被动义。但也有学者认为，"由"字句不仅不能相当于"被"字句，而且也不是被动句（吕文华，1985）；"由"字句与"被"字句虽然在形式上相似，实际却有很大不同（白荃，1998）。虽然"由"字句是否是汉语被动句式之一尚未有定论，但"由"字句确实与"被"字句有千丝万缕的联系。汉语学习者学习这一句式时容易与"被"字句混淆，从而出现偏误，所以我们有必要从第二语言教学的角度搞清楚"由"字句和"被"字句的区别。本问我们先谈谈二者在结构上的区别，下一问再谈谈二者在表达上的区别。

## 一、句法成分上的区别

### （一）两种句式中的 $N_1$

"由"字句中的 $N_1$ 是动词 V 的受事，它根据表达需要或居于句首做主语，构成" $N_1$ ＋由＋ $N_2$ ＋V"结构；或位于动词后做宾语，构成"由＋ $N_2$ ＋V＋ $N_1$"结构。这两种情况都很常见。例如：

（2）工作由你负责。

（3）由你负责工作。

（4）房子问题由厂方解决。

（5）由厂方解决房子问题。

"由"字句的受事位于动词后，形成介词"由"引导主谓结构的格式。例如：

（6）由一位导游带领我们第二天去比尔克卡峰。

（7）由一个名叫迈克尔·米尔肯的青年发明了一种绰号为"垃圾债券"的金融产品。

而"被"字句中的 $N_1$ 一般居于句首做主语，无主语的"被"字句及 $N_1$ 在无

主语的"被"字句中做宾语的情况多出现在古代文学作品中,现代汉语中比较少见。例如:

(8)由于看守不严,被南霸天趁机逃跑了。(吕文华,1985)

(9)不料被二奶奶撞见了红玉。(吕文华,1985)

"被"字句中的 $N_1$ 一般是确指的或具有周遍性的,而"由"字句中的 $N_1$ 却常常是泛指的。例如:

(10)a. 老张被选为人大代表。

　　　b. 我的梦想一下子被打碎了。

　　　c. 代表由民主选举产生。

　　　d. 孩子由母亲抚养比较好。

在例(10)中,a、b 两句的 $N_1$ 是确指事物,c、d 两句的 $N_1$ 是泛指事物。由此可见,"由"字句有两种构成形式,即"$N_1$ + 由 + $N_2$ + V"和"由 + $N_2$ + V + $N_1$",而"被"字句只有一种构成形式,即"$N_1$ + 被 + $N_2$ + V";"由"字句的 $N_1$ 多为泛指,"被"字句的 $N_1$ 多为确指或具有周遍性;出现在句子开头的介词只能是"由",不能是"被";现代汉语中一般只有"由"字非主谓句形式,"被"字句很难形成合格的非主谓句。例如:

(11)由小李去办这件事,你就别管了。

(12)由三巨头带领,肯定冠军啦。

(13)*被小李去办这件事,你就别管了。

(14)*被三巨头带领,肯定冠军啦。

## (二)两种句式中的 $N_2$

在两种句式中,$N_2$ 是介词"由"和"被"的宾语。由于"由"的主要职能是介引事情的负责者或动作的执行者,所以 $N_2$ 以指人名词(包括机关、单位、团体等)居多。王还(1983)提到,"由"的宾语绝大部分是人,偶尔是其他事物,不可能是无生命物体;吕文华(1985)却认为,"由"的宾语在很多情况下也可以是无生命体。例如:

(15)支付宝一半的客服量由机器人承担。(央视网)

甚至，抽象事物也可以充当"由"的宾语。例如：

（16）气场的改变由思想决定。（百度）

（17）成功由规律和法则组成，而不由偶然和运气决定。（新浪微博）

可见，"由"的宾语不仅仅限于生命体，还能是机器、仪表、交通工具等，以及抽象的规律、思想、理论、政策等。

"由"字后的 $N_2$ 可以是单个词语，也可以是并列式短语。例如：

（18）由上海市公安局交巡警总队、上海交通安全教育学校等单位筹建了"上海交通安全信息网"。

（19）由中华诗词学会、龙岩市文联主办本届海峡诗词笔会。

"由"字句的宾语是永远伴随着"由"出现的，并且一定是谓语动词的施事，没有例外；但"被"字句的宾语不一定出现在句中，而且即便出现有时也不一定是谓语动词的施事。例如：

（20）弟弟被打伤了。

（21）小王被复杂的工作愁死了。

## （三）两种句式中的动词 V

能进入"由"字句的动词 V 应该是能关涉他人他物的行为动词，多半表示施事者负责或执行的动作，如"负责""担任""主编""主办""演出""执导""举办""筹建""发行""施工""陪同""陪送""批示""首创""担保""挂帅"等。例如：

（22）历时三个多月的驻京部队现代科技报告会由总政治部主办。（百度学术）

（23）整个舞蹈由女性演出，这已经与"石头"的意象形成了对比。（百度文库）

"由"字句中的动词 V 主动性很强，"由"字句的谓语还可以由"进行""加以""给予"等形式动词再带双音节动词构成。例如：

（24）仪器检测合格后，整个驾考成绩将由电脑进行评测，3 公里考试将由"电子考官"进行打分。（文汇报）

（25）经营者的权益由董事会加以确认，形成有力的保护体系。（BCC 语料库）

　　"进行""加以""给予"等是形式动词，也就是说，它们的作用仅仅在语法形式上，不在语义内容上。它们在句法结构上虽是谓语动词，但是表示动作的语义却落在了位于它们之后的双音节动词上，V 表面上是"进行"类形式动词的宾语，实际上却承担着主要的动作语义。语义上支配句首 $N_1$ 的，不是"进行"类形式动词，而是其宾语 V。

　　另外，"由"字句的谓语还能是"负责／组织＋V"的形式。例如：

　　（26）这条短信由圣诞老人负责创作，由快乐负责编写，由幸福负责发送，由幸运负责传递，由我负责投资，提前送给你的围脖，愿你平安夜平安，圣诞节愉快！

　　（27）作为大学生活必修课的暑期实习，一般都要在大学三年级下学期才由学校组织进行，可如今越来越多的大学生在大二甚至大一的暑假就开始自行安排了。

　　"负责／组织"这类动词虽然不是形式动词，但跟形式动词一样以 V 做宾语。语义上支配句首 $N_1$ 的不是"负责／组织"，而是其后的宾语动词 V，如"这条短信"是"创作"的受事，而不是"负责"的受事。上述"由"字句中的谓语动词及形式都不能用于"被"字句。还有一种情况，"由"字句的谓语动词前可加"来／去"。例如：

　　（28）但是医疗社保由政府来做效率总归不是那么让人满意。

　　（29）总共有两盒砝码，一盒装幸福，一盒装痛苦。幸福由我们来放，痛苦由上帝来放。

　　（30）我不想我的事由父母去代劳，尽管他们出于好心。

　　（31）宏观调控必须遵守市场经济本身内在运行的规律，其手段必须以经济手段为主，市场能办的事尽量由市场去办。

　　"由"字句大多用于叙述尚未实现的行为，因此谓语动词前可以加上"来／去"构成连动句，但是"被"字句没有这样的用法。还有一种情况，"由"字句的谓语部分可由多项并列结构构成，而"被"字句会受到诸多限制。例如：

　　（32）公文由文书部门统一收发、分办、传递、用印、立卷和归档。（朱其智，2006）

例（32）中的谓语是由多项并列结构构成的，这种情况在"被"字句中很难见到。特别是在法规性文件中，出于缜密表达的需要，"由"字句的谓语由多项并列结构构成比较常见。

也就是说，"由"字句的谓语动词是由主动性很强的动词担任，而"被"字句的谓语动词不能由这些动词担任；"由"字句的主要动词前可有"进行"类动词、"组织/负责"类动词、"来/去"类动词，"被"字句没有这种形式；"由"字句的谓语部分可由多个动词并列结构充当，"被"字句的谓语多为单个动词，动词并列的情况比较少见。

但有些动词是既可以用于"由"字句也可以用于"被"字句的，如"解决""组织""卖""护送""任命""处理""训练""改为""安排""退还""改编""调出""推荐""划为""搬上""戴""选""派""揉""拧""打发"等。这些动词必须是没有遭受意义的行为动词。当受事处于主语位置时，其既能构成"被"字句，又能构成无标记被动句；当用"由"引出施事，即构成"由"字句时，这些"由"字句并不表示被动意义。例如：

（33）a. 新院长早已任命了。

b. 新院长早已被学校组织部任命了。

c. 新院长由学校组织部任命。

c 句与前两句不同，不含有被动意义，不能说是被动句。还有些动词只能用于"被"字句而不能用于"由"字句，主要是表示受事遭遇、遭受的动词和表示心理感知的动词，如"侵略""指责""打击""杀害""排斥""欺骗""欺侮""骂""嘲笑""歪曲""埋没""逃脱"等，以及"知道""听""忘掉""尊重""信任""辜负""看见""怀疑""迷惑""感动"等。例如，我们可以说"被××侵略/指责/杀害""被××知道/看见/辜负"，但绝不能说"由××侵略/指责/杀害""由××知道/看见/辜负"。能进入"被"字句的大多数是及物动词，而"由"字句没有这样的限制。张谊生（2004）认为，可以进入"由"字句的动词主要有两大部分，一部分是二价不及物动词（如"裁夺""裁决""伴奏""执教"等），还有一部分是动宾式离合词（如"挂帅""做主""出面""出头""经手"等）。从语义特征上说，进入"由"字句的动词主要是一些含有［＋执行］［＋从事］［＋负责］［＋协调］等语义特征的双音节二价动词，部分动作性较强的单音节动词有时也能进入。

### （四）附加成分

这里的附加成分主要指动词 V 后的补语和动词 V 前的状语。"由"字句通常不需要后附补语，不带补语的占大多数，有些情况下也可以附带补语，可以是组合式的情态补语，也可以是黏合式的结果补语和趋向补语（张谊生，2004）。例如：

（34）日本妓女在南洋的悲惨命运，已由电影《望乡》表现得淋漓尽致。（张谊生，2004）

（35）在近代中国史上，有许多杰出的人物便是由寡母苦苦抚养大的，他们对母亲的执念贯穿其一生。（张谊生，2004）

（36）老母亲由他们扶进去，我和小六在门外等候警察的处理结果。（BCC 语料库）

"被"字句的动词 V 后通常要带其他成分，也就是说，"被"字句的动词不能是光杆儿形式，哪怕是带表时态的助词。动词 V 后常带表示动作程度、情状的"得"字补语结构。例如：

（37）晚霞被太阳照得通红。

（38）她被一束强烈的白光照得睁不开眼睛。

## 二、句法功能上的区别

根据白荃（1998）的考察，"被＋N"和"由＋N"在"被"字句和"由"字句中所做的句法成分不一样。"被"的句法功能是构成被动句，被动句中一般受事名词位于句首，所以"被"字句的句首必须有个表示受事的名词性成分。这个表示受事的名词性成分由于占据了句首这个主语的位置，所以就成了主语。"被＋N"在句中位于受事主语之后、谓语动词之前，这一位置与其他充当状语的介词结构的位置一样，所以"被＋N"一般被认为是状语。而在"由"字句中，因为"由"强调施事，强调主动性，"由＋N"可以居于句首这一更重要的位置，受事相对来说不重要，可以放到动词之后，所以当"由＋N"位于句首，句中没有受事或别的名词性成分可以看作主语时，它就应该看作句子的主语。因此，我们不能将"由＋N"在句首的句子看作非主谓句。说这类句子是无主句的根据只有一点，即动词前面是一个介词结构而不是一个名词性成分，实际上也就是多了一个介词，若省去这个介词，基本上没有人会否认其是主谓句。这是纯粹从形式出发而不考虑意义的分析方法（白荃，1998）。此外，无主句中没有这样的结构类型，"由＋N"在句首的句子表示由施事负责某件事情或做某事，其表达的意思与非主谓句是不同的。再者，我们也找不到其他的动词前头有施事的介词结构非主谓句。结合这几个方面看，我们不宜将居于句首的"由＋N"看作句子的状语，也不宜将这类"由"字句看成非主谓句，而应该将其看作由"由"引出施事的主谓句。

# 22. "由"字句和"被"字句在表达上有什么区别？

"由"字句和"被"字句除了在结构上有诸多不同之外，它们在语义表达和语用功能上也有不少差异。具体如下：

## 一、语义上的区别

### （一）语义重点不同

"由"字句一般表达某事属某人或某方面的职责，语义重点在施事；"被"字句则是叙述受事主语受到某动作的支配和影响而发生的变化，语义重点在受事（吕文华，1985）。例如：

（1）口语水平不达标的学生，由王老师安排去了另外一个班级。

（2）口语水平不达标的学生，被王老师安排去了另外一个班级。

（3）抗疫专家由工作人员护送到北京去了。

（4）抗疫专家被工作人员护送到北京去了。

例（1）、（3）很明显是要表明"安排口语不达标的学生""护送抗疫专家"这两件事是谁的职责，该谁去承担，强调施事是"王老师"和"工作人员"。而例（2）、（4）以叙述事实为主，施事可以不出现，重点在于叙述受事的遭遇或发生的情况。例如：

（2′）口语水平不达标的学生，被安排去了另外一个班级。

（4′）抗疫专家被护送到北京去了。

以上两例中的施事没有出现，但完全不影响"被"字句的语义表达。而"由"字句的施事必须出现，否则不成立。可见，"由"字句中的施事是必有成分，整个句子在语义上是在强调施事的施为；而"被"字句是强调受事所受到的影响，如例（2′）、（4′）的语义重心在"口语水平不达标的学生去了另外一个班级"和"抗疫专家去了北京"这样的结果上。"由"字句的句式义可以概括为：某人执行或从事某项工作，某项事务归某人负责。"被"字句的句式义可以概括为：某人或某物受到了某人的处置或影响而产生了某种结果。这是两种句式在语义上的基本差异。

## （二）语义色彩不同

"由"字句大多表达中性义色彩，无所谓褒贬；"被"字句的感情色彩比较明显，常表达受损、不愉快、不如意的色彩义。张谊生（2004）认为，"由"是从表由来、任凭的"由"引申、发展而来，而"被"是由表覆盖、遭受的"被"发展而来。这两个词来源不同，必然会导致其在句中的语义不同。例如：

（5）那个女主角由加拿大女星费·乌蕾扮演。

（6）民众被完全排除在政治事务之外。

例（5）在语义上无所谓好坏，例（6）显然是在表达一种对"民众"来说不如意、不愉快的现象或状态。尽管现代汉语中也存在"被"字句用于表达褒义或中性语义的情况，但"被"字句在大部分情况下还是表达不如意的色彩义。例如：

（7）中国工商银行行长张肖女士被选举为储协副主席。

（8）领导的讲话被同声翻译成英语、法语、俄语、西班牙语、阿拉伯语等其他联合国官方语言。

例（7）、（8）的"被"字句显然不表达不如意色彩。但是相对来说，表达不如意色彩的"被"字句还是居多数。有研究统计，现代汉语中表达不如意色彩的"被"字句大概占80%以上。而且，目前"被××"格式还出现了一种新用法，如"被自杀""被就业""被幸福""被离婚"等，这种新用法表达的也是一种消极的被动义。

### （三）语义特征不同

就句子表述与客观的时体联系而言，这两种句式也存在着明显的区别："由"字句大多表示未然义，而"被"字句常常表示已然义。例如：

（9）欧洲水泥协会正式会员的年度大会每年召开一次，并制定协会总的政策。会长和副会长由全体会员大会选举产生，任期两年。（水泥网，2001-08-22）

（10）女子3米板双人决赛的金牌被俄罗斯的帕卡琳娜和拉什科夺走，中国队饶朗和李荣娟获亚军，美国佩塞克和邦尼尔名列第三。（搜狐新闻，2022-07-03）

例（9）说的是未发生的事情，是待实施的一种"政策"；例（10）是已经发生的事情，"金牌"的归属已经确定了。这两个句子中的"由"和"被"是不能互换的。但是这种表示已然和未然的差异并不是绝对的，"由"字句也有表示已然的情况。例如：

（11）光泽县公安局摧毁了一个号称"冷血十三鹰"的流氓犯罪团伙。这个团伙由余振斌、胡福文等13名地痞和村霸组成。（闽北日报，2019-08-13）

（12）今天的开幕大会由全国企业整顿领导小组组长、国家经委副主任袁宝华主持。（BCC语料库）

例（11）表达的是已然的事情，例（12）如果没有上下文的提示，是无法确定表达的是已然的还是未然的事情，也就是说，这样的句子可以出现在"开幕大会"开始之前，也可以出现在"开幕大会"结束之后。但"被"字句在大部分情况下还是不能表达未然义，这与前面所说的"被"字句强调结果有关。

## 二、语用上的区别

### （一）表达的语气不同

"由"字句可以表达未完成的事件，所以一部分"由"字句可以是祈使句，表达劝告、商量、请求、警告等语气。例如：

（13）这件事情就由老张自己来决定吧！

（14）出现的后果由个人承担！

"被"字句一般只能出现在陈述句中表达陈述语气，不出现在祈使句中。

### （二）适用的语体不同

从使用频率上说，"由"字句不如"被"字句用得普遍。一般来说，"由"字句在法律条文、新闻报道、文艺演出等文体中使用得比较多，"被"字句无论在书面语还是口语中都使用得比较广泛。当然，这也与个人的语言风格有关。李卫中（2000）曾做过统计，他在老舍的《四世同堂》中找到了396例"由"字句，而在巴金的《家》中只找到了38例。同样是小说语体，有的作者倾向于用"由"字句，而有的作者倾向于用其他句式表达。

### （三）表达的焦点不同

因为"由"字句的谓语动词后可以不带补语成分，而"被"字句的谓语动词一般不能是光杆儿形式，必须要带上其他成分，所以从表达焦点上说，"由"字句的表达焦点在谓语动词上，而"被"字句的表达焦点在谓语动词后的补语上。例如：

（15）a.他们兄妹俩在福利院，每个月只有几百元的抚恤金，由田妈妈照顾。

　　　 b.他们兄妹俩在福利院，每个月只有几百元的抚恤金，被田妈妈照顾

　　　　得妥妥帖帖。

在例（15）中，a句的表达焦点在句末的"照顾"上，b句的表达焦点在句末的情态补语"妥妥帖帖"上。汉语句子的表达焦点一般在句末。由于"由"字句的谓语动词后可以没有补语，所以其表达焦点在于动作的执行；而"被"字句描述的是动作与结果，所以其表达焦点在于结果。

# 第四部分　被动句的理解与使用

## 23. 为什么不能说"信被我写好了"？

"被"字句是外国学习者学习汉语的难点之一，其中一个重要原因是学习者搞不清楚"被"字句和无标记被动句的区别。在许多语言中，被动句都是有形式标记的，如英语。汉语缺乏形态变化，外国学习者在学习汉语时常会受到母语的影响，误认为汉语中表示被动义的句子一定要使用有标记被动句，于是说出"信被我写好了"这样的偏误句。

"信被我写好了"这个句子从语义上说，说话人是想表达"写信"这件事情已经完成。"信"是句子的话题，也是动作"写"的受事，更是说话人的描述对象。说话人说这句话时并没有附带特殊的感情，仅仅想描述"信"的一种状态。这种情况更适合使用无标记被动句，句子应改为"信我写好了"。那么在表达时，如何判断该使用哪种被动句呢？我们大致可以从以下几方面考虑：

### 一、主语是否是有生命物体

如果句子的主语是无生命物体，且动词的施事不出现，这时一般使用无标记被动句。例如：

（1）运动会昨天举行了。

（2）我编的书出版了。

（3）你哥哥的手机上周丢了。

上述例句中的主语"运动会""书""手机"都是无生命物体，且句中不需要出现施事，此时一般使用无标记被动句。如果使用"被"字句，则会出现偏误。

例如：

（1′）*运动会昨天被举行了。

（2′）*我编的书被出版了。

（3′）？你哥哥的手机上周被丢了。

例（1）、（2）加上"被"后不成立，例（3）的可接受度有限，除非说话人想强调"手机被丢"这一不如意的结果或造成了某种影响，如"你哥哥的手机上周被丢了，现在都没办法打电话"。在这种特定语境下，句子才能成立。但如果句子的主语是有生命物体且主语与动词的施受关系不明确，我们需要使用"被"字句。例如：

（4）我昨天被这孩子哭闹得一晚都没睡。

（5）小王前不久刚被派到南京去了。

上面两例的主语是有生命物体"我""小王"，如果不使用"被"字句，我们无法明确句中主语与动词的施受关系，如例（5）去掉"被"之后，我们无法明确"小王"是动词"派"的施事还是受事，因此这时的"被"起到了强化语义关系的作用，不可缺少。

当然，有时主语与动词之间的施受关系已经非常明确了，这时尽管主语是有生命物体，我们也能使用无标记被动句。例如：

（6）我没考上大学，开始帮妈妈卖东西，后来招工，分配到一家机械厂。

例（6）的主语"我"与动词"分配"之间有明显的受动关系。前面的语境描述的是"我"的相关情况，后面动词"分配"自然也是描述"我"的情况，因此听话人能断定是"分配我"而不是"我分配"。当然，这时也能使用"被"字句。例如：

（6′）我没考上大学，开始帮妈妈卖东西，后来招工，被分配到一家机械厂。

用了"被"则更加强调"我"与"分配"之间的受动关系，也重在说明"我"受到动词"分配"的影响后得到了"到一家机械厂工作"的结果。

## 二、表达的语义

无标记被动句与"被"字句在基本语义表达上是有所不同的。无标记被动句常常用来说明情况或描写状态；而"被"字句主要用于叙述事件，强调动作后的结果。因此，我们可以说无标记被动句具有描述性，"被"字句具有处置性。例如：

（7）a.蟑螂逮住了。

　　b.蟑螂被逮住了。

例（7）的两个句子都能成立，但是a句是对"蟑螂"状态的描述，而b句重在强调"蟑螂"经动作处置后的结果。如果仅仅想描述状态则不能使用"被"字句。例如：

（8）饭已经煮好了，菜也上桌了，就等你回家。

例（8）不能说成"饭已经被煮好了，菜也被上桌了，就等你回家"，因为说话人并不是在强调"饭"受动作"煮"后的结果，而是在描述"饭菜都好了"的状态。试比较：

（9）饭被煮成了一锅粥，菜被老鼠叼走了一大半，我还怎么吃？

在这样的句子中，使用"被"能强调动作的结果是"饭""菜"都"没法儿吃了"。

### 三、是否具有强烈的感情色彩

使用"被"字句一般能表达较为强烈的感情色彩，包括如意的或不如意的；而使用无标记被动句，一般不表达强烈的感情色彩。例如：

（10）a.听说自己被评为"三好学生"了，他很开心。

　　　b.听说自己评为"三好学生"了，他很开心。

（11）a.这些花儿被晒蔫了。

　　　b.这些花儿晒蔫了。

例（10）的"评为'三好学生'"是一个如意事件，使用"被"字句更能表达这种欣喜的感情色彩。例（11a）使用"被"字句表达"花儿"遭受了"晒蔫"这种不如意的结果，寄予了说话人一定的感情；而例（11b）使用无标记被动句仅仅是在描述一个事件，没有寄予说话人的态度，"花儿晒蔫了"这个结果是好是坏不明确。

## 四、表达的语气

从句子的语气类型上说，无标记被动句能用于祈使句，但"被"字句不能用在祈使句中。例如：

（12）食堂立即解散，口粮分配到个人。

（13）这种机构必须立即撤销！

上面两例都是祈使句，只能使用无标记被动句。如果使用"被"字句来表达，则句子不成立。"被"字句只能用在陈述句、疑问句和感叹句中。

## 五、是否有可能补语

无标记被动句对动词后的补语有一定的限制。如果动词后的补语是可能补语，那一定要用无标记被动句。例如：

（14）那草屋还看得一清二楚。

（15）因为这雾，什么都看不清了。

在上述两例中，动词后的可能补语一个是肯定式，一个是否定式，但无论是肯定式还是否定式，可能补语都只能表示产生某种结果的可能性。"被"字句在语义上要求动词的结果是确定的，它与可能补语这种语义倾向上的矛盾使得其动词后无法搭配可能补语。因此，如果补语具有不确定性，我们需要使用无标记被动句。

## 六、是否为固定搭配

在一些固定搭配中，只能使用"被"字句，而不能使用无标记被动句，如"被……所……""被……给……""被……将……""被……把……"等。例如：

（16）他在西藏被藏獒所咬，在新疆海拔 4000 多米的冰大坂深夜被车所弃。

（17）孩子在幼儿园被小朋友把脸抓破了。

上述这些固定搭配中就无法使用无标记被动句，去掉"被"则句子不成立。

综上所述，汉语学习者在使用被动句的过程中需要注意无标记被动句和"被"字句的区别，它们大致可以从主语是否是有生命物体、表达的语义、是否具有强烈的感情色彩、表达的语气、是否有可能补语，以及是否为固定搭配等方面进行区分。当然，上面所进行的归纳也不是绝对的，表达时选择使用哪种句式最终还要看具体语境的要求。

# 24. 为什么不能说"我们都被他糊涂了"？

"我们都被他糊涂了"是一个偏误句，产生偏误的主要原因是学习者不清楚汉语"被"字句对谓语动词的要求。一般来说，能做"被"字句谓语的只能是及物动词，不能是形容词或不及物动词。这个句子中的"糊涂"是形容词，形容词只表示事物的性质或状态，但"被"字句要求谓语动词必须有及物性，具备对主语进行施动的能力，形容词不具有这种施动性，因此不能做"被"字句的谓语。如果把标题中的句子改为"我们都被他弄（搞/说/讲）糊涂了"，即在"糊涂"前面加上"弄""搞""说""讲"等具备施动能力的行为动词做谓语，形容词"糊涂"做谓语动词的补语表示施动后的结果，这样句子就能成立。

那么，到底什么词可以进入"被"字句中做谓语，什么词不能进入"被"字句中做谓语呢？回答这个问题需要从动词本身的特点及"被"字句对谓语动词的语义限制等方面进行考虑，这就涉及动词带宾语的能力及动词所具备的语义特征是否与"被"字句匹配的问题了。

## 一、动词的及物能力

由于"被"字句表示受事在某一动作的影响下所产生的变化，主语是受事，一般不能缺省，那么谓语动词至少需要具有及物性，也就是能带宾语。在汉语中，根据动词的及物性，我们可以将动词分为及物动词和不及物动词。其中，及物动词又包括带一个宾语的及物动词（单宾动词）和带两个宾语的及物动词（双宾动词），不及物动词一般不能带宾语。请看下列"被"字句中的谓语动词：

（1）他被汽车撞了。

（2）小明被老师批评了。

（3）那本书被我送给了张三。

上面三个例句中的谓语动词"撞""批评""送"都是及物动词。其中，"撞""批评"是单宾动词，只能带一个宾语，宾语"他""小明"作为主语置于句首；例（3）中的"送"是双宾动词，可以带两个宾语，一个宾语"那本书"作为主语置于句首，另外一个宾语"张三"仍然处于动词"送"之后。"被"字句中有动作关涉的施受双方，主语是受事，是谓语动词的受动对象，"被"后的名词是谓语的施动者。因此，一般来说不及物动词不能做该句式的谓语动词，如"飞""跑""走""死""跌""休息""生病"等，它们单独做谓语不能构成合格的"被"字句，如"*我被死了""*他被休息了"等。但仍有少数不及物动词可以出现在"被"字句的谓语动词位置上，不过这是有条件限制的。例如：

（4）老李刚上任不到一个月就被撤职了。

（5）由于疫情，市内的所有大型商场都被停业了。

（6）几个救灾不得力的官员被就地免职。

在例（4）～（6）中，谓语动词"撤职""停业""免职"都是动宾式离合词，离合词的后一个名词性语素能以受事的身份受动作影响而发生变化，如"被撤职"意思是"职务被撤了"，所以动宾式离合词能充当"被"字句的谓语动词。同样的还有"降职""罢官""停刊"等。但如果动宾式离合词的后一个名词性语素不能以受事的身份受动作影响而发生变化，这样的动宾式离合词就不能充当"被"字句的谓语动词，如"上当""吃亏"等。还有一种情况，当动词具有"致使力"的特征，能够表达它所关联的主体具备使另一物体产生变化的能力时，其也可以进入"被"字句中。例如：

（7）我们都被英雄的事迹感动了。

（8）在场所有的观众都被这盛大的场面震惊了。

上面两例中的"感动""震惊"具备让"我们""观众"处于"感动""震惊"的状态中的能力，这样的动词既表示动作本身也能表示动作的结果，因此也能进入"被"字句中。同样的还有"累病""哭醒""震呆"等动词性结构。例如：

（9）他刚入职一个月不到就被累病了。

（10）王妈妈被他的孩子哭醒了。

（11）我们都被刚才的一声巨响震呆了。

像这样的动词性结构，其前一成分"累""哭""震"等表示动作，后一成分"病""醒""呆"等表示结果，也符合"被"字句对谓语动词的语义要求，因此也可以充当"被"字句的谓语。

## 二、动词的语义特征

### （一）动结性

前面提到过，"被"字句表达的是受事主语在某种动作的影响下产生一定的结果。因此，"被"字句的谓语部分在语义上也要求具备两种特征，一种是"动作性"特征，一种是"结果性"特征。从动词的角度说，就是需要动词同时具备"动结性"的特点。如果仅仅具有动作性，如"打""踢""咬"等，就不能单独充当谓语，因为"被"字句在语义上要求体现受事在某种动作的影响下所产生的结果，动词在语义上还需要具有结果性。及物动词中有些也是不能单独充当"被"字句的谓语的，如"代表""耕种""检讨""赞成""格斗""交火""摔跤"等，还有一些双宾动词，如"受""收到""归还"等，因为它们不能表现受事在动作影响下产生的结果或情状。因此，"动作性"和"结果性"缺一不可。从语义上说，含有"动结性"特征的动词主要有两类：一类是上面提到的动宾式离合词，如"撤职""罢官"等；还有一类是动结式合成词，如"推翻""提高""缩小""改正""夸大""打倒""解散"等。例如：

（12）无能的政府被推翻了。

（13）建设局的政绩被夸大了。

上面两例中的"推翻""夸大"其实含有动作"推""夸"和结果"翻""大"两种语义，具有"动作性"和"结果性"两种语义特征。这些动词基本上都是双音节的，前一个语素表示动作，后一个语素表示结果。那是不是只有双音节动词可以作为"被"字句的谓语动词呢？答案是否定的。汉语中有一些单音节动词，其虽然在句法结构上不是"动作性"加"结果性"的结构，但是其"结果性"可以暗含在"动作性"中，因此也能体现"动结义"。例如：

（14）老人被汽车撞了。

（15）那条鱼被猫吃了。

（16）鞋子被妈妈扔了。

以上三例中的"撞""吃""扔"都是单音节动词，它们的动作性是显而易见的，"结果性"在结构形式上看不出来，但从"动作性"可以推知结果，如"撞"的结果肯定是"伤/痛/倒/死"等，"吃"的结果肯定是"完"，"扔"的结果一定是"掉了"。这些单音节动词加上时体标记后就能表示一定的结果。例如，例（14）的"撞了"就能理解为"汽车撞老人""老人伤了"，既有动作义又有结果义。这样的动词还有"偷""捕""杀""咬""丢""骗"等。当然，这类动词的结果也可以用补语补充出来。例如：

（15′）那条鱼被猫吃光了。

（16′）鞋子被妈妈扔掉了。

还有一些双音节动词，其虽然在结构形式上看不出"结果性"，但是加上时体标记后就能看出结果义。例如：

（17）宝宝刚去幼儿园就被大孩子欺负了。

（18）他母亲被那些好事者辱骂了。

上两例中的"欺负""辱骂"从结构上看不体现结果义，但也可以理解为动作暗含着结果。如果加上"得……"作为补语成分，那么结果义就变得更明显了，如"欺负得流眼泪了""辱骂得哭了"。

另外，前面提到大多数"被"字句的谓语动词都具有动作义，但也有少数非动作义动词能充当其谓语，比如感知义动词"看见""听见""知道""发现""遗忘""忘记"等，以及一些表达致使义的性状动词，如"累""急""愁"等。总之，从语义特征上说，"被"字句要求其谓语动词具有"动结性"，即使在句法结构表层不具有动结义，也要能从隐含语义中或者在加上时体标记后推知出动结义。

## （二）遭受性

除了需要具有"动结性"之外，"被"字句在语义色彩上对谓语动词也有一定的限制。现代汉语中的介词"被"是从古代汉语中表"蒙受""遭受"义的动词虚化而来的，因此其在一定程度上保留了原来的意思。现代汉语中的"被"字句早已不再局限于表达不如意的结果，中性结果、如意的结果也可以容纳。例如：

（19）我被雨淋湿了。

（20）房间被灯光照得亮堂堂。

（21）王阿姨被推选为人大代表。

例（19）、（20）、（21）的谓语部分分别表达不如意、中性、如意三种不同的语义色彩。但相对而言，"被"字句在大部分情况下主要用来表示客体事物遭受到意外事件所产生的不如意结果，因此"被"字句含有"不如意""不希望""受损"等语义倾向。相对来说，表示这种语义的动词能比较自由地进入"被"字句中。例如：

（22）a. 那只手表被我卖了。

　　　b.? 那只手表被我买了。

（23）a. 自行车被我扔了。

　　　b.? 自行车被我得了。

在以上两例中，a 句中是表示"失去"义的动词，相对来说进入"被"字句做谓语就比较自由；而 b 句中是表示"获得"义的动词，一般不能进入"被"字句，或者在一定语境下才能进入。像这样的还有："丢""抛""扔""送""抛弃""丢掉"等比较自由，而"得""受""拾""收""买""收复""接受""收到""归还"等受到限制。也就是说，在"受损"义和"受益"义对立的时候，"受损"义动词可以较为自由地进入"被"字句，"受益"义动词则受到限制。例如：

（24）a. 他的名誉被损害了。

　　　b.? 他的名誉被维护了。

（25）a. 今年的产量被减少了。

　　　b.? 今年的产量被增加了。

在以上两组例句中，动词"损害""减少"进入"被"字句相对自由，而"维护""增加"进入"被"字句受到限制。与此相同的还有："毁""拆""拔""删""害""损坏""扼杀""诽谤""激化""解散""关闭""冷落""漠视"

"摧残"等"受损"义动词较符合"被"字句的语义要求，而"加""增""造""保持""培育""赞成""建立""珍视""造福""爱惜"等"受益"义动词不太符合"被"字句的语义要求。

总而言之，"被"字句对谓语动词的及物能力和语义特征有一定的要求。及物能力方面要求进入"被"字句的动词要能带宾语，能对句子主语起到施动作用；而语义特征方面要求动词具有"动结性"，既能表示动作又能表示结果，同时在语义色彩上，表示"受损"义的动词可以比表示"受益"义的动词更自由地进入"被"字句。

# 25.  为什么不能说"我被太阳不晒伤"？

"我被太阳不晒伤"是偏误句。从字面意思推测，说话人想表达的是"我没有被太阳晒伤"。之所以会出现上述偏误，与学习者不了解"被"字句的否定式以及汉语否定词"不"和"没（有）"的区别有关。本问我们就来谈谈"被"字句的否定问题。

从使用频率上说，"被"字句肯定式的使用频率要远远高于否定式，也就是说，"被"字句的常用形式是肯定式。根据李珊（1993）的调查，在现代汉语小说中，"被"字句的肯定式占 95% 以上，否定式不到 5%[①]；而且比较早的白话文小说《老残游记》中没有一个"被"字句是用"不""没（有）"直接否定的，这说明用"不""没（有）"否定"被"字句这一用法出现的时间比较晚。"不""没（有）"是现代汉语中最常用的否定词，常用来否定"被"字句，但除此之外，"被"字句还有其他否定形式。

## 一、"被"字句中否定词的位置

在现代汉语中，所有否定词都应该出现在"被"的前面，这是"被"字句的

---

① 据李珊（1993）调查，《大气功师》共120例"被"字句中，否定式只有5例，占总数的4%。

一个重要特点。但如果"被"前还有能愿动词，那么否定词应该出现在能愿动词前。例如：

（1）他们没被穷困吓倒，自己掌握自己的命运，在艰苦的环境中开辟了一片新天地。

（2）历史就是历史，不能被人为改变。

例（1）是用"没"来否定的"被"字句，表示否定过去的情况，"他们没被穷困吓倒"是已经发生的事情。例（2）是用"不"来否定的，它描述的是一种惯常的情况，"不能被人为改变"没有特定的发生时间，是一种客观规律。这两个句子中的否定词都放在"被"的前面，但例（2）在"不"和"被"之间还有能愿动词"能"，能愿动词要出现在"不"的后面，不能出现在"被"后，否则句子不成立。用"不""没（有）"进行否定是"被"字句的主要否定形式，相对而言，用"没（有）"否定的情况远多于用"不"否定，这与"被"字句表示已然的确定结果义有关。还有一些否定词，如"别""勿""不要"等也可以用于"被"字句的否定，但这样的否定形式一般用在祈使句中，表示祈使、提醒、警告等语气。

## 二、"被"字句的其他否定形式

除了用"不""没（有）"否定之外，"被"字句还有其他否定形式，比如几个否定词组成的联合否定式、特殊词语否定式、特殊动补结构否定式等。

### （一）联合否定式

"被"字句中有时可以出现几个否定词组成的联合否定结构，比如"没有……不……"。例如：

（3）当时在一起工作的人，没有一个不被老板打来打去的。

（4）来到这里的外地人，没有一个不被奇妙的极昼景色所吸引的。

上面两例中的"没有……不……"表示"全都"，强调无一例外，"没有"后常用"一个"或"一个"加上名词的结构。这是一种双重否定结构，表示全都如此。在"被"字句中，"没有一个"后面的名词一般以指人名词居多，指物名词比较少见。

另外，"被"字句还有用"不……不……""非……不……"等进行联合否定的情况。例如：

（5）这种犯罪行为是不会长期不被揭发而逍遥法外的。

（6）如果我们能掌握必要的新闻写作知识，多写多练，就不愁稿子不被采用。

（7）非贤者不被重用，这是改革持续下去的重要原则。

（8）车子停在马路中间，非被撞坏不可。

在上面四例中，例（5）、（6）是用"不……不……"进行否定的"被"字句，形式上是否定句，但表达的意义却是肯定的，如例（5）表示肯定会"被揭发"，例（6）表示肯定会"被采用"。例（7）、（8）用"非……不……"做双重否定，同样也表示肯定，如例（7）表示"只有贤者才被重用"的意思，例（8）表示"车子一定会被撞坏"的意思。其中，例（8）的"非……不可"表示一种强调的判断，意为"一定会"。另外还有一些联合否定词，如"无不""莫不""不得不"等，都能用于"被"字句的否定，都能起到以双重否定的形式加强肯定语气的作用。可见，在"被"字句中，双重否定形式表达的是肯定的语义，这与汉语很多句式所遵循的否定规则一样；而且，双重否定是对肯定的强调，"比肯定还肯定"。

### （二）特殊词语否定式

汉语中有些表示否定的词语用在"被"字句中也能表示否定。例如，否定词"没（有）"在书面语中有时会被文言词"不曾""未"等代替。例如：

（9）柏林国际电影节金熊奖从来不曾被亚洲人捧走，仅日本人得过一次银熊。

（10）在枪林弹雨中，他经受住了生死的考验，不曾被拿枪的敌人征服，但在糖衣炮弹前却要打败仗。

（11）"拜年"就是大年初一一大早，人们互相道喜，庆贺未被"年"这种猛兽吃掉。

（12）那年，一场强台风将首都的房屋一扫而空，仅剩两幢未被搬走。

上面几个例句中分别使用了"不曾"和"未"来否定"被"字句，这也是对既成事实的一种否定。另外，有些与之相似的词，如"未曾""尚未"等也能用于"被"字句的否定。虽说这些是文言遗留词语，但是在现代汉语书面语中，这样的否定形式也经常出现。

还有一些词语从逻辑上否定一个命题的真伪，用于"被"字句也能表达否定的意义，但不被认为是"被"字句的否定形式。这些词在形式上仍然是肯定形式，只不过从逻辑上说是一种否定，如例（13）～（15）中的"无法""免于""免不了"。

（13）阅读无法被任何东西所取代，也无法被外界的任何力量夺去，它代表一座城市的气质和心灵，是城市发展的支柱和动力。

（14）硫黄沟灭火工程竣工以后，矿区7.25亿吨煤炭资源将免于被大火吞噬，也消灭了城市的一个主要污染源。

（15）岛上尽是珊瑚土质，吸水性极强，种下的菜一天浇几次水，还是免不了被晒死。

"无法"本身是一个否定词，表示对其后所述事件的否定；"免于"是"避免"的意思，表达对后面命题的否定。这样的词语用于其他句式中也能起到同样的否定功能。有时候，"免于"还能用在"被"之后。例如：

（16）他主动交代犯罪事实，被免于刑事处罚。

例（16）这样的句子一般用在法律条文等书面语文体中，口语中不常用。其实在除法律条文之外的其他书面语文体中，"免于"很难用在"被"之后，如例（14）就不能将"免于"移至"被"后。例（15）中的"免不了"是"不可避免"的意思，也表示一种否定的语义。

## （三）特殊动补结构否定式

在一些"被"字句中，如果谓语部分是动补结构，那么这种动补结构的动词和补语之间可以加上"不"表示否定。李珊（1993）指出，如果把"V不C"看成一个短语词，那这只是一个词的内部构造问题，即动补式词做"被"字句的谓语动词，其否定式若表示可能，"不"可以加在动补之间。例如：

（17）很多妇女生了病，影响生育，被家里人看不起，过着非常痛苦的生活。

（18）此时正值大雨如注，抢修堤岸的战士眼睛都被雨打得睁不开，但大家越干越有劲。

上面两例中的否定实际上是对动补结构的否定，而不是否定整个"被"字句。这是一种特殊的否定形式，而且这种否定一般没有肯定形式，如不能说"妇女被家里人看得起""眼睛被雨打得睁得开"。

汉语学习者除了要知道"被"字句的几种否定形式及要求外，还要掌握如何正确选择否定词。常用的否定词"不"和"没（有）"在否定功能上是有区别的。一般来说，"没（有）"用于否定已然事件，而"不"用于否定未然事件或者惯常行为，这与它们在其他句式中的否定区别是一致的，如"我没喝酒"表示否定发生了"喝酒"这个动作行为，而"我不喝酒"表示否定一种行为习惯。"没（有）"否定客观事件，"不"否定主观愿望。但也存在一些特殊情况，如在表达假设语义时，"没（有）"也能否定未然事件，"不"也能否定已然事件。

标题中的句子"我被太阳不晒伤"存在的偏误点有两个：一是不清楚否定词应该出现在"被"字句的哪个位置，同时也不太了解"被"字句的否定形式；二是没有很好地区分"没（有）""不"的否定功能。

# 26. 为什么不能说"读这些报道的时候，我深深地打动了"？

"读这些报道的时候，我深深地打动了"这样的句子是不对的，主要问题在于句义不明确，施受关系不清楚。"打动"是一个及物动词，我们不能确定"我"和"打动"之间的语义关系。根据前文提供的信息"读这些报道的时候"，我们可以推测说话人想说的是"我被（这些报道）深深地打动了"。如此，句子应该选择"被"字句的形式进行表达，即"读这些报道的时候，我被深深地打动了"。这类偏误句产生的根源在于汉语学习者分不清何时该使用被动句，何时该使用主动句。因此，本问我们就来谈谈如何区分汉语中的主动句和被动句。

主动句和被动句都是及物动词做谓语或谓语中心语的叙述句。主动式的叙述句就是主动句，被动式的叙述句就是被动句。张豫峰（2006）提到，主动句和被动句的共同特点有两个：第一，它们都是叙述句；第二，都是由及物动词及其所关联的主体和客体构成的。主体是动作的发出者，客体是动作的承受者。主动句和被动句的主要区别可以从形式、语义、语用（主要指话题选择）三个方面来分析。

## 一、形式上的区别

现代汉语的主动句可以是一般的主谓句，也可以是"把"字句。主动句的一般语序是：主语＋谓语动词＋宾语。现代汉语的被动句主要有两种：一种是没有任何标记的意义上的被动句，叫"意念被动句"；一种是用介词"被""叫""让"等表示被动的句子，叫"有标记被动句"。意念被动句是不需要用介词的被动句，主语往往是指物的词语。意念被动句的结构跟一般的动词谓语句完全一样，只有在特别强调被什么人或事物影响的时候，才会用介词"被"。"被"字句是需要用介词"被"的被动句，其基本格式是：主语＋被（＋宾语）＋谓语动词＋其他成分。"被"字句的主语是确指的。如果没有必要指出具体的施动者，介词"被"后的宾语往往可以省略。除此之外，被动句的谓语动词一般是能带宾语的及物动词，并且其后要带上相应的其他成分，如动态助词"了""过"、宾语、补语等。例如：

（1）我弟弟摔坏了我的苹果手机。

（2）我的苹果手机摔坏了。

（3）我的苹果手机被（我弟弟）摔坏了。

例（1）是一个非常典型的现代汉语主动句。句中的主语"我弟弟"是谓语动词"摔坏"的施动者，宾语"我的苹果手机"是谓语动词"摔坏"支配的对象，句法结构表达从施动者到受动者的顺向施动过程，动作是施动者主动的行为，因此是一个主动句。例（2）和例（3）都是被动句。例（2）是意念被动句，主语"我的苹果手机"是谓语动词"摔坏"影响和支配的对象。例（3）是"被"字句，有典型的被动标记，主语"我的苹果手机"是谓语动词"摔坏"影响和支配的对象。介词"被"后的宾语"我弟弟"其实是谓语动词所表示的动作的发出者，没有必要指出时可以省略。两种被动句的句法结构都表达从受动者到施动者的逆向施动过程。因此，主动句的结构形式是"动作发出者→动作→动作接受者→动作结果"，有时候动作结果会和动作融合在一起，如"摔坏"。主动句表达的是动作由发出者到接受者的顺向过程。而被动句的结构形式是"动作接受者→动作发出者→动作→动作结果"，它表达动作由接受者到发出者的逆向过程。

## 二、语义上的区别

从主语和动作行为的关系着眼，句子有主动与被动之分。主动句的主语是施事，是谓语动词所表示的动作行为的发出者；被动句的主语是受事，是谓语动词所表示的动作行为的被影响者。在语义上，主动句主要是在陈述客观事实；被动句除了表达主语的被动意义之外，往往还具有不如意、不愉快、受损等语义色彩。例如：

（4）我学习现代汉语。

（5）牛奶瓶子扔了。

（6）他被老板开除了。

例（4）是一个主动句。句中的"我"是整个句子的施事，是谓语动词"学习"所表示的动作行为的发出者。从语义上说，例（4）是在陈述一个事件。例（5）、（6）都是被动句，例（5）是意念被动句，例（6）是有标记的"被"字句。例（5）的主语"牛奶瓶子"是整个句子的受事，是谓语动词"扔"所表示的动作行为的被影响者。例（6）的主语"他"也是整个句子的受事，介词"被"后的宾语"老板"其实是谓语动词"开除"所表示的动作行为的发出者。整个句子除了表达被动意义之外，还具有消极的语义色彩。无标记被动句和有标记被动句在语义上也有所区别。无标记被动句在形式上更接近主动句，在语义上与有标记被动句带有的受损等语义不同，它很多时候只表示对事件的描述或评议。例（5）是对主语"牛奶瓶子"的描述，可以用来回答"牛奶瓶子怎么了？"这样的问题。相对来说，例（6）就具有比较强烈的受损义色彩，在说话人看来，"被开除"这个结果对主语"他"来说是不如意的。

## 三、话题选择上的区别

主动句和被动句在语用上最重要的一个区别就是话题选择的不同。主动句的表述顺序是"施事→动作→受事"，被动句的表述顺序是"受事→施事→动作"。二者在话题选择上，一个选择将"施事"当作话题，一个选择将"受事"当作话题。例如：

（7）他狠狠地训了我一顿。

（8）我被他狠狠地训了一顿。

例（7）、（8）是对同一个事件的不同描述，都是在描述"他训我"这个事件。但是，例（7）使用的是主动句形式，话题是"他"；例（8）使用的是被动句形式，话题是"我"。话题不同就会导致句子语义重心不同，如例（7）关注的是"训"这一动作的发出者，例（8）关注的是"训"这一动作的承受者。从语用角度说，汉语句子的话题一般是旧信息，在现实语境中，处于话题位置的事物一般是之前已经提到过的，句末部分的信息才是说话人想要重点强调的。例（7）、（8）由于话题选择不一样，它们所处的上下文语境也会有所不同。例如：

（7′）他今天很生气，狠狠地训了我一顿，然后就摔门走了。

（8′）我今天撞枪口上了，被他狠狠地训了一顿，搞得一整天心情都不好。

从例（7′）、（8′）所处的不同语境可以看到：例（7′）的整个语境以"他"为话题，叙述的是"他"的情况；例（8′）是以"我"为话题，叙述的是"我"的情况。因此，主动句和被动句的重要区别之一就是话题选择不同，相应地，所强调的语义重心也不同，所适用的语言环境也有所不同。

在学习汉语时，学习者除了要关注主动句和被动句在形式、语义上的区别，还要关注它们所处的上下文语境，注意前后表达的话题一致性，语段、语篇的连贯性等，综合考虑上述各方面后再选择合适的表达方式。

# 27. 为什么不能说"一个面包被他吃了"？

"一个面包被他吃了"这个句子是错误的。"被"字句的主语一般是已知的对象，是有定的。在这个句子中，"面包"是主语，但是前面有数量词"一个"修饰，"一个面包"是表示泛指的名词性成分，这与"被"字句对主语的要求不符，因此该句不成立。那么，"被"字句对主语到底有什么要求呢？下面我们进行具体分析。

## 一、"被"字句的主语是有定的

"被"字句的主语是定指的，这是"被"字句主语的一个重要特点。定指是指说话人使用某个名词性成分时，如果预料到听话人能够将所指对象与语境中某个特定的事物等同起来，能够把它与同一语境中可能存在的其他同类实体区分开来，那么这个名词性成分就是定指成分（陈平，1987）。一般来说，主语的定指性质有以下几种情况：

第一，主语中含有指示代词"这""那"。指示代词有指示和代替的作用，"这"为近指，"那"为远指。用指示代词"这""那"可以进一步明确所指的人或者事。例如：

（1）那件事被他知道了。

（2）这栋楼被他买下来了。

例（1）、（2）用指示代词"那""这"进一步明确了主语"事""楼"的所指对象。

第二，主语是专有名词，如地名、人名等。例如：

（3）成都、杭州等城市被评为"2020 中国最具幸福感城市"。

（4）2021 年 2 月 17 日，张桂梅被评为"感动中国 2020 年度人物"。

例（3）的主语中的"成都""杭州"是中国的两个城市，属于专有名词中的一类，是有定的。例（4）的主语"张桂梅"是人名，也属于专有名词中的一类，具有定指性。

第三，用一个或多个定语修饰的受事主语。例如：

（5）我的自行车被人偷走了。

（6）哥哥书桌上刚摆的花瓶被弟弟打碎了。

例（5）在受事主语"自行车"前加上"我的"，表明自行车的所有者是"我"，使受事主语具体化。例（6）中的"哥哥书桌上刚摆的"修饰受事主语

"花瓶"，特指"哥哥书桌上的""刚摆的"那个"花瓶"，而不是别的。这两个句子的主语都由一个或多个定语修饰，都具备定指的性质。

## 二、在特殊情况下，"被"字句的主语可以为无定成分

一般来说，"被"字句的主语是有定的；但在一些特殊情况下，"被"字句的主语也可以是无定的，如"有一位选手被挑中了"。当"被"字句的主语无定时，"被"字句会受到一定条件的限制。主要有以下几种情况：

第一，当"被"字句处于一种被包含关系中，即"被"字句作为小句在整个大句里充当句子成分时，受事主语可以是无定的。例如：

（7）她看见一本日记本被妈妈翻开了。

（8）夜里，小明看到一扇门被小偷儿撬开了。

在例（7）、（8）中，"被"字句所在的小句做整个大句的谓语"看见""听见"的宾语，"被"字句处在一种被包含关系中。

第二，受事主语为动词"有"引导的数量名结构。动词"有"常常用来引进一个无定的名词，"被"字结构在"有"之后出现，其主语一般具有无定性。例如：

（9）有个孩子被人贩子拐走了。

（10）有只花瓶被孩子打碎了。

例（9）的"有个孩子"在句中充当主语，它没有具体指出是哪一个"孩子"，主语是无定的。例（10）的"有只花瓶"也是同样的情况，属于无定性的受事主语。

第三，当"数词＋量词（＋名词）"中的"名词"在上下文中被提及或"什么＋名词"表示周遍义时，这两种无定指的结构可以做"被"字句的受事主语。例如：

（11）敌人事先设好埋伏，一个阴谋诡计，被我军识破了。

（12）越到年底越忙，什么计划都被这种节奏打乱了。

例（11）中的"一个阴谋诡计"是承接上文的宾语"埋伏"，例（12）中的"什么计划"指"所有的计划"。

### 三、"被"字句的主语受语境限定

"被"字句对受事主语的限定，除了有定与无定外，还可以依据特定的语境，如情景语境、上下文语境，使主语进一步具体化。主要有以下两种情况：

第一，情景语境。在情景语境中，"被"字句通常出现在对话中。借助说话时的背景信息，如所牵涉的人、物、时间等，受事主语的对象可以进一步得到明确。例如：

（13）A：小王怎么哭了？

　　　　B：这回期末考试，他的数学只考了59分，考试成绩被他妈妈知道了。

　　　　A：那他可惨了。

通过例（13）的对话，我们可以得知受事主语"考试成绩"是"小王"这次期末考试的数学成绩。借助A与B的对话，受事主语可以具体化。

第二，上下文语境。当词语所表示的内容不能一下子被人们所知时，我们需要依靠上下文语境来理解。这就是我们常说的"因文定义"。这里的依靠上下文语境判断受事主语与上面所说的"主语无定性"有相同之处，主要依据语境使主语具体化。"一个面包被他吃了"这一句子如果放在特定的语境中去理解，也是可以成立的。例如：

（14）微波炉里一共有八个面包，一个面包被他吃了。

根据例（14），我们可以推测出后一分句中的"一个面包"是前一分句"八个面包"中的一个。有了前一句的限定，就能推出后一分句的受事主语。但没有了前面的限定，"一个面包被他吃了"单独拿出来就不成立了。

因此，"被"字句的主语通常是有定的，但在一些特殊情况下也可以是无定的。无定主语主要有以下几种形式：①"被"字句处于一种被包含关系中；②受事主语为动词"有"引导的数量名结构；③"数词＋量词（＋名词）"中的"名词"在上下文中被提及或"什么＋名词"表示周遍义。有时，"被"字句的主语还会受到语境的限定，如情景语境、上下文语境。通过语境的限定，"被"字句的主语可进一步具体化。

# 28. 为什么不能说"小王被老师可能批评了"？

"小王被老师可能批评了"这个句子是不正确的，原因在于句中状语位置不对。在"被"字句中，能愿动词一般只能位于主语之后、被动标记"被"之前，这是现代汉语"被"字句的重要特点。在上述句子中，能愿动词"可能"做状语，不能放到"被"之后。这句话的正确说法应该是"小王可能被老师批评了"。在"被"字句中，状语可以出现的位置有三种情况：第一种是句子的最外层，就是"被"字结构之前；第二种是主语之后、"被"字之前，紧贴"被"这一被动标记；第三种是"被"后的动词之前。下面我们具体说明。

## 一、"被"字结构之前

当状语处于整个"被"字结构之前时，它实际上充当的是句首状语。从成分上看，这类状语主要是一些表示时间、地点的介词结构，还有一部分是名词、副词或形容词。相对来说，充当这类状语的词和结构比较少。例如：

（1）就在昨天，这几个国家被宣布进入紧急状态。

（2）刚才，在施工现场，桥梁工程的最核心问题也被我们解决了。

例（1）、（2）中的状语"就在昨天""刚才，在施工现场"位于整个"被"字结构之前，实际上是对"被"字结构所表达的事件进行修饰。像这样的状语还有"忽然""突然""当下""最后"等。

## 二、主语之后、"被"字之前

状语出现在主语之后、"被"字之前的情况最为常见，这时状语修饰"被"字句的谓语部分。这个位置上的状语能容纳各种成分，很多能做状语的词和结构都能进入其中。例如：

（3）这本故事书没被他弄丢。（否定词）

（4）礼物别被他发现了！（否定词）

（5）手机可能被大志拿走了。（能愿动词）

（6）那张纸要被风刮下来了。（能愿动词）

（7）身为当地小区的户主，她竟被小区保安赶了出来。（语气副词）

（8）目前格力集团的发展格局很被看好。（程度副词）

（9）这些垃圾统统被我扔了。（范围副词）

（10）你怎么被他叫来开会了？（疑问代词）

（11）我突然被车撞了一下。（性质形容词）

（12）疫情的影响慢慢地被消除了。（状态形容词）

（13）小王不胜酒力，一下儿被他们几个灌醉了。（数量词）

（14）新调来的公安局局长上月被逮捕了。（时间名词）

（15）这些人在城市里被看作寄居者。（介词结构）

从上面的例句看，出现在主语之后、"被"字之前做状语的词和结构至少有否定词、能愿动词、副词、疑问代词、形容词、数量词、时间名词和介词结构。可以说，凡是能做状语的词和结构基本上都能出现在"被"字之前这个位置，这是"被"字句中最常见的状语位置。那么，标题处句子中的"可能"作为能愿动词也应该处于这个位置。

## 三、"被"后的动词之前

处于"被"后动词之前的状语一般是修饰动作动词的。这个位置上出现的成分以状态词最为常见，多音节的副词和形容词也较常见，另外还有一些数量词、介词结构也可以。例如：

（16）这个谎言被老师一下儿就识破了。（数量词）

（17）他刚想跑的时候被警察一把抓住。（数量词）

（18）对方选手被我方运动员用手肘死死摁在地上动弹不得。（介词结构＋副词）

（19）没过一会儿，他的整个身体被河水完全淹没了。（副词）

（20）这个提案终于被双方欣然地接受了。（形容词）

从上面的例句看，出现在"被"后动词之前的状语有数量词"一下儿""一把"、介词结构"用手肘"、副词"死死""完全"、形容词"欣然"。出现在这个位置上的状语一般只对动词有修饰或限定的作用。相对来说，出现在这个位置上的状语成分没有出现在主语之后、"被"字之前的成分多，也不够自由。

## 四、状语位置可以移动

在有些情况下，"被"字句的状语位置可以移动。例如：

（21）a. 难怪突然，我被他打了一下。

　　　b.* 我突然被他打了一下。

　　　c.* 我被他突然打了一下。

但是这种移动并不是随意的，也不是任何成分做状语都可以移动。一些有连接作用的副词只能出现在"被"字句的主语之前，做整个"被"字结构最外层的状语，不能后移到另外两个状语位置上。例如：

（22）a. 难怪他被父母赶出来了。

　　　b.* 他难怪被父母赶出来了。

　　　c.* 他被父母难怪赶出来了。

（23）a. 可是①，家长都被请去学校了，还有什么回旋的余地？

　　　b.* 家长可是都被请去学校了，还有什么回旋的余地？

　　　c.* 家长都被可是请去学校了，还有什么回旋的余地？

上面两例中的"难怪""可是"可以起到衔接上下文的作用，不能移动到其他的状语位置上。另外，一些否定副词、范围副词、能愿动词和形容词也不能随意移动，只能出现在主语之后、"被"字之前的位置上。例如：

（24）这两个院子都没有被他们发现。→ * 这两个院子都被他们没有发现。

（25）我们一定不会被困难打倒。→ * 我们一定被困难不会打倒。

（26）所有迟到的同学都被老师点名了。→ * 所有迟到的同学被老师都点名了。

（27）你不要被表面现象迷惑。→ * 你被表面现象不要迷惑。

（28）被子快被吹掉了。→ * 被子被快吹掉了。

在以上例句中，充当状语的有否定副词"没有""不"，有范围副词"都"，

---

① 根据李珊（1993：144）的观点，"可是"是带有连词性的副词。

有能愿动词"会""要",有形容词"快"。这些词语一般只能出现在"被"字之前做状语,不能移动到"被"后动词之前的位置上。"被"字句的状语是否能够前后移动,跟三个因素有关。一个是音节上的限制。双音节词前后移动比较自由,单音节词移动受限。例如:

(29)a. 我常常被交警通知去缴罚单。

　　　b. 我被交警常常通知去缴罚单。

(30)a. 我常被交警通知去缴罚单。

　　　b.* 我被交警常通知去缴罚单。

同时也跟"被"后的施事成分是否出现有关。施事成分出现,状语移动比较自由;施事成分不出现,状语移动受到限制。例如:

(31)a. 这条裤子都被妈妈洗白了。

　　　b. 这条裤子被妈妈都洗白了。

(32)a. 这条裤子都被洗白了。

　　　b.* 这条裤子被都洗白了。

当然更重要的是,与状语本身的语义指向有关。当状语在语义上指向"被"后的施事成分时,它一般不能移动。例如:

(33)a. 弟弟被他哥哥用玩具砸了一下。

　　　b.* 弟弟用玩具被他哥哥砸了一下。

在例(33)中,"用玩具"是状语,语义指向的是施事"哥哥"。在这种情况下,状语"用玩具"只能位于施事名词"哥哥"后面,不能前移。如果前移,句子则不成立,因为移动后状语在语义上就指向受事"弟弟"了,这与句子的基本语义不符。有时候,状语可以移动,但是移动后语义指向会发生变化。例如:

(34)a. 这对新人被他们笑嘻嘻地推进了房间。

　　　b. 这对新人笑嘻嘻地被他们推进了房间。

例(34a)中的状语"笑嘻嘻"原本指向的是施事"他们",移动到"被"字之前,虽然句子能够成立,但是状语的语义指向发生了变化,"笑嘻嘻"不再指向施事而是指向受事,是"这对新人笑嘻嘻"而不再是"他们笑嘻嘻"了。

综上,要避免出现标题中的错误就需要正确判断"被"字句中状语的位置。

"被"字句的状语可以出现在三个位置，具体出现在哪个位置，与状语的管辖范围、语义指向、充当状语的成分的性质、状语的音节数量等因素有关。

# 29. 为什么不能说"我被姐姐的影响喜欢说中文"？

"我被姐姐的影响喜欢说中文"这句话是不对的，原因在于说话人把介词"被"当作了"受"等遭受类动词使用。在现代汉语中，被动句中的"被"一般是介词性的[①]，不具有实义动词的性质和功能；但在古代汉语中，"被"常用作实义动词，表示"遭受""蒙受"的语义。现代汉语的"被"受到古代汉语语义遗留的影响，会带有一定的"遭受"语义，不少"被"字句都用于表达不如意事件。汉语学习者容易将介词"被"和"遭""受"等动词混淆，从而出现偏误。例如：

（1）*我作业没做完，难免被老师的批评。

（2）*她小时候经常被父母的责骂。

（3）*这位作家被那位作家的影响。（李大忠，1996）

（4）*过去，老百姓常常被地主的压迫。

（5）*10年前，我的家乡被很厉害的水灾。

（6）*最近这个地区经常被很强的龙卷风。

在例（1）～（4）中，"被"后面的施事和动词之间都加了结构助词"的"，这样一来，"批评""责骂""影响""压迫"等不再具有动词功能而变成名词性成分了，那么句中就缺少了谓语动词，而"被"在"被"字句中是介词性的，不能做谓语，因此这些句子中不能使用"被"，而应使用表示遭受义的动词"挨""遭""受"等。例（5）、（6）的"被"字后面出现了受定语修饰的名词"水

---

[①]　《现代汉语词典》（第7版）对"被"标注的词性有四类：名词、介词、助词和动词。其中，做名词的"被"指的是"被子"，与我们讨论的无关；做动词的"被"指的是"被小康""被就业"等新兴用法中的表示情况与事实不符或者是被强加的"被"；做助词的"被"指的是用在动词前表示被动的动作，如"被压迫民族""被剥削阶级"；而被动句中的"被"是介词性质的，用于引进动作的施事。

灾""龙卷风",二者同样是名词性成分,句中缺少谓语动词,因此句子不成立。

但有时"被"字句和遭受类动词谓语句能互相变换,这就给汉语学习者带来了一定的困惑。本问我们就来谈谈介词"被"和遭受类动词互换的条件。

## 一、可以互相替换的情况

介词"被"有时能和遭受类动词互换,替换后句子意思基本不变。例如:

(7)a.他挨打了。

　　b.他被打了。

(8)a.庄稼遭水淹了。

　　b.庄稼被水淹了。

例(7)、(8)说明遭受类动词与介词"被"在一定情况下都可以表达遭受、被动的语义,可以互换使用。但不是所有情况下二者都能互换,它们互换需要具备一定的条件。

### (一)遭受类动词谓语句的宾语为简单动词时

当遭受类动词谓语句中的谓语是单个动词,同时动词后有一定的时体标记时,遭受类动词能比较自由地与"被"互换,互换后句子由遭受类动词谓语句变为以介词"被"为标记的有标记被动句。例如:

(9)a.她遭到指责了。

　　b.她被指责了。

(10)a.他受到侮辱了。

　　b.他被侮辱了。

例(9)、(10)中的"指责""侮辱"都是单个动词,且动词后有表示完成的动态助词"了"。两例中的a句是遭受类动词谓语句,句子的核心动词是"遭到""受到","指责"和"侮辱"做核心动词的宾语。变换为"被"字句后,由于"被"是介词,不能做谓语,所以原本做宾语的"指责"和"侮辱"就需要提升到谓语的位置上,充当"被"字句的谓语动词。

## （二）遭受类动词谓语句的宾语修饰语是其施事时

在遭受类动词谓语句中，作为宾语的修饰语，如果其与做宾语的动词有语义上的施动关系，那么遭受类动词谓语句与"被"字句的变换也较容易实现。例如：

（11）a. 她遭到父亲的指责。

　　　b. 她被父亲指责了。

（12）a. 他受到敌人的侮辱。

　　　b. 他被敌人侮辱了。

在例（11）、（12）中，a 句的宾语"父亲的指责""敌人的侮辱"是一个定中结构，其中"父亲"可以理解为"指责"这一动作的施事，"敌人"可以理解为"侮辱"这一动作的施事。这时，遭受类动词谓语句可以变换为"被"字句。变换后，本来作为定语的"父亲""敌人"在"被"字句中做"被"的宾语，仍然充当"指责""侮辱"的施事，原本作为宾语的"指责""侮辱"则提升为"被"字句的谓语动词。这种变换符合"被"字句的句法要求，因此句子可以成立。

## （三）遭受类动词的宾语修饰语既可以做定语也可以做状语时

当遭受类动词的宾语修饰语是既可做定语也可做状语的形容词时，遭受类动词谓语句也可以变换成"被"字句。例如：

（13）a. 大少奶奶受了过分的刺激。

　　　b. 大少奶奶被过分地刺激了。

（14）a. 小王的身心遭到了严重的摧残。

　　　b. 小王的身心被严重地摧残了。

遭受类动词谓语句的宾语"过分的刺激"和"严重的摧残"都是定中结构的名词性成分。变换为"被"字句后，"被"是介词不能做谓语，"刺激""摧残"作为动词性成分可以充当"被"字句的谓语，"过分"和"严重"也由定中结构的修饰语变成了状中结构的修饰语，两种结构中的标记词"的"和"地"也会随之变换。在这种情况下，虽然两种句式能够互换，但是句子结构和句中词语所承担的功能已经有所不同。

## 二、不能互相替换的情况

### （一）遭受类动词谓语句的宾语不能做"被"字句的谓语时

当遭受类动词谓语句的宾语不能做"被"字句的谓语，同时宾语的修饰语不能变成谓语的修饰语时，遭受类动词谓语句就不能变换为"被"字句。例如：

（15）a. 王燃受到了一流教育。

b.* 王燃被一流教育。

（16）a. 才工作一个星期，李婉就遭到了巨大打击。

b.* 才工作一个星期，李婉就被巨大打击。

"一流教育""巨大打击"是定中结构的名词性成分，虽然"教育""打击"是动词性的，但其前的"一流""巨大"只能做名词性成分的修饰语，"一流教育""巨大打击"无法成为状中结构。因此，遭受类动词谓语句不能变换为合格的"被"字句。再如：

（17）a. 他受到了应有的惩罚。

b.* 他被应有的惩罚。

（18）a. 公司将不会遭受任何损失。

b.* 公司将不会被任何损失。

上面两例中的定语是"应有""任何"，受定语修饰的"惩罚""损失"在遭受类动词谓语句中做宾语。从句法功能上说，介词"被"用以介引施事，后面必须有一个谓语动词；而遭受类动词本身可以做谓语，后面即便再有动词，这个动词在句法功能上也是做遭受类动词的宾语，如"受到惩罚"中的"惩罚"是动词做宾语。

### （二）强调遭受义时

强调遭受义时，遭受类动词谓语句不能变换为"被"字句。例如：

（19）a. 如果有人抽烟，全家人都会受到不好的影响。

b.* 如果有人抽烟，全家人都会被不好的影响。

（20）a. 他从宋词中受到启发。

　　　b.* 他从宋词中被启发。

（21）a. 先使他们遭点儿挫折。

　　　b.* 先使他们被点儿挫折。

从词汇意义的角度分析，遭受类动词具有实在的"遭受""接受"等语义，而介词"被"没有实在的词汇意义，只有语法意义。在现代汉语中，介词"被"的"遭受"义不如遭受类动词实在，所以当句子需要强调"遭受""接受""受某种影响"等语义时，遭受类动词谓语句不能变换为"被"字句。

### （三）语义色彩不同时

遭受类动词谓语句主要表达主语受到了不如意的处置，如"挨"常与"打""骂""冻"等对主语来说不希望发生的事情结合。"遭""遭到""遭受"常常表达灾难性的、严重的不如意，程度比"挨"深，后面常接"袭击""处罚"等词语。"受""受到"的宾语可以是如意的，如"赞赏""表彰"；也可以是不如意的，如"批评""打击""欺骗"；还可以是中性的，如"影响""训练"。所以，"受""受到"的应用范围要比其他遭受类动词大。"被"字句在传统上常表达不如意的语义色彩，但随着语言的发展变化，现代汉语中也常用"被"字句表达如意的及中性的语义色彩，其后可接动词"奖励""鼓励""培养""同情""优待""照顾""关心""服从""安慰""佩服""尊敬"等。而在遭受类动词中，只有"受""受到"在语义色彩上与"被"相同，既能表达不如意的语义，也能表达如意的及中性的语义。例如：

（22）寄人篱下总是要受到约束。

（23）形容词受副词修饰。

（24）他刚受到公司的表彰。

例（22）表达不如意的语义色彩，例（23）表达中性的语义色彩，例（24）表达如意的语义色彩。因此在语义色彩上，"受""受到"与"被"相同；而其他的遭受类动词，如"挨""遭""遭受""遭到"等多用来表达不如意的语义色彩，与"被"字句变换受到的限制较大。也就是说，只有在"被"字句与遭受类动词谓语句表达相同的语义色彩时，二者才能进行变换。

综合上面的分析，遭受类动词谓语句与"被"字句之间实现变换，要达到几点要求：①遭受类动词谓语句的宾语能做"被"字句的谓语；②遭受类动词谓语句的宾语修饰语能成为"被"字句的谓语修饰语；③遭受类动词谓语句表达的语义色彩要与"被"字句的语义色彩相同。

# 30. 为什么不能说"那片森林昨天被烧"？

"那片森林昨天被烧"是偏误句，问题出在"被"后的动词性成分上。一般来说，"被"字句的谓语动词不能是光杆儿动词，这是"被"字句在结构上的重要特点。"被"字句的谓语动词要求具备处置性语义，其后要求有其他成分体现受事主语受到处置后的状态或变化。标题中偏误句的谓语部分只有光杆儿动词"烧"，"烧"只表示动作行为，不表示动作的结果，所以句子语义不完整。这个句子可以改为"那片森林昨天被烧了""那片森林昨天被烧毁了""那片森林昨天被烧掉了一大半"等等，总之，应该在动词"烧"的后面加上表示结果的补语性成分，哪怕是表示完成的动态助词"了"。那么，"被"字句的谓语动词后到底可以有哪些成分呢？

## 一、"被"字句谓语动词后的成分

"被"字句的谓语动词不能是光杆儿动词，其后需要添加时体成分或补语来说明动作处置的结果。主要表现为以下几种形式：

### （一）动态助词"了""着""过"

在"被"字句中，如果谓语动词本身可以表示受事主语所受到的影响，那么动词后面可以不带补语，但需要有表示动词时体情况的动态助词。例如：

（1）课外书被妈妈丢了出去。

（2）他的手被我牵着。

（3）水泥路上还有被人踩过而留下的鞋印。

在例（1）中，动词"丢"后面加了动态助词"了"，表示动作的实现，说明"课外书被丢"这件事已成为事实。动态助词"了"后面还可以带趋向补语"出去"，表示"课外书"移动的方向。在例（2）中，动词"牵"后面只加了一个动态助词"着"，表示动作的持续，即"他的手被我牵"这一动作行为正在发生，还未结束。在例（3）中，动词"踩"后面加了动态助词"过"，表示"踩水泥路"这一行为已完成，并且还产生了"留下脚印"这个结果。动词后表示时体成分的助词，也能体现受事主语受到动作影响所产生的变化或结果，这符合"被"字句的语义要求。

## （二）补语

补语可以进一步描述和说明动作行为对受事主语的作用和影响。"被"字句谓语动词后的补语主要有以下几种：

第一，结果补语，用来表示因动作行为而导致的结果。例如：

（4）他的脸被蚊子叮肿了。

（5）花儿被大风吹落了。

在例（4）中，动词"叮"后面有结果补语"肿"，表示"叮"产生的结果。在例（5）中，动词"吹"后面有结果补语"落"，表示"吹"这一行为造成的结果。

第二，趋向补语，表示动作移动的方向。例如：

（6）树上刚结的果子被大雨打下来了。

（7）窗户被我关上了。

在例（6）中，"下来"做动词"打"的趋向补语；在例（7）中，"上"做动词"关"的趋向补语。二者分别表示动词"打""关"的动作趋向，也能满足对受事主语产生影响的语义要求，这种影响就是"果子掉下来了""窗户关上"。

第三，数量补语。"被"字句谓语动词后的数量补语一般为动量补语，表示动作发生的次数。例如：

（8）他被蛇咬了一口。

（9）弟弟被妈妈打了一顿。

例（8）、（9）中的"一口""一顿"分别做动词"咬""打"的动量补语，表示动作进行的次数。有时，"被"字句谓语动词后也可以加时量补语，表示动作持续的时间。例如：

（10）因为盗窃，他被关了三年。

（11）他被老师罚站半小时。

例（10）、（11）中的"三年""半小时"分别做动词"关""罚站"的时量补语，表示动作持续的时间。

第四，程度补语。程度补语"坏""死""透"等表示动作达到极致的程度。例如：

（12）她被吓坏了。

（13）丽丽快被男朋友气死了。

例（12）、（13）中的"坏""死"充当句中谓语动词的程度补语，表示动作后达到的高量程度"吓坏"和极量程度"气死"。

第五，情态补语，表示因动作呈现出来的情态，谓语动词和补语中间一般带有助词"得"。例如：

（14）奶奶被孩子们吵得头昏脑涨。

（15）他被人打得遍体鳞伤。

在例（14）中，"头昏脑涨"是因动词"吵"而呈现出来的一种状态；在例（15）中，"遍体鳞伤"是因动词"打"而呈现出来的一种情态。但需要注意的是，"被"字句谓语动词后带"得"字的情态补语通常需要是复杂形式，不能是简单形式，如不能说"小草被风吹得动"。

第六，介词补语。"被"字句谓语动词后有时可以出现表示时间、地点的介词结构。例如：

（16）小王被海浪推向岸边。

（17）新买的画儿被爸爸挂在墙上。

（18）他的生命永远定格在昨天清晨。

例（16）、（17）中的补语"向岸边""在墙上"分别表示动作发生后受事主语所处的空间位置，一个表示动作的趋向，一个表示地点。例（18）中的"在昨天清晨"表示时间，用在"被"字句谓语动词之后表示动作发生的时间。

## 二、少量"被"字句中使用光杆儿动词的特殊情况

虽说在"被"字句中，谓语动词不能是光杆儿动词，后面一般要添加其他的附加成分表示因动作行为而产生的变化，但是也存在一些特殊情况，如"这句话可能被人误解"。光杆儿动词若在"被"字句中单独做谓语，就会受到一定条件的限制。

### （一）谓语是动结式动词

因为动结式动词主要是动词加表结果的形容词或动词构成的短语式动词，其后一语素表示前一语素的结果，所以当动结式动词做"被"字句的谓语时，其不需要在动词后附加其他成分。常见的动结式动词有"解散""误解""淘汰""消灭""打倒""澄清""扩大""推翻"等。例如：

（19）这家公司已经被解散。

（20）这件事早已被澄清。

例（19）中的谓语动词"解散"是由两个动词性语素构成的动结式动词，后一语素"散"为前一语素"解"带来的结果，表示受事主语"公司"所受到的影响是分离、分散、解体，不再是一个完整的集体。因此在例（19）中，动词"解散"后不用再添加其他成分来说明动作处置的结果。例（20）中的"澄清"是个动结式动词，后一语素"清"是对前一语素"澄"的补充说明。据刘承峰（2003）考察，能进入"被"字句的光杆儿动词有40多个。这些动词以光杆儿形式进入"被"字句中，也能满足"被"字句强影响性的要求，因为这些动词在表示影响性这一点上是自足的，不需要其他词语来补充语义。

另外需要注意的是，若"被"字结构被蕴含在其他结构中，这时"被"字结构就不是"被"字句了，而是充当其他结构中的一个成分。在这种情况下，"被"字结构中的动词也能是光杆儿形式。例如：

（21）你的这个弱点容易被人利用。

（22）一直被追捧的高端服装品牌今年也跌下了神坛。

例（21）中的"被人利用"不是"被"字句，只是做"容易"的宾语；例（22）中的"被追捧"也不是"被"字句，只是做"服装品牌"的定语。在例（21）、（22）中，"被"字结构其实并不是独立的句子，只是充当其他更大结构中的一个成分。

## （二）谓语包含"被……所……"结构

"被……所……"是"被"字句中的一种常用固定搭配，谓语动词由"所"字引出。在"被……所……"结构中，谓语动词有时可以是光杆儿形式。例如：

（23）这一理论已经被科学家所证明。

（24）他早已被王菲的歌声所征服。

例（23）的谓语动词"证明"后面可以不带其他补语成分，也不用添加动态助词"了""着""过"，整个句子句义完整。例（24）的谓语动词"征服"后面不添加其他补语成分，句子也成立。有时，"被……所……"中的"所"还可以省略。当"所"后的谓语动词为双音节及物动词时，"所"有时可以省略。省略了"所"后，该句的谓语动词仅为一个光杆儿动词，句子仍然可以成立。例如：

（25）战士们决不被敌人（所）吓倒。

（26）他的名字渐渐被人（所）遗忘。

例（25）中如果省略了"所"字，动词"吓倒"可以单独在"被"字句中做谓语，句子变为"战士们决不被敌人吓倒"，句义完整，谓语动词后不需要添加其他补语成分；例（26）中如果省略了"所"，句子则变为"他的名字渐渐被人遗忘"，句子的谓语仅由动词"遗忘"充当，但句义完整，句子可以成立。

一般来说，"被"字句的谓语动词不能是光杆儿动词，这是"被"字句的一大特点。光杆儿动词做"被"字句的谓语动词时，其后需要添加补语或其他成分使句义完整，如动态助词"了""着""过"、结果补语、趋向补语、数量补语、程度补语、情态补语、介词补语等。在一些特殊情况下，光杆儿动词也可以单独做"被"字句的谓语，主要有两种情况：一种是当"被"字句的谓语是动结式动词时，另一种是当"被"字句的谓语包含"被……所……"结构时。

# 31. 为什么不能说"自行车被我找得到"？

汉语学习者在学习"被"字句时常常会出现一些错误。例如：

（1）＊自行车被我找得到。

例（1）的错误在于，"被"字句的谓语动词后是可能补语。把谓语动词后的可能补语改为结果补语，句子就能成立。例如：

（2）自行车被（我）找到了。

例（2）中的"找到"是动词加结果补语，句子成立。这是为什么呢？下面我们进行具体分析。

## 一、"被"字句谓语动词后不能是可能补语

### （一）与可能补语本身的性质有关

可能补语无论是肯定式还是否定式都表示结果的可能性，这种可能性是一种不确定的结果。可能补语以结果补语为基础，表示主客观条件是否允许实现这种结果。例如，"自行车找到了吗？"中的"找到"是动词加结果补语，"自行车找得到吗？"中的"找得到"是动词加可能补语。可能补语的肯定式是"动词＋得＋结果补语／趋向补语"，可能补语的否定式是"动词＋不＋结果补语／趋向补语"。"找得到"是从肯定方面提出可能的结果；"找不到"是从否定方面提出可能的结果。

### （二）与被动句的语义有关

被动句在语义上要求谓语动词的结果是确定的，因此被动句的谓语动词后多有表示动作完成或产生影响、结果的词语，或者动词本身包含此类成分。例如：

（3）我被一阵雷声惊醒。

例（3）是一个"被"字句，"醒"是"惊"的结果补语，"惊"这一动作行为所产生的影响和结果是"我从睡梦中醒来了"。可能补语只表示产生某种结果的可能性，但是"被"字句在语义上要求谓语动词的结果是确定的，即后面所搭

配的补语在语义上一定要体现明确的结果，可见，"被"字句与可能补语在语义
要求上是互相矛盾的。因此，"被"字句的谓语动词后不能是可能补语。基于此，
标题中的"自行车被我找得到"就不能成立，因为它没办法表达一个确定的语义
结果。在这一点上，"把"字句与"被"字句对句式语义有一样的要求，"把"字
句的谓语动词后也不能是可能补语。

但是，在实际使用中，有个别否定式可能补语可以进入"被"字句。例如：

（4）他一直被人看不起。

（5）*这些菜被我们吃不完。

例（4）中的"看不起"之所以能进入"被"字句，是因为"看不起"在现
代汉语中已经凝固为一个词，表示"轻视"的意思，《现代汉语词典》（第7版）
已经把"看不起"作为词语收录了①。而例（5）中的"吃不完"是对还未实现
的事情的一种推测，而"被"字句在语义上要求具有完结的意义，二者相矛盾，
因此句子不成立。

## 二、无标记被动句的谓语动词后面可以搭配可能补语

虽然"被"字句的谓语动词后面不能搭配可能补语，但是无标记被动句的谓
语动词后面却可以搭配可能补语。无标记被动句是指形式上是主动的但意义上却
表示被动的句子。"被"字句因为有"被"的介引，所以后面谓语动词的处置义
结果更为明确。而无标记被动句在语义上更倾向于描记或评议，甚至有学者认为
其形式上没有标记，不能被看作汉语被动句。虽然我们不认可这一点，但不可否
认的是，在被动语义上，无标记被动句确实没有有标记被动句所表达的被动语义
强，谓语动词的处置义并没有那么明确，谓语更倾向于描述受事主语所代表的事
物的情状或对主语所关联的某种动作行为进行评议。无标记被动句表达的语义可
以与表示可能性的补语相适应，补语表达对受事主语所代表的事物的一种描述，
不需要强确定性的动作结果。因此，标题中的"自行车被我找得到"如果需要保
留补语部分，那么整个句子应该使用无标记被动句的形式来表达，即改为：

---

① 在《现代汉语词典》（第7版）中，"看不起"是一个动词。

（6）自行车我找得到。

例（6）中的"找得到"是动词加可能补语，这句话所处的语境可以是在自行车还没找到之前，说话人对听话人表示自己可以把自行车找到的预判，这是一种可能性。无标记被动句常用来说明状况或描写状态，把客观情况告知对方，着重叙述事情本身，被动意味比较弱，一般多表达中性义或肯定义，如例（6）着重于叙述"找到自行车"这件事情。同样，无标记被动句后面也能容纳表示否定意义的可能补语。例如：

（6'）自行车我找不到了。

因此，标题中的偏误句可以有两种修改方式：一是将"被"字句中的可能补语换成语义确定的其他补语；二是在不改变补语部分的情况下，将句子改用无标记被动句表达。汉语学习者在使用被动句时，应该明确"被"字句的谓语动词后不能是结果不确定的可能补语。

# 32. "食堂的菜被学生们闹肚子"还是"食堂的菜使学生们闹肚子"？

标题中的两个句子，一个用的是"被"字句形式，一个用的是使令句形式，它们都是汉语中的有标记句式，所含标记分别是"被"和"使"。从语义上说，前一句"食堂的菜被学生们闹肚子"是错误的，后一句"食堂的菜使学生们闹肚子"才是正确的。因为"食堂的菜"和"闹肚子"之间存在因果关系，并不存在受动关系。这两种句式形式相似，语义相近，汉语学习者很容易产生混淆而出现偏误。怎样才能将二者有效地区分开来呢？

## 一、使令句和被动句的语义不同

使令句和被动句都是从语义角度命名的句式。二者在语义表达上的共同点是都表达所述事件在某一事物的影响下产生某种结果，不同点是语义成分的句法排列不同。具体如下：

第一，使令句的语义排列为：致事＋使/令/让（标记词）＋役事＋结果。例如：

（1）谦虚使人进步，骄傲使人落后。

（2）他的解答令我豁然开朗。

（3）这次实验的成功让王教授感到万分激动。

例（1）中的"谦虚"和"骄傲"都是性质形容词，在句中表达的是一种抽象的品质，这种品质会使"人"产生"进步"或者"落后"的结果。例（2）中的"他的解答"这一具体行为使得"我"产生"豁然开朗"的结果。例（3）中的"这次实验的成功"这一事件让"王教授"在情绪上产生了"万分激动"的结果。由此可见，这些句子都叙述了事件的结果且都含有致使义。

出现在使令句主语位置上的语义成分是致事。在通常情况下，致事可以不具有意愿性，不具有主动的动作行为能力，但能对出现在同一事件中的另一个参与者产生影响，能改变其状态、性质或位置。出现在使令句宾语位置上的语义成分一般为客体役事，它不具有意愿性，不具有主动的动作行为能力，但受致事的影响，其状态、性质或位置会发生改变。

第二，被动句的语义排列为：受事＋被/叫/让/给＋施事＋动词＋其他成分。例如：

（4）张三被李四打了。

（5）师父叫妖怪抓走了。

例（4）、（5）中的"张三""师父"是受事主语，"李四""妖怪"是施事宾语，两个例句分别表达主语"张三"和"师父"受到"李四"和"妖怪"发出的动作的影响分别产生了"被打了"和"被抓走了"的结果。被动句的主语是谓语动词的承受者，是客体；"被"后的宾语是谓语动词的发出者，是动作的主体。被动句表达的语义是被动义。

根据标题所述，"食堂的菜"是主体，"学生们"是役事，"闹肚子"是结果，句子想要表达致使义，所以应该使用使令句而不是被动句。

## 二、使令句和被动句的标记不同

使令句中的使令标记"使/令/让"和被动句中的被动标记"被/叫/给"

在词性上也存在差异。"使 / 令 / 让"在使令句中是动词，表达致使义。例如：

（6）王主任的办事效率使群众感到满意。

（7）加强质量管理就会令产品合格率不断上升。

（8）这件事让你为难了。

例（6）、（7）、（8）中的"使""令""让"都表示致使、使得的语义，后面的名词性成分"群众""产品合格率""你"是使令动词作用的对象，使令动词后的宾语必须出现，否则句子不成立。

"被 / 叫 / 让 / 给"在被动句中往往作为介词用于引进动作的施事，真正的动词是"被"后的谓语动词。例如：

（9）那棵树被大风刮倒了。

（10）沙发被小狗咬烂了。

例（9）、（10）中的"那棵树""沙发"是受事主语，"被"字作为介词用于引出施事宾语"大风""小狗"，句中的真正动词是"刮""咬"。被动句中"被"后的宾语出现或不出现，句子都能成立。这一点与使令句不同。

## 三、使令句和被动句的结构不同

从句法结构上看，使令句和被动句也是不完全相同的。使令句的结构是：A +使 / 令 / 让 + B + C。A 是致事，可以由体词性成分、谓词性成分、主谓短语和某些介词短语充当，这些成分做主语或状语。B 是役事，一般由体词性成分充当，可以是指人的名词或代词，也可以是指物的具体名词、代词或抽象名词。C 是结果，多为动词性或形容词性词语、主谓短语及各种固定短语。例如：

（11）王华的举动使我感到愤怒。

（12）喀纳斯湖的传说使人觉得神秘，甚至恐怖。

在例（11）中，主语（即 A）为"王华的举动"，这是一个体词性成分；宾语（即 B）为"我"，是人称代词；"感到愤怒"（即 C）是动词性短语，是该事件的结果。"感到愤怒"的发出者是"我"，而造成这个结果的原因是"王华的举动"，整个句子表达致使义。在例（12）中，"喀纳斯湖的传说"是体词性成分，是"人觉得神秘，甚至恐怖"的原因，全句表达致使义。

"被"字句是被动句的典型代表，其结构一般是：A＋被（＋B）＋V＋C。A是V的受事，由体词性成分充当，可以是生命体，也可以是无生命体；B通常为V的施事，由体词性成分充当，一般为动作的发出者。例如：

（13）作业本被弟弟撕烂了。

（14）路边的石墩被卡车撞歪了。

在"被"字句中，"被"后的宾语可以出现也可以不出现，如例（13）、（14）可以改为：

（13′）作业本被撕烂了。

（14′）路边的石墩被撞歪了。

在上述两例中，动作的施事不出现，句子仍然成立。从句法结构的排列顺序上看，使令句是顺向排列，即"致事→动作→役事→结果"；而被动句是逆向排列，即"受事→施事→动作→结果"。从句法结构上看，使令句一般是兼语句，使令动词后的名词性成分既是前面一套主谓结构的宾语，又是后面一套主谓结构的主语；而被动句中被动标记后面的名词性成分可以出现也可以不出现，"被"等被动标记不是动词，所以不可能做兼语成分。

另外，"被"字句的谓语动词一般是能带宾语的及物动词，而使令句中宾语后的动词不一定是及物动词，也可以是不及物动词、形容词等。例如：

（15）美好的音乐使人愉悦。

（16）出现这种低级错误令他们羞愧。

例（15）、（16）中的"愉悦""羞愧"就不能做"被"字句的谓语动词。

除了以上三点不同之外，使令句和被动句在补语的语义指向上也有所不同。如果补语在语义上指向标记词后的宾语，那么句子为使令句；如果补语在语义上指向句子的主语，那么句子为被动句。例如：

（17）那本小说让她看得都背下来了。

（18）那本小说被她看得封面都掉了。

例（17）中的补语"背下来了"在语义上是指向宾语"她"的，所以句子表达致使义；例（18）中的补语"封面都掉了"在语义上是指向主语"那本小说"的，所以句子表达被动义。标题中的句子的补语"闹肚子"在语义上指向宾语

"学生们"，并不指向主语"食堂的菜"，句子表达的是致使义，所以应该使用使令句进行表达，而不是被动句。汉语学习者可以从语义、标记词的性质、结构、补语的语义指向等方面去区分使令句和被动句。

# 33. "我的钱包被小偷儿所偷"还是"我的钱包被小偷儿偷了"？

"被……所……"结构是汉语"被"字句中的常用结构，该结构对"所"后面的动词有一定的要求。汉语学习者如果不了解这一点就容易说出标题中的偏误句"我的钱包被小偷儿所偷"。本问我们就来谈谈"被……所……"结构的使用条件。

## 一、"被……所……"结构中的动词

### （一）"所"后动词在音节上的要求

"被……所……"结构源自古代汉语，是古代汉语在现代汉语中的遗留。在现代汉语中，"所"后面的动词一般要求是双音节的。例如：

（1）他最近总是被感情问题所困扰。

（2）卖国求荣的不耻行为被世人所唾弃。

（3）昏迷中的医生被外面的笑声所惊醒。

在例（1）～（3）中，"所"后的谓语动词"困扰""唾弃""惊醒"都是双音节的。"所"后面的动词是"被"字句的谓语动词，表达施事对受事的影响。有时候，"所"可以省略，且省略后不影响句义表达。例如：

（4）我们不能被表面现象所迷惑。→我们不能被表面现象迷惑。

（5）当前，北美市场已经完全被 3D 动画电影所占领。→当前，北美市场已经完全被 3D 动画电影占领。

当然，也有少数单音节动词可以进入这一结构，这时结构相对固定，具有较浓的文言色彩，且"所"不能省略。例如：

（6）被风雪所困。

（7）被酷热所苦。

例（6）、（7）具有较浓的文言色彩，常出现在文学作品或较为正式的语体中，现代汉语口语中一般不这样用。

### （二）"所"后动词在语义上的要求

杨玉玲、吴中伟（2013）指出，能用于"被……所……"结构中的动词极为有限，主要是表达精神感知、接受、控制等意义的动词。进入这一结构的动词在语义上主要有以下几种类型：

第一，精神上受到人或事物影响的动词，如"感动""感染""打动""吸引""迷惑""注意""关注""重视""了解""理解""承认""公认""认识""认同""熟悉""陶醉""纠缠""惊叹""震慑""慑服"等。例如：

（8）女孩子总是会被男朋友的一些小细节所打动。

（9）游客们被这里的美丽风景所吸引。

（10）全世界的观众都被梁祝文化的魅力所陶醉。

上述例句中的"打动""吸引""陶醉"都能表达精神方面受到的影响，都可以形容人受到某种影响后所产生的心理状态。

第二，听从与否类动词，如"遵从""遵循""接受""采纳""拒绝"等。例如：

（11）这个道理被越来越多的人所接受。

（12）他的诉求又一次被公司董事会所拒绝。

上述例句中的"接受""拒绝"表达对意见的听从或拒绝，属于听从类动词。

第三，证明类动词，如"证明""证实"等。例如：

（13）"法令行则国治，法令弛则国乱"，这是一条被古今中外历史所证明了的为政之道。

（14）灿烂的周原文化已经被出土的青铜器所证实。

例（13）、（14）中的"证明""证实"都含有根据确定的材料判断人或事物的真实性的意思。

第四，抛弃类动词，如"抛弃""遗弃""摒弃""唾弃"等。例如：

（15）传统文化的糟粕是要被各民族人民所抛弃的。

（16）商家不守信用是会被同行和消费者所唾弃的。

例（15）、（16）中的"抛弃""唾弃"都是抛弃类动词。"抛弃"表示将不好的、不喜欢的或不想要的东西丢掉；"唾弃"既包含抛弃、丢掉的意思，又表达了厌恶、鄙视的贬义色彩。

第五，控制类动词，如"掌握""控制""垄断""吞噬""腐蚀""局限"等。例如：

（17）如果整个人都被某种恐惧心理所控制，后果相当可怕。

（18）高新技术产业专利基本上被外国公司所垄断。

例（17）、（18）中的"控制""垄断"都是带有控制义的动词。"控制"是指使事物处于自己的占有、管理或影响之下，"垄断"是指资本主义市场上操纵、把持或独占市场的行为。

第六，取代类动词，如"取代""替代""代替"等。例如：

（19）传统的人工计算被先进的计算机所取代。

（20）工业经济时代正在被知识经济时代所替代。

例（19）、（20）中的"取代""替代"都是表示取代义的动词。"取代"是指排除别人或别的事物而占有其位置；"替代"是指以乙换甲，并由乙起原来由甲或应该由甲起的作用。二者都能用于"被……所……"结构的"所"之后。

第七，含有结果补语的双音节动结式动词，如"选中""吓倒""击倒"等。例如：

（21）人们没有被他的虚张声势所吓倒。

（22）革命战士没有被困难所击倒。

例（21）、（22）中的"吓倒""击倒"都是双音节的动结式动词，前一语素表示动作，后一语素表示结果。

## 二、"所"的隐现

### （一）"所"字必用的情况

当"所"字后面的动词为单音节不及物动词或双音节不及物动词时，"所"字不可省略，即"所"在句中是不可缺少的成分，没有它，"被"字句就不能成立。例如：

（23）*被风雨困。

（24）*决不被敌人屈服。

"困"是单音节不及物动词，"屈服"是双音节不及物动词，此类动词用于"被"字句中，前面必须加上"所"。

### （二）"所"字必不用的情况

一般来说，当"被"字句的谓语动词后有其他的成分，如"了""着""过"等时体成分或者补语成分时，谓语动词前不需要使用"所"。"被……所……"是古代汉语遗留的结构，文言色彩比较浓，"所＋V"在古代汉语中就已经能表达被动的语义了。在现代汉语中，这一结构也延续了古代汉语中的形式特点，即"所"后也应是动词的光杆儿形式；若动词后有其他成分，那动词前就不能加"所"。例如：

（25）a. 我被这里的美景打动了。

　　　　b. 我被这里的美景所打动。

（26）a. 整个舞台被 LED 灯光包围住了。

　　　　b. 整个舞台被 LED 灯光所包围。

例（25）、（26）中的 a、b 两个句子都可以说。a 句是一般的"被"字句，动词后有时体成分"了"或结果补语"住"；b 句在动词前加上了助词"所"，这时句中的时体成分"了"一般要去掉，结果补语也不能保留，要使用动词的光杆儿形式。相对而言，b 句比较正式，a 句的口语色彩比较重。

### （三）"所"字可用可不用的情况

当"所"字后面的动词为双音节及物动词时，"所"字可以省略也可以不省略。省略"所"字，句子表达客观的陈述；不省略"所"字，句子的语气增强，更能表达说话人所要表达的情感。例如：

（27）他被你的歌声（所）征服。

（28）我们不能被困难（所）打倒。

例（27）中的"征服"是一个双音节及物动词，前面的"所"可以使用也可以不使用，用上能起到加强语气的作用。例（28）中的"打倒"也是一个双音节及物动词。省略了"所"字，句子只是客观地陈述"不能被困难打倒"这件事情；不省略"所"字，句子的语气增强，更能表达说话人的强烈情感。

# 34. "别被人家笑话"还是"别让人家笑话"？

在现代汉语中，"被"和"让"都可以作为被动标记置于被动句中，构成有标记被动句。它们之间有什么差别呢？什么时候该使用哪种被动句对母语者来说不是问题，但是对汉语学习者来说却是一种困扰。一般来说，"被"和"让"的区别在于：第一，在有"所"的结构中，只能用"被"构成"被……所……"结构；第二，"让"后一定要有施事，而"被"后的施事可以出现也可以不出现；第三，"被"多表达不如意的语义色彩，但"让"没有这种语义倾向；第四，"让"的口语色彩较为明显，正式场合中倾向用"被"。但以上这几点区别没法儿解决标题中的问题，汉语中一般说"别让人家笑话"，不太会说"别被人家笑话"，这说明除了以上四点外，"被"和"让"还有其他方面的差异。例如，与被动句的受事主语和施事宾语的生命度有关，"让"不能用于施事宾语是无生命体的情况，"被"则不受限制；与事件的发生时间有关，"被"主要用于已然事件，"让"用于未然事件，标题中的句子表述的是一个未然事件，所以应该用"让"。此外，在很多情况下，选用"被"还是"让"还与句中谓语动词的性质及其前后成分的情况有关。本问我们就谈谈被动结构中谓语动词的不同，对选用"被"和"让"有何影响。

## 一、"X 为""X 作""X 成"类动词性结构做谓语时

由"X 为""X 作""X 成"等表达处置结果义的动词性结构做谓语时，被动句倾向于使用"被"字句而不用"让"字句。例如：

（1）桂林山水是中国山水的代表，典型的喀斯特地形构成了别具一格的风貌，被世人誉为"桂林山水甲天下"。（＊让）

（2）《红楼梦》《三国演义》《水浒传》《西游记》被人们称作中国古代小说的"四大名著"。（＊让）

（3）高考被家长看成孩子人生的独木桥，重视教育的家长变多，学生"内卷"更严重。（＊让）

这一类动词性结构还有"变为""称为""当成""当作""评为""分成""读成""读为""读作""封为""改成""改为""改作""叫作""解释为""看作""理解为""理解成""描写成""命名为""念成""念作""聘为""聘作""视为""视作""提拔为""选举为""想象成""写成""写作""选为""选作""追认为"等等。

这类句子还有一些特点：第一，动词后面都有一个名词性成分，这个名词性成分可以看作动词的宾语。从意义上说，这个宾语是动词处置后的结果。第二，这类句子一般都能变换为"把"字句。第三，句首的受事主语与谓语动词的宾语可以构成主谓关系，如例（3）的受事和谓语动词宾语之间可以构成"高考是孩子人生的独木桥"的主谓关系。第四，这类句子主要表达已然事件。

## 二、心理动词做谓语时

心理动词指表达人类态度、情感等心理活动的一些动词，如"夸奖""称赞""吸引""喜欢""笑话""轻视""厌恶""抛弃""想念""知道""感动"等。在被动句中，如果谓语动词是光杆儿形式的心理动词，句子表达的是已然事件，这时句中常用"被"而不用"让"。例如：

（4）"多子多福"的观念逐渐被人们抛弃，传统的血脉观落下了帷幕。

（5）从心理学的角度说，如果一个人被你吸引，从细节处就很容易看出来。

但是，当心理动词后有表示已然的时体标记时，大多数情况下"被"可以用"让"替换。例如：

（6）我简直被他感动了，我从来没见过这么暖心的人。（让）

（7）他今天特别高兴，早上被公司总部领导表扬了。（让）

在上述两例中，心理动词后带了时体标记"了"，表示已然事件，"让"可以作为被动标记。但如果表达的是未然事件，一般多用"让"，用"被"会受到限制。例如：

（8）你这么做很容易让人怀疑你的动机不良。

（9）你不想让大家瞧不起吧？

因此，当心理动词做被动句的谓语动词时，如果是光杆儿形式且用于表达已然事件，一般要用"被"字句；如果心理动词后有时体标记且表示已然事件，则可以使用"让"字句；如果心理动词用于表达未然事件，那多数情况下用"让"字句。

## 三、动词前有否定成分时

如果谓语动词前有否定成分修饰，如否定副词"没"及其同类词语"还没""没有""未""差点儿"等，以及"不"类词语，它对选用"被"还是"让"也是有影响的。

### （一）"没"类

"被"和"让"前如果有"没"类否定成分，二者有时可以替换。例如：

（10）我还没让别人这么侮辱过。（被）

（11）孩子差点儿被那个骑自行车的撞着。（让）

例（10）、（11）中用"让"或"被"，句子都可以成立。但有时候，"让"和"被"不能互相替换。例如：

（12）他们的这项发明还没被专利局认定。（*让）

（13）那位中国家长颇为惋惜地介绍了自己女儿只差两分没被大学录取的故事。（＊让）

如果谓语动词前有否定副词"没"，一般情况下二者可以互换，且互换后句义基本不受影响；但在一些特定情况下，二者不能互换。例如，例（12）中的"认定"是心理动词，例（13）中的"被"字结构被包含在定语这个更大的结构中，这时替换受到限制。

## （二）"不"类

如果否定词是"不"，很多时候"不被"与"不让"不能互相替换。例如：

（14）不被他追，我是不会摔倒的。（让）

（15）产品虽好，却不被人接受，也是没有市场的。（＊让）

例（14）中的"被"可以用"让"替换，但是用"让"替换后句子语义有所改变，即更多地表示"允许""许可"的意思，被动义较弱；而例（15）中的"被"则不能用"让"替换，替换后句子不成立。

当被动标记前是"不＋情态成分"时，"让"和"被"的表现也有所不同。例如：

（16）老王不想被他们当作冤大头，他一个人干活时别人在旁边看着。（让）

（17）妈妈不愿被孩子看出她的窘迫，一个劲儿地说着不饿。（让）

在上面两个例句中，"不想""不愿"都是否定词"不"与能愿动词的组合，句中可以用"被"，也可以用"让"，但用"被"被动意味比较突出，用"让"则有容忍、听任、容任的意味。

综合上述分析，当否定词是"没"时，"被"和"让"在一定情况下可以互换；而当否定词是"不"时，二者基本上不能互换，即便互换后句子能成立，意义也会有所改变。

## （三）"别"类

在一些表达劝解、警告、祈使且用含有否定意义的词语，如"别""甭""不要""不能"等做状语的有标记被动句中，用"让"比用"被"合适。例如：

（18）活人总不能让尿憋死。

（19）你到窗口排队买票，别让他认出你是县委的，看他给你几排的票。

例（18）、（19）中用"让"会比用"被"更恰当，因为这类表达劝解、警告、祈使的句子比较适合与带有允让义的词语结合，"让"带有一定的"允让""使令"语义，而"被"没有，用"让"更加符合语境的要求，会让句子既有被动义又有一定的允让义。标题中的句子"别让人家笑话"也是如此，这个句子既有被动义也有允让义，因此更适合用"让"字句表达。

总的来说，在有标记被动句中，使用"被"还是"让"做被动标记，除了与结构、语体、语境等有关，还与句中谓语动词的性质及其前后成分所表达的语义有关。另外，在既可以用"被"又可以用"让"的情况下，选择使用哪种句式还与个人的说话习惯和语感有关。

# 35. "口语课被王老师教"还是"口语课是王老师教的"？

"口语课被王老师教"是不对的，"口语课是王老师教的"才是正确的句子。说话人之所以说出"口语课被王老师教"这样的偏误句，是因为他不了解"被"字句和"是……的"句的区别，认为英语中所有的被动表达都可以对应汉语的"被"字句，于是将"Oral Chinese class is taught by Miss Wang."直接翻译成了"被"字句。要纠正这个表达，我们可以使用主动句式"王老师教我们口语课"，也可以使用"是……的"句式"口语课是王老师教的"。如果要保持句子的基本结构排列不变的话，使用"是……的"句更为恰当。

"是……的"句是汉语中凸显信息焦点的基本语法手段。"是"用来表明句中焦点所在，"的"表示对前面所说信息的确认，信息焦点置于"是"和"的"中间。例如：

（1）这篇论文是 2021 年发表的。

（2）这条信息是非常重要的。

例（1）的信息焦点是"2021年发表"，例（2）的信息焦点是"非常重要"。在这个结构中，"是"表示强调，"的"是语气助词，二者搭配使用，缺一不可。"是……的"句跟表示判断的陈述句不一样。例如：

（3）这块手表是爸爸的。

例（3）中看似含有"是……的"结构，并且中间成分"爸爸"可以理解为强调的信息焦点，但是句中的"是"与"的"与表示强调的"是……的"完全不同。例（3）中的"是"是判断动词，"的"是结构助词，附着于前面的名词"爸爸"后，构成"的"字结构"爸爸的"。例（3）是下面这个句子的省略形式：

（3′）这块手表是爸爸的（手表）。

在这样的句子中，"是"和"的"都不能省略，省略后句子不成立；而在表示强调的"是……的"句中，"是"和"的"都是可以省略的，省略后句子的基本语义不发生变化。例如：

（1′）这篇论文2021年发表。

（2′）这条信息非常重要。

"焦点"本质上是一个语用性的话语功能概念，表示焦点的结构其特殊性体现在语用功能上，因此省略了表示焦点的结构后，句子的基本语义不变，所改变的只是语用意义。我们在谈"是……的"句时要注意与表示判断的"是"和"的"共现的句子相区别。"是……的"句在语义上可以细分为两类，一类表示已然事件，一类表示确定的语气。

## 一、表示已然事件

这类"是……的"句的语义功能是强调已发生动作的相关因素。在句法形式上，"是"被视作表强调的副词，而"的"被视作表已然的动态助词和语气助词，如例（1）。这类"是……的"句一般用于过去时，它想说明的重点并不是动作本身，而是与动作有关的某一方面，如时间、处所、方式、条件、目的、受事或施事等。例如：

（4）小张是前天回来的。（强调时间）

（5）他是用彩笔画的这幅画儿。（强调工具）

（6）我这次是来找你的。（强调目的）

在这类"是……的"句中，"是"是副词，大多出现在谓语动词前，有时也出现在主语前；"的"既是动态助词又是语气助词，表示句中动词所表示的动作已经发生或完成，大多出现在句末，有时也出现在谓语动词与宾语之间。例如：

（7）小王是昨天做的手术。

例（7）中的"的"出现在"做手术"这个动宾短语之间。

在"是……的"句中，谓语中心语是"是"和"的"之间的动词，但整个句子的语义焦点不是这一动词所表示的动作，而是紧跟在"是"后面的词或词组所表示的内容，即"是"后面的部分才是句子真正要强调的内容。例如，例（4）是在强调"回来"的时间"前天"，例（5）是在强调画画儿的工具"彩笔"，例（6）是在强调目的"来找你"，例（7）是在强调"做手术"的时间"昨天"。在这类"是……的"句中，标记词"的"具有句法和语用上的双重功能，不能省略；而另一个标记词"是"只具有强调语气的功能，大部分情况下可以省略。但当"是"为下面三种情况时也不能省略：

a. 当主语是"这""那"时，"是"一般不能省略。例如：

（8）这是今天上午送来的。

b. "是＋重动短语＋的"中的"是"一般不能省略，"是"是用来强调引起某种结果的原因的。例如：

（9）她肚子疼是吃雪糕吃的。

c. 否定式中的"是"不能省略。例如：

（10）他不是来找你的。

表示已然事件的"是……的"句容易与"是"作为判断动词的陈述句混淆。例如：

（11）他是昨天下午到的。

这句话既可以理解为强调句型"是……的"句，其中"是"是表示强调的副词，"的"是表示已然的动态助词，同时也表示语气；也可以理解为判断句，其中"是"为判断动词，"的"为结构助词。没有上下文语境的话，这个句子是存在歧义的。

## 二、表示确定的语气

"是……的"句表示确定的语气时，"的"只做语气助词，"是……的"中间的成分一般是形容词性和动词性成分。此时，"是……的"句主要起强调肯定、加强语气的作用。根据"是……的"中间的成分的性质，我们又可以分为两种情况：

### （一）形容词性成分

当"是……的"中间是形容词性成分时，"是……的"句表达对主语性质的描绘，强调主语所表示事物的性质，说明主语"怎么样"。例如：

（12）那种苹果是很甜的。

（13）他是非常聪明的。

（14）好好学习是正确极了的。

在上面三例中，"是……的"中间分别是"很甜""非常聪明""正确极了"，都是形容词性成分。"甜""聪明""正确"这些形容词本身就是对主语"苹果""他""好好学习"的描述，置于"是……的"中间，更加强了说话人对这种观点的认同和肯定。整个结构表达说话人对主语的评议、叙述或描写，带有一种令听话人接受或信服的肯定语气。当然，这种肯定语气是"是……的"结构语用功能的体现，如果省略了"是……的"结构，将句子还原成一般的主谓句，还原后句子依然成立，只不过失去了之前强调焦点、加强肯定语气的功能。

### （二）动词性成分

"是……的"中间的动词性成分一般为能愿动词、动补结构或动宾结构，"是……的"句可用于过去时、现在时和将来时，陈述主语"怎么样""做什么"。例如：

（15）她是笑得很开心的。

（16）我是不会忘记这件事的。

（17）不用客气，帮助你是应该的。

在以上三例中，"笑得很开心""不会忘记这件事""应该"都属于动词性成分。将其置于"是……的"结构中，主要是用于陈述主语"她""我""帮助你"的相关情况，也有表示强调的作用。一般而言，"是"和"的"可以省略，省略后句子基本意思不变，不过缺少了强调的意味。

## 三、"被"字句和"是……的"句的区别

从语义上看，"被"字句是针对动作的受事，叙述其受到动作行为影响后产生的结果，而且多是不好的结果。当受事处于一种受损的或者说话人不希望发生的状况时，才使用这种句式。"是……的"句是用来强调说明某种情况的，这种说明是客观地传达说话人想强调的信息，不涉及任何感情色彩。例如，"口语课是王老师教的"这个句子只是在说明"王老师教口语课"这一事实，并不表达任何感情色彩。

从句法上看，"被"字句的主语是受事，一般不能缺省，整个句子是用来说明主语受到动作影响后发生的性状改变的。"是……的"句的主语可以是受事也可以是施事，"是……的"中间可以是说话人想强调的任何内容。"被"字句的谓语动词一般不能是光杆儿动词，动词后面多有附加成分；而且动词需要是及物动词，要具有处置义，其后的附加成分要能表示处置的结果。"是……的"句的谓语则没有这些要求，谓语可以是动词性的也可以是形容词性的，谓语动词可以不具有处置义。

那什么时候用"是……的"句呢？王还（1983：450）提道："有许多英语的被动句，用来回答或解释某事物是什么时候、什么地点、怎么样、由什么人做的等等，总之可以回答一切 wh-questions 的被动句，以及这种疑问句，这些在汉语一概不用'被'字句，而用'是……的'句。"例如：

（18）《北京人》是谁写的？

（19）《北京人》是曹禺写的。

像这样在英语中使用特殊疑问句加被动式进行提问的句子，在汉语中就不能翻译成"被"字句，而应该使用"是……的"句进行表达。

综上所述，汉语的"被"字句和"是……的"句有各自的语法、语义、语用

特点，汉语学习者要根据表达需要慎重选择，不能将二者混为一谈。当要强调被动意义，特别是表达出乎意料的结果或事件时，一般要用"被"字句；当要强调已发生动作的时间、地点、方式、施事、受事等信息时，一般应选用"是……的"句。

# 36. "会议被马校长主持"还是"会议由马校长主持"？

在汉语中，介词"被"和"由"都可以介引施事，对应的"被"字句和"由"字句都可以翻译成英语的被动句。但它们在汉语中是两种不同的句式，这无疑会给汉语学习者，尤其是以英语为母语的学习者带来不少困扰。他们往往会把应该说成"由"字句的句子说成"被"字句，标题中的"会议被马校长主持"就是这种情况。类似的偏误还有：

（1）＊这栋学生宿舍楼被张阿姨管理。

（2）＊明天的手术被张医生主刀。

（3）＊今天为什么集体迟到？被班长来解释一下！

上述偏误句都应该使用"由"字句。汉语学习者在学习汉语的被动表达时，不仅要学习"被"字句，还要了解与之相似的"由"字句。

## 一、如何选择"被"字句和"由"字句

关于"被"字句和"由"字句的区别，我们在第 21、22 问中已做过详细分析。这里仅针对标题中的句子及上述三个偏误句，具体谈谈应该从哪些角度对这两种句式进行区别。

### （一）动词的及物性

一般而言，能进入"被"字句中做谓语的动词必须是及物动词；"由"字句没有这种限制，"由"字句的谓语动词可以是及物的也可以是不及物的。例如：

（4）这本书被我转卖给别人了。

（5）这件事还是由我代劳吧！

例（4）中的"转卖"是及物动词，例（5）中的"代劳"是不及物动词。例（4）改为"由"字句也能成立，但例（5）改为"被"字句就不成立了。例（2）也应该改为"由"字句，因为"主刀"是个不及物动词，不能进入"被"字句中做谓语动词。与此类似的不及物动词还有"裁夺""裁决""裁断""决断""伴奏""伴唱""执教""攻关""协办""作陪""随行""施工""居住""定夺""批示""致谢""道歉""签收"等。还有一些动宾式离合词也能自由进入"由"字句，但不太能进入"被"字句，如"挂帅""做主""出面""出头""牵头""带头""经手""把关""把脉""把门""包场""当家""表态""保驾""备案""立案""存档""过秤""接班""过目""授课""代课""补课""摸底""守灵""领路""盯梢""起草"等（张谊生，2004）。另外，"由"字句的谓语动词前常有"来""去"等助动词，而"被"字句的谓语动词前不能有。例如：

（6）活动方案由小张来向大家解释。

（7）这次比赛由你去给大家介绍规则吧！

例（6）、（7）中的谓语动词"解释""介绍"前有"来""去"表示动作的去向。例（3）如果改成"由"字句，句子就能成立，这可以从"来"的有无上判断。

## （二）表达结果义还是过程义

在语义上，"被"字句和"由"字句也是有所差别的。"被"字句主要表达结果义，而"由"字句主要表达过程义，因此"由"字句的谓语动词后经常没有补语，而"被"字句的谓语动词后一定要有表示结果的成分，否则句子不成立。例如：

（8）蛋糕被老鼠吃掉了。

（9）蛋糕由王师傅制作。

"被"字句的谓语动词后必须要有表示结果的成分，如例（8）中的结果补语"掉"。例（9）是"由"字句，句子的谓语部分可以是光杆儿动词"制作"，其后不需要加上补语或者时体成分。从句子表达的时间性看，"被"字句一般表达已经发生或者完成的事件，而"由"字句表达的事件可以是已经发生的也可以是尚未发生的，如例（9），我们无法判断"王师傅制作蛋糕"这件事是否发生。标题中的句子和例（1）～（3）都是同样的情况，我们无法判断事情是否发生了，这时应该选用"由"字句。

### （三）是否有祈使的作用

由于"由"字句不表达结果义，在时间性上也没有特殊要求，因此"由"字句可以合理地用在表达祈使、劝告、商量等语气的句子中，"被"字句却不行。例如：

（10）下面由小张上台发言！

（11）接下来，由王小明给大家表演一个绝活儿——川剧变脸！

以上两句表达的都是祈使语气，换成"被"字句就不符合语境的要求了。例（3）表达的就是一种祈使语气，所以应该使用"由"字句，而不是"被"字句。

## 二、两种不同的"由"字句

张谊生（2004）认为，汉语中有两种不同的"由"字句，它们在结构、功能、标记和连用等方面都有所不同。两种"由"字句相辅相成，有交叉，可以互相变换，具体表达时选用哪种句式需要依据复句关联和篇章衔接等因素确定。它们的句法结构分别是"受事＋由＋施事＋动词"和"由＋施事＋动词＋受事"，我们可以将之格式化为：

"由"字句I：$N_{受}$＋由＋$N_{施}$＋V（＋$N_{宾}$）。例如：

（12）工程设计方案由我方负责处理。

"由"字句II：由＋$N_{施}$＋V＋$N_{受}$。例如：

（13）这学期由新老师来教汉语口语课。

### （一）"由"字句I

这种"由"字句在结构上与"被"字句基本一致，都是受事充当主语，"由＋

施事"做状语，句子表达被动语义。一般情况下，谓语动词后不会再有名词性成分，因为谓语动词的受事已经居于句首；但在特定情况下，谓语动词后还可以出现名词性成分。主要有几种情况：

第一，当"由"前的受事主语与谓语动词后的名词性成分有领属关系或限定关系时，谓语动词后带名词性成分，句子成立。例如：

（14）孩子学费由家长负担一部分，另一部分由集团赞助。

（15）这种合资公司的汽车由中方负责组装零件，外方负责设计图纸。

（16）会议资料由小李复印五份，会前发给与会专家。

例（14）～（16）中的谓语动词后都出现了另外一个名词性成分，但是这个名词性成分与"由"前的受事有领属关系或限定关系，如例（14）的"孩子学费"与"一部分"有领属关系，例（15）的"汽车"和"零件"也有领属关系，例（16）的"会议资料"与"五份"有限定关系，"五份"是"会议资料"的计量限定成分。领属关系和限定关系在一些特定的句法格式中是可以与中心语分离的，所以在"由"字句中，如果谓语动词后的名词性成分与受事主语有这类关系，那么句子可以成立。

第二，当"由"字句的谓语动词是双宾动词时，谓语动词后也能带名词性成分。例如：

（17）这个消息还是由你亲自告诉他吧！

（18）域名注册需由商标局通知相关企业及时备案。

上面两例中的谓语动词"告诉""通知"都是双宾动词，句子的主语和谓语动词后的名词性成分"消息""他"和"域名注册""相关企业"分别是谓语动词"告诉""通知"的受事和与事。在这种情况下，"由"字句Ⅰ也能成立。

如果句中的谓语动词是形式动词，那么受事与谓语动词之间不存在实际的支配关系，反而与形式动词后的动词性成分存在动宾关系。例如：

（19）选举结果由主席团予以宣布。

（20）政府设立蔬菜平价销售点，差价部分由地方财政资金进行补贴。

（21）几十亩树苗由于没有加以管理，结果只成活了十二亩。

上面几例中的谓语动词是"予以""进行""加以"这样的形式动词，而真正的实义动词是作为其宾语的"宣布""补贴""管理"，它们与受事主语"选举结果""差价部分""几十亩树苗"具备语义上的动宾关系。

### （二）"由"字句Ⅱ

这种"由"字句与前一种不同，它在结构上与"被"字句不一样，受事不出现在句首主语的位置上，而出现在动词宾语的位置上。这类句子有人将它看作无主句（吕文华，1985），有人将它看作主谓句（白荃，1998；朱其智，2002；等等）。张谊生（2004）认为，这类句子之所以能表示被动，主要是因为"由"的标记作用，所以是有标记被动句的一种。

在特定情况下，这类"由"字句的"由"前可以补出名词性成分，但条件是它必须与谓语动词后的受事成分有语义上的关联。例如：

（22）根据有关规定，（全国人大会议）由上海市选举产生人大代表共64名。

（23）出嫁以后，（她）才由她的丈夫像赠送博士学位似的送给她一个名字——韵梅。（张谊生，2004）

例（22）中的"全国人大会议"与"人大代表"之间有必然的关联性，例（23）中的"她"与"名字"之间有领属关系。有时，这类"由"字句的前面可以出现时间或处所成分，但它们一般不是动词的配价成分。例如：

（24）下月起，由个人承担住房公积金的单位缴纳部分。

（25）在我国，由政府控制和管理彩票发行。（白荃，1998）

在以上两例中，"下月起"和"在我国"是表示时间和处所的成分，它们在句中具有状语的功能，可以自由地与谓语动词的施事和受事共现。

### 三、两种"由"字句之间的联系和区别

关于这两种"由"字句的性质，学界有不同的意见。有的学者认为，"由"字句Ⅰ是被动句，"由"字句Ⅱ是主动句；还有的学者认为，"由"字句Ⅰ是主谓句，"由"字句Ⅱ是无主句；张谊生（2004）认为，两种"由"字句在句法关系上是相通的，在表达功能上是相近的。理由如下：

第一，在语义上，二者相近且经常可以互换而不改变句义。例如：

（26）a. 无疑，接下来这个岗位会由新来的领导接手。（"由"字句I）

　　 b. 无疑，接下来会由新来的领导接手这个岗位。（"由"字句II）

（27）a. 明天的活动由区里来的副局长主持。（"由"字句I）

　　 b. 由区里来的副局长主持明天的活动。（"由"字句II）

第二，两种句式的结构难认定。因为"由"字句I的受事主语经常省略，而"由"字句II的"由"前本身就没有名词性成分，但有时候这种名词性成分又能补出来，因此我们难以判断是哪一种句式。例如：

（28）学生正在吃中餐，中餐由专门的公司送来，家长经常参加检查、评比中餐质量，包括卫生、营养、口味等，中餐在餐厅统一就餐。

（29）过去我们是中型企业，改革后，由一个企业分成十几个企业，法人单位虽然缩小了，总的生产规模却扩大很多，但现在反倒不能算是中型企业了。

例（28）中"由"前的"中餐"可以省略，也可以移到"送来"的后面；例（29）的"由"前可以补出"我们企业"。这时，我们就很难判断到底是哪种"由"字句。

第三，当句中谓语动词是二价离合动词①时，句子到底是句式I还是句式II就很难判断。例如：

（30）a. 这事由他牵头。

　　 b. 这次由他牵头。

　　 c. 由他牵这个头。

　　 d. 这个头由他牵。

（31）a. 这事由我把关。

　　 b. 这次由我把关。

　　 c. 由我把这个关。

　　 d. 这个关由我把。

（张谊生，2004）

在以上两组例句中，a 句的"牵头"和"把关"是 V，"这事"是受事，是 I

---

① "二价离合动词"是张谊生（2004）提出的概念，该动词为VO式，还能联系一个主语论元，类似的还有"谱曲""讲课"等。

式；c 句的"牵"和"把"是 V，"头"和"关"是受事，是Ⅱ式。但是，b 句和 d 句到底是句式Ⅰ还是句式Ⅱ，需要依据一定的语境进行判断（张谊生，2004）。除此之外，两种"由"字句到底选用哪种还与上下文之间的关联和衔接有关。例如：

（32）克劳利爵士坐着一辆高雅的敞篷绍多利亚式马车来到。马车由两匹骏马拉着，还有几个穿着黄蓝两色制服、戴着高帽的仆人跟从着，显得威风凛凛的。（BCC 语料库）

（33）这是一款 RFID 概念产品。这款设备由两部分组成：一个是主终端，看起来更像是我们此前介绍的透明概念的手机；另一个是标签贴，可以贴在钱包、钥匙等任何怕遗失的物体上。（BCC 语料库）

（34）本报讯：由上海市旅游委和共青团上海市委共同举办的"2003 年度上海酒店业青年技能大赛"将在全市展开。（BCC 语料库）

（35）教育部消息，由中国 18 所知名大学建设的首批 20 门"中国大学视频公开课"9 日将通过网络免费开放。（BCC 语料库）

在以上四个例句中，例（32）、（33）因为前文谈到了受事主语"马车"和"这款设备"，后文为了延续和衔接前面的话题，再次将"由"字句中的受事凸显出来，起到了关联前后文的作用。而例（34）、（35）是一种报道和消息，是首次提出某话题，用"由"字句Ⅱ能起到说明该事件或行为是在特定场合、形势或情景下发生的，表示该事件或行为是得到有关方面认可的作用，因此"由"字句Ⅱ可以标记施动者的行为并不是完全自主或自愿发生的。也就是说，在单用时，两种"由"字句选择任意一种似乎都可以；但如果是在具体语境中，我们还要根据上下文判断使用哪种句式才更加符合语言的表达要求和篇章的衔接需求。

## 37. "小王被汽车撞了"和"小王被汽车给撞了"有什么不同？

在汉语中，有标记被动句包括以"被""叫""让""给"等介词做被动标记的句子，有时这些句子的谓语动词前会加上一个助词"给"，与被动标记共现，构成"被……给……""叫……给……""让……给……"结构。通常情况下，助词"给"的有无并不影响句子语义的表达，如标题中的两个句子"小王被汽车撞了"和"小王被汽车给撞了"都能说，都是汉语被动句，都能表达被动语义。但这两个句子是不是完全相同的？用"给"和不用"给"有什么区别？"给"的出现有没有条件限制？如果不弄清楚这些问题，汉语学习者就会产生困扰。本问我们就来说说有标记被动句谓语动词前带"给"的情况。

## 一、"给"的词性

在《现代汉语词典》（第7版）中，"给"的词性主要有三种：动词、介词和助词。对于被动句谓语动词前"给"的词性，学界有不同的看法，有人认为是介词，有人认为是助词[①]。"介词说"认为"给"后面省略了一个名词性成分，这个名词性成分与受事主语形成回指，还能补出来。例如：

（1）送上门的财神爷让你们给他放跑了。（石毓智，2004）

（2）不久，他这种不关心无产阶级政治，光看"反动书"的行为就被人给班主任揭发了。（颜力涛，2008）

实际上，与"被"共现的"给"，其后的名词性成分很少出现[②]；与"让""叫"等被动标记共现的"给"，其后出现的名词性成分以代词为主。也就是说，被动句谓语动词前的"给"后即便能补出名词性成分，其在很大程度上也是受到限制的，不是一种常态。张谊生（2002）曾指出，与为动句相比，"被"字句和"把"字句的谓语动词前的"给"后都不能补出相关的支配成分。合理的解释是，在此类句式中，"给"在意念上支配的成分被"被""把"等介词提前转移了。沈阳、司马翎（2010）指出，"给"可以出现在很多句式中的谓语动词前，不只出现在"把"字句和被动句结构中，如"小狗给病了"；并认为"给VP"中的"给"既不是谓语动词、与格标记和介词"把""为"等，也不是与被动标

---

[①] 温锁林、范群（2006），张谊生（2002），刘永耕（2005），李炜（2004），沈阳、司马翎（2010）等认为是助词，石毓智（2004）、颜力涛（2008）等认为是介词。

[②] 据颜力涛（2008）统计，只有1例。

记相当的介词，其在有标记被动句中只能靠后，与后面的动词性成分关系密切，因此是一个助词。

在有标记被动句中，"给"与被动标记经常共现，"被……给……"比较常见，"让……给……"带有一定的口语色彩，而"叫……给……"和"教……给……"没有实质性的差别（张谊生，2002），但现代汉语中用"教"做被动标记的情况比较少，大多数情况下用"叫"。邓思颖（2003）认为，"给……给……"在一些北方方言中也能使用[①]。

从教学的角度出发，我们认为有标记被动句中被动标记后的、谓语动词前的"给"是助词，大多数情况下"给"后不出现名词性成分，也不能补出名词性成分，它是直接加在谓语动词之前的一种助词性成分。这类句子中的"给"是否出现不影响句子语义的表达，甚至有学者认为这样的"给"在语义上是一种羡余成分，去掉后不会影响语义的完整性（温锁林、范群，2006）。

## 二、有标记被动句中助词"给"的使用条件

### （一）可以加"给"的情况

在以"被"字句为代表的有标记被动句中，谓语动词前出现"给"是有条件的。具体来说，"给"后的谓词性成分应主要是动补短语（张谊生，2002），有以下几类：

（3）小狗的腿被飞驰而过的汽车给轧断了。（动结式）

（4）他的手不小心被碎玻璃渣子给划得鲜血直流。（动补式）

（5）我们已经借好的汽车被另一个局的办事员给开走了。（动趋式）

（6）好端端地被老王给训了一回，真是倒霉。（动量式）

（7）他被妈妈给锁在房间里了。（动处式）

（8）小王被五光十色给吸引住了。（唯补式）

（9）常年失修的大庙被镇上来的施工队给修缮了。（其他）

其中，动结式是"给"后最常见的谓词性成分，此外还有动词后带复杂补语

---

① 邓思颖（2003）举例"张三给车给撞了"，并认为第一个"给"是介词，第二个"给"是被动标记。

的情况［如例（4）］、动词后带趋向补语的情况［如例（5）］、动词后带数量补语的情况［如例（6）］、动词后带表处所的介宾补语的情况［如例（7）］、动词后带唯补词"住""掉""好""完""动"等的情况［如例（8）］，以及"给"后带一些表联合关系和补充关系的动词的情况［（如例9）］。

动补结构和动结式动词特别适合进入"被……给……"结构，因为它们的表达焦点都具有［＋承受］［＋结果］［＋意外］的语义特征（张谊生，2002），这一点与"被"字句表达的语义是吻合的。单个动词若进入这个结构，同样需要具备［＋承受］［＋结果］的语义特征，一般动词后还需要有表示结果或完成的体标记"了""的"等。例如：

（10）所有人都知道，她已经被铁鹰给吃了。

（11）胡欢被日月会给出卖了。

### （二）不能加"给"的情况

在以"被"字句为代表的有标记被动句中，谓语动词前的"给"在大多数情况下是可有可无的，有无都不影响句义表达；甚至同一个人说同一件事时，可以用"给"，也可以不用"给"。例如：

（12）a. 刚才，老王头被驴给啃了一口。

　　　　b. 刚才，老王头被驴啃了一口。

但实际上，有些"被"字句中的"给"并不是可有可无的，而是受条件限制的，有时候一定不能有。例如：

（13）*他们已经被敌军给策反。

（14）*不想每天被妈妈给絮絮叨叨。

（15）*谢惠敏自然常被他们给找去谈话。（张谊生，2002）

（16）*谁知石大爷仿佛被老曹给扇了一记耳光，他跺一下脚，一声不吭地绕过老曹的身子，走人了。（张谊生，2002）

（17）*被老王给打了一巴掌的老李，颤颤巍巍地站起来走出门去。

（18）*被父母给骂习惯了的孩子常常缺乏自信。

如果谓语动词是光杆儿形式或重叠形式，且后面没有时体标记，那么"被"

字句的谓语动词前一般不能用"给",如例(13)、(14);如果谓语部分是连动结构或比况结构,那么"被"字句的谓语动词前一般也不能用"给",如例(15)、(16);如果整个"被"字结构被蕴含在其他结构中,"被"字结构中的动词前也不能用"给",如例(17)、(18)。从交际功能上看,一般疑问语境和假设语境下的"被"字句谓语动词前不用"给",如例(19)。从语篇上看,如果"被"字句不处于话题链的末端,其谓语动词前一般也不能加"给";一旦加上,"被"字句就有一种意犹未尽的语义。例如:

(19)*如果明天下暴雨,这些刚种下去的种子就会被雨水给冲走。(假设语境)

(20)*他得知怀孕的卡秋莎被他的姑妈从家里给赶出来,感到十分难受。尽管姑妈说卡秋莎生性放荡,自甘堕落,但他还是无法逃避良心的谴责。

也就是说,能在谓语动词前加"给"的有标记被动句一般在语义上需要具有[+结果][+承受][+意外]等特征,这样被动句才能成立。温锁林、范群(2006)也提到,"给"后的成分往往是动结式短语,表示被陈述对象遭受某种动作行为后产生的状态与结果,语义上呈现出明显的受动性。"给"的出现,激活并强化了这些成分在语义上的受动性。

## 三、被动句中"给"的作用

对于被动句中助词"给"的作用,不少学者提出了自己的看法。很多学者将"把……给……"和"被……给……"看作一种复合标记或框式介词(刘丹青,2003)。王彦杰(2001)认为,"把……给……"中的"给"是加强"把"字句的结果意义,凸显其处置意义的;李炜(2004)认为,"把/被NP给VP"中的"给"起到加强语势的作用,在处置式里就加强处置的语势,在被动式里就加强被动的语势,这样的格式都出现在口语色彩较浓的句子中;温锁林、范群(2006)认为,"给VP"中的"给"是一种自然焦点标记词,其作用是强调句子的自然焦点成分,在被动句中它能激活并强化被陈述对象的受动性;邓思颖(2003)认为,被动句中的"给"就是受事名词的一种受影响标记,实际上也有程度加强的作用。

同时也有学者认为，"给VP"是一个独立的结构，并不是被包含在"把"字句或"被"字句中的附加性成分。例如，沈阳、司马翎（2010）认为，"给VP"在其他句式中也有出现。例如：

（21）a. 犯人跑了。　　　　　　　　犯人给跑了。

　　　b. 孩子吃饱了。　　　　　　　孩子给吃饱了。

　　　c. 米饭煮烱了。　　　　　　　米饭给煮烱了。

例（21）左侧的句子加上"给"后变为右侧的句子，右侧的句子并不都是"把"字句或"被"字句。即便"米饭给煮烱了"可以理解为被动句，但在"米饭被妈妈给煮烱了"中仍然有"给VP"结构，说明"米饭给煮烱了"中的"给"不是被动标记，而是助词。沈阳、司马翎（2010）认为，左右两组句子都能说，区别就在于有"给"的句子明显增加了一个外力，"这个外力应该就是语义上的'致使者论元'"。左侧句子只表示状态事件，右侧句子则通过"给"增加了造成该状态的外力。因此可以说，"给VP"中的"给"的真正作用是引入"只可意会（语义上有）而不可言传（句法上无）"的外力。

我们认为，无论是强调说、焦点说、语势说还是外力说，在汉语"被"字句中，谓语动词前的"给"的作用是比较弱的，不是构成"被"字句的必要条件；助词"给"在口语中使用较多，书面语中使用较少，北方方言中使用较多，南方方言中使用较少，"给"的使用与否不影响被动句基本语义的表达。汉语学习者只需要知道"给"什么时候能用，什么时候不能用就可以。至于"给"的具体作用，学界还未有统一定论。

# 38. "杯子被我摔坏了"和"杯子我摔坏了"有什么不同？

标题中的两个句子都属于汉语被动句，但又有所区别。"杯子被我摔坏了"属于有标记被动句中的"被"字句，"杯子我摔坏了"属于无标记被动句。那么，"被"字句和无标记被动句有什么不同呢？

## 一、结构形式不同

首先，"被"字句有明显的被动标记，其结构一般是"受事＋被（＋施事）＋谓语动词＋其他成分"；而无标记被动句没有被动标记，其结构一般是"受事（＋施事）＋谓语动词＋其他成分"。其次，"被"字句是典型的被动句式，无标记被动句看起来是含有被动意味的主动句。最后，二者对句中某些成分的要求不完全相同。具体如下：

### （一）主语条件不同

"被"字句的主语可以是生命体，也可以是无生命体；无标记被动句的主语一般不能是指人的词语，否则容易造成歧义。例如：

（1）弟弟被打了。

　　? 弟弟打了。

（2）我被炒鱿鱼了。

　　? 我炒鱿鱼了。

以上两个例句的主语都是指人的名词或代词。在有被动标记的情况下，语义表达清晰；但在无被动标记的情况下，句子就产生了歧义。例如，例（1）可以表达"弟弟打了什么"的意思，而不表达被动意义；例（2）可以表达"我炒鱿鱼"这件事，也不表达被动意义。所以，无标记被动句的主语一般不能是可以主动发出动作的生命体。

### （二）补语条件不同

无论是在"被"字句中还是在无标记被动句中，谓语动词后通常都需要有附加成分表示结果意义。在"被"字句中，谓语动词后最常见的是动态助词"了""着""过"，其次是趋向补语、数量补语、结果补语、程度补语等，一般不能是可能补语；但在无标记被动句中，谓语动词后可以是可能补语。例如：

（3）a.* 自行车被我找得回来。

　　b. 自行车我找得回来。

（4）a.* 这块大石头被我搬得动。

　　　b. 这块大石头我搬得动。

例（3）、（4）中的补语都是可能补语。如果使用"被"字句，句子不成立，如 a 句；但如果使用无标记被动句，句子则可以成立，如 b 句。主要原因是：有标记的"被"字句要求谓语动词后有确定性的被动结果，可能补语所代表的语义具有不确定性；而无标记被动句倾向于对事物进行描记或评议，它不要求确定性的结果，因此可以容纳可能补语。

## 二、表达的功能不同

从表达的功能看，"被"字句通常是用来叙述受事因受到某种动作行为的影响而产生的改变，整个句子是针对动作受事的，凸显和强调一种被动关系及结果，常常表达不如意、有所损害、遭受的语义色彩；而无标记被动句则常常用来说明或描写一种情况，它的被动意味没有"被"字句强烈且不表达明显的遭受义。例如：

（5）钥匙被妈妈弄丢了。

（6）钥匙妈妈弄丢了。

例（5）其实包含两个意思：一个是"妈妈弄丢了钥匙"，另一个是"钥匙丢了"。句中出现的介词"被"起到了表明两者之间因果关系的作用，即：钥匙丢了，是妈妈弄丢的。同时，"被"还引出了动作行为的施事"妈妈"，在语义上清晰地表达出了句中的被动关系，表达了不如意的语义色彩，且叙述的是一种结果。而例（6）尽管从语义上看仍然表达被动义，但因为缺少"被"的介引，句子整体更偏向于简单说明"钥匙"的遭遇情况，是对一件事情的简单说明。

此外，无标记被动句容易产生歧义。"被"字句中的"被"可以很明确地引进施事或表明被动关系，所以"被"字句与主动句界限分明；而无标记被动句因为缺少被动标记的介引，有时会出现与主动句界限不分明的情况，即句子的被动性得不到保证。例如：

（7）新来的王警官上个月逮捕了。→ a. 新来的王警官上个月逮捕犯人。

　　　　　　　　　　　　　　　b. 新来的王警官上个月被公安机关逮捕了。

例（7）中的"新来的王警官上个月逮捕了"既可以表达被动语义，也可以表达主动语义。当句中只出现了一个名词性成分时，这个名词性成分可以看作动作的施事，这时句子是主动句，如 a 句；也可以看作动作的受事，这时句子是被动句，如 b 句。因此，在缺乏上下文语境的情况下，我们既可以将例（7）看成无标记被动句，也可以将其看成主动句，句子存在歧义。

## 三、适用条件不同

### （一）必须使用无标记被动句的情况

在汉语中，不是所有表示被动关系的句子都能用"被"字句表达。在有些情况下，只能使用无标记被动句表达被动语义。例如，当主语是不能发出动作的无生命体且与谓语动词之间存在明显的受动关系，施事不需要特别指明也能表达清楚语义时，就应该使用无标记被动句。例如：

（8）a.* 作业被写完了。

　　 b. 作业写完了。

（9）a.* 那个电视剧被我们看了。

　　 b. 那个电视剧我们看了。

（10）a.* 今天的任务被完成了。

　　　 b. 今天的任务完成了。

以上三例使用了"被"字以后（即 a 句）反而是不合格的。例（8）中的主语"作业"本身就不能发出"写"的动作，句中不提及施事也不会造成歧义。这种情况就不需要再使用"被"字句了，直接使用无标记被动句即可，即"作业写完了"。例（9）、（10）也是如此，直接改为"那个电视剧我们看了""今天的任务完成了"即可。

### （二）不能使用无标记被动句的情况

如果主语是生命体，且有可能与谓语动词产生逻辑语义关系时，此时使用无标记被动句就会引起歧义。例如：

（11）？小王找到了。

（12）？老王埋怨了一通。

例（11）中的"小王"能和"找"产生逻辑语义关系，可能是"小王找到什么东西了"，也可能是"小王被别人找到了"。在这种情况下，如果要表达被动语义，就必须使用"被"字句，即"小王被找到了"。例（12）也是如此，应使用"被"字句表明被动语义，即"老王被埋怨了一通"。

另外一种情况是，当受事和施事都是无生命体，或者受事是人而施事是无生命体时，不能使用无标记被动句。例如：

（13）a.* 他的目光这幅画儿吸引了。

　　　b.他的目光被这幅画儿吸引了。

（14）a.* 我一声巨响惊醒了。

　　　b.我被一声巨响惊醒了。

例（13）中的"目光"和"画儿"都是无生命体，只有使用具有引进施事作用的介词"被"，才能清楚表明两者之间的施受关系，同时将语义表达清楚。例（14）中的"我"是生命体，"巨响"是无生命体。若不使用"被"字句，句义则不明。

### （三）无标记被动句和"被"字句均可使用的情况

当然，在表达被动语义时也存在两种句式都可以使用的情况。例如，当主语是不能自主发出动作的无生命体，且句子表达不如意的语义色彩时，"被"字句和无标记被动句都可以使用。例如：

（15）a.她的秘密泄露出去了。

　　　b.她的秘密被泄露出去了。

（16）a.树吹倒了。

　　　b.树被吹倒了。

以上两组例句从语义上看都表达被动语义。例（15a）中的"秘密"是无生命体，不能自主发出"泄露"的动作，因此它和谓语动词之间是明确的受动关系，同时句中不提及施事也不会造成歧义，所以例（15a）是一个合格的无标记被动句。例（16a）中的"树"也不能自主发出"吹"的动作，是受事，它受到动作"吹"的影响而产生了"倒"的结果，句子的被动关系和语义都很明确，例（16a）也是一个合格的无标记被动句。在它们的谓语动词前加上"被"，句子所表达的基本意义不受影响，只是更加强调了句子的被动意义。

再如，当受事为无生命体，施事为人，且构成"受事＋施事＋谓语"的结构时，"被"字句和无标记被动句都可以使用。例如：

（17）a. 她的诡计已经被我拆穿了。

　　　　b. 她的诡计我已经拆穿了。

（18）a. 他的秘密被我知道了。

　　　　b. 他的秘密我知道了。

例（17）中的受事"诡计"为无生命体，施事"我"是发出"拆穿"动作的人；同样的，例（18）中的受事"秘密"是无生命体，施事"我"是发出"知道"动作的人。在这种情况下，句子既可以使用"被"字句，也可以使用无标记被动句。

在既可以使用"被"字句又可以使用无标记被动句的情况下，如果不需要强调被动意义，又不至于产生误解，这时只用无标记被动句即可。无标记被动句表示对受事主语目前状态的一种描记或评议。

# 39. "这些岩石被风化了"和"这些岩石被海风潮汐风化了"有什么不同？

标题中的两个句子都是正确的，都是"被"字句，不同在于前者是短"被"字句，后者是长"被"字句。短"被"字句中施事成分不出现，长"被"字句中"被"后有施事成分。除了施事成分有无的不同外，有学者认为两种"被"字句中的"被"词性不同：长"被"字句中的"被"是介词，因为介引了名词性成分；而短"被"字句中的"被"是助词，因为后面是动词性成分。[①] 除了以上两

---

① 鲁健骥在《现代汉语八百词》中认为，"被"用于动词前，表示被动的动作，但不点明施动者，此时"被"是助词。

点，汉语学习者还想知道长"被"字句和短"被"字句的语用环境有什么不同，在使用时需要注意什么问题。

## 一、长"被"字句的语用环境

第一，在"被……给……""被……所……""被……把……"三种结构中必须使用长"被"字句。例如：

（1）a. 他的头发本来就不多，被小陈给扯去了多半。

　　　b.* 他的头发本来就不多，被给扯去了多半。

（2）a. 她被这种热烈的气氛所感染。

　　　b.* 她被所感染。

（3）a. 可是他刚刚张嘴，就被队长把话打断了。

　　　b.* 可是他刚刚张嘴，就被把话打断了。

这三个句子都在强调施事——"被"的宾语，都可以改为主动句，如例（1）可以改为"小陈扯去了他多半的头发"，例（2）可以改为"这种热烈的气氛感染了她"，例（3）可以改为"队长把他的话打断了"。在上述三个例句中，"被"的宾语必须出现，若不出现则句子不成立，因为这三个句子中的"被"字结构是与其他成分搭配的固定组合，"被"后必须有施事。

第二，趋向动词、"说"类动词和不及物动词不能直接置于"被"后，其前必须出现施事宾语。例如：

（4）a. 小赵还在踌躇，却被舍友上来央告。

　　　b.* 小赵还在踌躇，却被上来央告。

（5）a. 在公园转了半天，被人家说："你是迷路了吧？"

　　　b.* 在公园转了半天，被说："你是迷路了吧？"

（6）a. 若将他收监，岂不是又被他多活了一天？

　　　b.* 若将他收监，岂不是又被多活了一天？

例（4）中的动词"央告"前有趋向动词"上来"，例（5）中的动词是"说"类动词，例（6）中的动词"活"是不及物动词，这些动词或由它们构成的动词性成分必须有施事，所以这些动词性成分进入"被"字句后，介词"被"后的施事宾语必须存在。

第三，语用上强调施事宾语时，必须使用长"被"字句。例如：

（7）那一伙人，都被陈老五赶走了。

（8）她被丈夫看得脸上发烧，手捧着脸埋在妈妈怀里。

例（7）中的宾语是专有名词，若省略，句子变成"那一伙人都被赶走了"，此时任何施事都可以进入该句充当宾语，那么就无法强调施事"陈老五"了；例（8）强调的是"她"被"丈夫""看得脸上发烧"，而不是被其他人"看得脸上发烧"。

## 二、短"被"字句的语用环境

第一，当施事宾语已在上文中出现过时，一般使用短"被"字句。例如：

（9）他的讲话引起了许多人的强烈兴趣。有的被震惊，觉得发现了科学的新大陆。

（10）她用另一只手去推他，没想到那只手也被握住了。

（11）那年兵变，村长家也被抢空了。

例（9）的"被震惊"其实是"被他的讲话震惊"，例（10）的"被握住"其实是"被他握住"，例（11）的"被抢空"其实是"被灾民抢空"。这三个例句中省略的施事宾语都在上文中出现过。

第二，当施事宾语将见于下文，即"蒙后"省略时，可使用短"被"字句。例如：

（12）被选的人，全向着村民笑了笑。

（13）被簇拥在人群中的人大代表、外交学院教授江泽均分享着这一重大消息。

在例（12）、（13）中，"被"后的施事宾语出现在"被"字结构后面，如例（12）中的"村民"是"被"后的施事宾语，例（13）中的"人群"是"被"后的施事宾语。由于下文有了这一信息，因此在"被"字结构中，施事宾语可以不出现。

第三，当施事宾语表示泛指时，一般要使用短"被"字句。例如：

（14）今天，这里被称为"沙漠里的珠江三角洲"。

（15）假若没有胸前那枚证章，可能他会被看作工友。

当施事宾语表示泛指时，它可以不在句中出现，泛指的对象常常是"世人""大家""人们"等不确指对象，这是大家都知道的信息；如果需要特别指出"被"后的施事，则这一成分必须出现。例如：

（16）这里被彭加木先生称为"沙漠里的珠江三角洲"。

（17）假若没有胸前那枚证章，可能他会被我看作工友。

例（16）中的施事宾语"彭加木先生"是专指，例（17）中的施事宾语"我"是指说话人，两个施事都有确定的指称对象，因此不能使用短"被"字句，否则句子语义不完整。吕文华（2008）提到，当动词的施事泛指人时，动词常形成广义的固定搭配。这类动词进入"被"字句中，形成"被＋N＋V"的结构，N常可以不出现。也就是说，这类动词的施事常可以不出现，因此这类动词常用于短"被"字句。这类动词包括日常家务劳动类的"缝制""刷洗""裁剪"等，言语交际动作类的"打听""劝解""访问""参观"等，生产和社会活动类的"制造""管理""整顿"等，军事、交通类的"指挥""推翻""粉碎""镇压"等，人的生理、心理感受类的"感动""佩服""同情""知道"等。

第四，当隐去说话人、听话人共享的背景知识，且所隐去的成分是可以意会的时，可使用短"被"字句。例如：

（18）请作者、读者进一步放松身心，不要受周围环境的干扰，声音、色彩、人物与自然环境的运动，都被淡化。

（19）弗洛伊德所解剖的"第一层潜意识"，它可以在睡眠状态中（做梦）、精神失控中、失常状态中被调动起来。

例（18）、（19）中的"被淡化""被调动"的施事都可以从当时的语境中或者说话人和听话人共享的背景知识中意会出来，属于对话的前提成分，所以可以隐去不说。

第五，当施事宾语是不可知的，说话人无法说出他是谁或是什么时，一般使用短"被"字句。例如：

（20）他浑身有些发木，像刚被冻醒了似的。

（21）迷雾逐渐被廓清，远方出现了指南车。

在例（20）中，"被冻醒"的施事可能是"天气""环境"等自然因素，也有可能是其他人为因素；但不管是什么因素，这一信息不需要特别说明，或者无法特别说明，如我们一般不说"被低温冻醒"，因为"冻醒"本来就已经蕴含了"低温"的语义。例（21）中的"被廓清"也是一样的，我们无法说清楚施事是谁或是什么，有可能是天气，有可能是环境。因此，当无法准确说出施事成分时，我们一般会使用短"被"字句。标题中的句子也是这种情况，"风化"是一种自然过程，当我们无法说清楚或不必说清楚其施事时，就需要使用短"被"字句；当需要特别强调其施事时，我们则可以使用长"被"字句，如标题中的后一个句子。

第六，当"被"和动词结合紧密，二者之间无法插入施事宾语时，一般使用短"被"字句。例如：

（22）省博物馆陈列室内，铜官窑文物被盗。

（23）曾经被侮辱的人们，终于恢复了尊严。

类似这样结合得比较紧密的固定词组还有"被窃""被逼""被杀""被困""被控"等。有些双音节动词在特定语境中和"被"结合得也很紧密，也属于施事宾语无法插入这类的，如"被压迫（民族）""被剥削（阶级）""被指控（对象）""被审查（人员）""被遗弃（的人）"。这些结合得比较紧密的固定词组，大多表达不利的意思。

第七，有时为了突出风格或体现文体特点，一般也使用短"被"字句。例如：

（24）从某种意义上说，我们面对的奇异现象只要有一件被证明，一切就都被证明了。

（25）如果是这样，你就更不能被原谅！

例（24）中的施事宾语没有出现，是为了避免指出施事"我们"，这样便于表达说话人的客观态度。例（25）中应该是"被某某原谅"，"某某"一说出来，语气就会显得比较平缓。对抽象事物进行说明或对某一科学理论进行论述时，施事宾语也往往不出现。例如：

（26）它将使科学、哲学、艺术的界限被打破，融合产生最完美的作品。

（27）世界上有人能预知一副扑克牌将被洗成什么样的排列。

标题中的两个句子是长短"被"字句的区别。这两种"被"字句的语用环境都有一定的条件限制，具体使用哪种"被"字句，主要看交际双方对施事成分的隐现是否能达成一致，语义是否完整，是否能正确传递信息，同时也会受一定的句法条件约束。

# 40. "这个秘密不为人所知"和"这个秘密不被人所知"有什么不同？

"这个秘密不为人所知"和"这个秘密不被人所知"在汉语中都是正确的句子，它们所表达的意思基本相同，即"这个秘密没有被别人知道"。它们的区别就在于"为"和"被"的不同。"为"也是汉语中表示被动的标记词，只不过"为"在古代汉语中比较常用，在现代汉语中不常用，现代汉语中多用"被"表示被动。现代汉语中的"为……所……"结构有自己的特点，下面我们就具体分析一下它的特点，以及与"被……所……"结构的异同。

## 一、"为……所……"结构的特点

### （一）现代汉语中"为……所……"结构的特点

在"为……所……"结构中，"为"是表被动意义的介词，相当于"被"字句中的"被"，其前后分别是句子的受事主语和施事宾语。助词"所"的功能是将动作行为名词化，如"所知"，"知"本是动词，构成"所知"后意义发生变化，表示"知道的（事物）"。当"所"进入"为……所……"结构中，其原有的功能发生了改变，不再是将动作行为名词化，而是起到强调后面动词的作用。"所"后的动词是句子的核心。在现代汉语中，这一结构主要有以下几个特点：

首先，"为……所……"是一种固定结构，用于强调受事主语受到某种影响（或者产生某种结果）是由"所"前面的成分带来的。例如：

（1）资料为大火所吞噬。

（2）股票涨跌的态势为部分股东所控制。

例（1）表示受事主语"资料"被"吞噬"，是因为发生火灾；例（2）表示受事主语"股票涨跌的态势"被"控制"，这一动作行为是"部分股东"带来的。

其次，"所"后动词不能再带宾语。由于动词的受事对象已经居于句首，即"为"前，因此动词后不需要再带上宾语。例如：

（3）这一封建迷信已为科学所破除。

（4）但是年月已久，许多的事渐渐不为人所知。

例（3）中的受事主语是"这一封建迷信"，施事宾语是"科学"，谓语动词是"破除"，"这一封建迷信"是谓语动词"破除"的受事对象，整个句子结构完整。如果在谓语动词"破除"后面加上宾语，就会造成宾语冗余的现象，句子则不成立。例（4）中的"许多的事"是受事主语，也是谓语动词"知"的受事对象，谓语动词"知"后不需要再加宾语。

再次，"所X"可以在一个句子中多次出现，且"X"的音节数量应相同。例如：

（5）李清照的词温婉清新，至今仍为人们所传唱，为人们所喜爱。

（6）她为情所困，为情所伤。

例（5）中同时出现了两个"所X"，即"所传唱""所喜爱"，"所"后面都是双音节动词。例（6）中同时出现了"所困""所伤"，"所"后面都是单音节动词。当"所X"在句子中多次出现时，"所"后的动词应是音节数量一致的动词。

另外，"为……所……"的否定形式是将"不"加在整个结构前，如"不为所知""不为所动"等。例如：

（7）面对众人的指责，他仍然不为所动。

（8）智能家具的前景并不为人所看好。

例（7）、（8）中都使用了"不为……所……"这一结构来表示否定。例（7）中的"不为所动"，表示不受外界的影响而变化，立场坚定。这个结构现今已固定下来，变成了一个成语。例（8）中的"不为人所看好"，表示不被他人看好。

现代汉语中的"为……所……"结构还会出现"所"字省略的情况。当"所"后的谓语动词为双音节及物动词时，"所"可以出现也可以隐去。去掉

"所"，句子仍然可以成立。例如：

（9）环境污染的问题为国家所重视。

（9′）环境污染的问题为国家重视。

上述两例的差别就在于例（9）是完整的"为……所……"结构，而例（9′）省略了"所"，但句子依然成立。从语义表达上说，例（9′）虽省略了"所"，但不妨碍听话人将其理解为"为……所……"结构。但有时"所"在句中必须出现，否则会影响句子的合格度。一般来说，当"所"后面是单音节动词时，"所"不能省略，如"所见""所需""所闻"等。这些结构中一旦省略了"所"，句子就不成立了。例如：

（10）战士们为暴雨所困。

（11）但他有坚强的意志，不为财色所迷。

例（10）、（11）中的谓语部分都是"所 + 单音节动词"，即"所困""所迷"。如果省略"所"变成"为暴雨困""为财色迷"，句子在结构上则不合格。这是因为在现代汉语中，这样的"所 + 单音节动词"的组合逐渐融合成了一个语义完整、类似于词的结构，所以"所"不能省略。这也是现代汉语中词语双音节化趋势的一个重要体现。

## （二）古代汉语中"为……所……"结构的特点

"为……所……"结构是古代汉语中的常用格式，在古代汉语中也表示被动。"为"后是动作发出者，即施事；"所"后是谓语动词。例如：

（12）少北，则为匈奴所得。（东汉《汉书·张骞传》）

"匈奴"是动作行为"得"的发出者，"得"是谓语动词。有时，动作发出者也可以不出现，"为"和"所"直接连在一起使用。例如：

（13）或传嵩有田在亳宋间，武人夺而有之，嵩将诣州讼理，为所杀。（唐《张中丞传后叙》）

在例（13）中，"为"后的施事被省略了，我们只能依靠上下文来判断。句子的意思是"于嵩这个人准备到州府去起诉，结果被武人杀害了"。"为"后省略的施事"武人"在前文中已经出现，省略后并不影响语义表达，但现代汉语中一般没有这样的用法。

## 二、现代汉语中"为……所……"和"被……所……"的不同

"为……所……"和"被……所……"都是现代汉语中经常使用的被动结构。"为……所……"产生的时间要早于"被……所……",后者是前者随语言发展类化的结果。李珊（1993）认为,"被……所……"出现的时间要比"为……所……"晚700多年,"为……所……"要比"被……所……"更具文言色彩。二者的差别主要有以下方面:

第一,从语体色彩看,"为……所……"的书面语色彩比较浓,"被……所……"相对来说更口语化一些。例如:

（14）a. 在近代中国,协定关税特权逐步为西方列强所控制。

b. 在近代中国,协定关税特权逐步被西方列强所控制。

例（14）的两个句子分别用了"为……所……""被……所……"两种结构,句子都可以成立。但相对来说,a 句在书面语中更常见,一般不能用于口语;b句可以用在书面语中,也可以用在口语中。

第二,从使用范围看,"为……所……"的使用范围比"被……所……"更广一些。因为在"为……所……"结构中,"为"这一被动标记不带有不如意的感情色彩,而"被"是从古代汉语中表示"遭受"的动词发展而来的,或多或少带有超出预期的、不受说话人所控的语义。尽管在现代汉语中,"被"字结构不一定都用在不如意的表达中,中性义和褒义的被动关系也可以使用"被";但如果没有特殊的语境说明,"被"仍带有一定的"遭受"义。而"为"作为被动标记,只起到提示被动关系的作用,并无这样的"遭受"义。所以,有的句子只能用"为……所……"不能用"被……所……"表达。例如:

（15）Jill is loved by Jack.

*绮儿被杰克所爱。

绮儿为杰克所爱。

（16）The house was surrounded by fir and birch trees.

*房子被枞树和桦树所围绕。

其室为枞桦所围绕。

（17）He is admired by everybody.

＊他被人人所钦佩。

彼为举世所钦仰。

以上三个例子是王力先生指出的不能用汉语"被"字结构但可以采用"为……所……"结构翻译的英语被动句。如果用"被……所……"来翻译，句子就会变得生硬（李珊，1993）。其实这也与"为……所……"结构更加书面化有关。

综合上面的分析，"为……所……"和"被……所……"在现代汉语中的区别主要有：是否可以省略施事宾语；"为""所"是否能连用；"所"后动词是否可以带宾语。在一定情况下，二者可以互换；但相对来说，"为……所……"的书面语色彩比较浓，在书面语中较为常用，"为"作为被动标记不附带任何感情色彩。

# 41. "她被评为'三好学生'了"是正确的吗？

"她被评为'三好学生'了"这句话是合格的。在汉语中，"被"字句不仅能表达遭受义，也能表达受益义。从语义色彩上说，这个句子表达受事主语获得了某种利益。现代汉语中的介词"被"是从古代汉语中表示"遭受""蒙受"义的动词虚化而来的，所以很长一段时间内，"被"字句只用于叙述结果对主语而言是不愉快的、不幸的消极事件。李珊（1993：19）谈道："'被'含'蒙受'义，表示一种遭受现象，这种语义上的独特之处，使汉语被字句于被动意义之外，一开始就多了一层不幸、不如意、不愉快、有所损害的语义色彩。这个语义色彩长期存在，沿用至今，五四以后才稍稍打破。"所以，现代汉语中的"被"字句在语义上也或多或少地带有原来的不如意色彩，这从"被"的各种新兴用法，如"被提高""被就业""被小康""被和谐""被幸福"等仍然表达消极、被动的意义中就可以看出来。随着语言的发展，"被"表达的语义色彩逐渐多元化，表达积极义、中性义的趋势也在不断扩大。

## 一、"被"字句表达积极义

在现代汉语中，"被"字句表达的积极受益义主要体现在以下几个方面：

### （一）表达拔擢提升

在现代汉语中，有一类表达"拔擢"意义的动词，如"评""誉""选举""提拔""选""推荐""重用""晋升"等。这类动词不能单独出现在"被"字句的标记词"被"之后，其后加上"为＋NP"就能顺利进入"被"字句，表达动作达成的结果。从语义上说，动词后的宾语就是动作的结果，表示经过拔擢、提升后所达到的地位、水平或职务等。例如：

（1）教师被誉为塑造人类灵魂的工程师。

（2）他被选举为班长。

（3）他被提拔为上海市委书记。

例（1）、（2）、（3）中分别用了表达"拔擢"意义的动词"誉""选举"和"提拔"，其后的宾语"塑造人类灵魂的工程师""班长"和"上海市市委书记"都表示动作的结果。"塑造人类灵魂的工程师"是一种值得称赞的称号，"班长""市委书记"是一种岗位或职务，也表达积极意义的结果。

### （二）表达难事实现

在现代汉语中，"被"字句有时可以表达本来难以实现的事情，经过施事的参与和努力，最终出乎意料地实现了。这时，"被"字句在语义上表达一种积极向上的受益义，事件的结果对说话人来说是一种如意的结果。因此，"被"字句可以表达难事实现的积极义。例如：

（4）学校的卫生流动红旗历经三个月终于被我们夺回来了。

（5）经过不懈的努力，人类基因组计划"工作草图"宣告完成，被《科学》杂志评为"2000年世界十大科学成就"之首。（BCC语料库）

（6）这个秘密到底被我发现了。

例（4）所叙述的事情对说话人来说是一件难以完成的事，"历经了三个月"才实现，"被"字句所表达的事件是说话人希望发生的。例（5）表述的事件也是说话人积极参与并实现的事情，"被《科学》杂志评为'2000年世界十大科学成就'之首"本身就是件极难实现的事情。例（6）表达"秘密被发现"的不容易，也同时含有说话人达成"发现秘密"这一目的后感到自豪的意味。

### （三）表达乐见其成

"被"字句还能表达说话人对所描述事件的肯定态度，含有乐见其成的积极意义。这种积极意义指说话人对所描述的某事件具有好感，这种好感包含肯定、赞扬、褒奖、得意等态度。例如：

（7）他们被同学们称为天造地设的一对儿。

（8）敌方的情报信息被我们截获了。

（9）这是他第一次犯错，他是可以被原谅的。

例（7）表示说话人对"把他们称为一对儿"这件事持肯定或赞扬的态度，乐见其成。例（8）表示说话人对"敌方情报被截获"一事有胜利感或成就感，句子也表达一种乐见其成的意义。例（9）的说话人认为"第一次犯错"不是太严重的问题，是可以"被原谅的"，说明说话人觉得此事不具有负面意义，虽然不至于被"肯定"或"赞扬"，但至少不应该被"刁难"或"追责"，这在某种程度上也是一种积极意义。

### （四）表达称心如意

邢福义（2006）指出，汉语"被"字句中有一类的表义倾向为称心，被称为"承赐型""被"字句。这类"被"字句在形式上使用特定的动词，在结构上有特定的格式，与一般的遭受型"被"字句不同。承赐型"被"字句的代表格式有三种：一是，S被（X）授予Y；二是，S被（X）评为Y；三是，S被（X）列入Y。这三种格式分别使用不同的核心动词，即"授予""评为""列入"。其中第二种"评为"类与前面提到的"拔擢"类有交叉之处，但是第一种和第三种是前面没有提及的。这三种"被"字句所表达的语义都具有称心如意的倾向，与表达遭受、不如意倾向的"被"字句相对。例如：

（10）杨振宁、林青霞等三人被香港大学授予名誉博士学位。

（11）省委宣传部、省公安厅决定：10 名同志被评为 2022 年全省"最美基层民警"。

（12）中国的京剧、针灸、书法、皮影戏等 39 个项目被联合国教科文组织列入《人类非物质文化遗产代表作名录》。

上述三例分别代表承赐型"被"字句的三种格式。其中，第二种的核心动词具有多样性，可以再细分为四类："评选"类，包括"推举""指定""提名""推选"等；"表彰"类，包括"誉""赞誉""公认"等；"聘任"类，包括"任""任命""聘""聘任""聘请""宣布""接纳"等；"称呼"类，包括"称为""称作""命名""取名""称誉"等。"评选"类和"表彰"类核心动词后经常加"为"以提示后面的称呼、称号是一种特定的、具有积极意义的名称。第三种的核心动词还有"收入""录入""选入""写入"等。第三种格式的动词后一般是表示某种事物的集合，如"英模名录""世界领先五百人传记""计算机手册""主任委员名单"等。但是随着语言的使用和发展，第三种也有可能表示拂意倾向。例如：

（13）有七名"台独"人员刚被列入"顽固'台独'分子名单"。

（14）该公司一度被列入失信企业黑名单。

上述两例在语义上就不表达如意事件。因此，第三种格式既可以用于遭受型"被"字句，也可以用于受益型"被"字句。

## 二、"被"字句表达中性义

在实际使用中，"被"字句的应用范围很广，所表达的语义色彩也很丰富，不仅可以表达不如意色彩、如意色彩，还可以表达不带任何语义色彩和倾向的中性义，也就是说，从句子中看不出作者的主观态度。例如：

（15）窗户被打开了。

（16）东西被借走了。

（17）那块地被政府征收了。

（18）她被她爸带回家了。

例（15）～（18）的四个"被"字句从语义上看不出说话人的态度倾向，它们既不表达消极意义也不表达积极意义，表达的是一种客观的中性义。说话人用这样的句子进行表达，无所谓称心或不称心。如果要判断说话人的态度，还得依赖上下文语境。例如，例（15）既可以在"窗户被打开了，风吹进来了，很凉爽"这样的如意语境中出现，也可以在"窗户被打开了，北风呼呼地吹，屋里屋外一样冷"这样的不如意语境中出现。其他两例都可以做两种理解。"被"字句能表达中性语义也是现代汉语的一个特点。

综上所述，随着语言的发展，汉语"被"字句不仅能表达遭受型的不如意语义，还能表达受益型的如意语义，也能表达中性语义。这是由语言的社会使用情况决定的。近四五十年来，伴随着政治、经济、科教、文化、军事等方面的飞速发展，评优获奖活动日益增多，受益型"被"字句使用得越发频繁。特别是 21世纪以来，随着人们物质生活和精神生活的不断丰富，语言使用也会应这种趋势而做出调整，汉语学习者应该注意到这一问题。

# 42.　"经济被增长不是正常现象"是什么意思?

"经济被增长不是正常现象"是正确的句子，但不是被动句。在汉语中，句子中有"被"的不一定就是被动句，"被"可以有两种身份：一是作为介词介引施事宾语，修饰其后的谓语动词，构成"被"字句；二是作为语素与其他语素构成"被"字结构，表达被动义，如"被提高""被加速"，暗含不真实、不客观的意思。标题中的"被增长"也是如此，指"经济不是真的增长了，而是在人为操控的情况下看起来增长了"，因此"不是正常现象"。《现代汉语词典》（第 7 版）对"被"的用法介绍中也提到，"被"可以用在动词或名词前，表示情况与事实不符或者是被强加的（含讽刺、戏谑意）。这样的例子还有"被自杀""被就业""被分手""被小康"等。例如：

（1）云南女大学生"被自杀"后面的真相引人深思。

（2）如何杜绝毕业生"被就业"？教育部：登录平台核对本人就业数据，与实际不符的可直接举报。

（3）江苏系统改善苏北地区农民群众住房条件，决不让群众住着危房"被小康"。

例（1）中的"被自杀"指女大学生并没有真的自杀，而是被别人杀害后伪装成了自杀的样子，所以这样的情况才引人深思。例（2）中的"被就业"指毕业生不是真的找到了工作，而是学校为了提高就业率而伪造就业数据或就业证明，因此教育部要对一些学校的"被就业"现象进行查处。例（3）中的"被小康"指农民群众不是真正地实现了小康，而是地方政府做出一定的表面现象让上级政府看到了小康而已，因此上级政府决定要让农民群众"真小康"而不是"被小康"。"被＋X"结构是现代汉语发展特别是网络语言发展中的一个新现象，与我们所说的"被"字句不同。

## 一、"被＋X"的结构类型

从形式上看，"被＋X"结构是语素"被"加动词构成的"被＋V"形式的泛化。目前，"被＋X"可以是"被＋动词""被＋名词""被＋形容词"和"被＋数字词／字母词"几种类型。

### （一）被＋动词

在"被＋动词"这一结构中，"动词"多为不及物动词。常见的有"被自杀""被就业""被离婚""被分手""被提高"等。例如：

（4）马某一直被蒙在鼓里，直到2019年12月，马某才知道早在4年前自己就"被离婚"了。于是，马某一气之下，向法院提起行政诉讼，要求确认其与李某的离婚登记无效。

（5）恋爱时，最怕的就是突然被分手，因为除了不甘和委屈，更多的是感觉自己被分手很没有面子。即使离开也要体面，也不能卑微，所以如何帅气地回复就显得尤为重要了。

（6）"被提高"的背后——近日，有权威媒体刊出有关"收视率造假"的调查报告，引起轩然大波，收视率调查公司总经理首次对此做出回应。

例（4）中的"离婚"、例（5）中的"分手"都是不及物动词，都可以与"被"构成表达戏谑、讽刺意味的"被＋X"结构，意为"不是真离婚""不是主动分手"。例（6）中的"提高"是及物动词，它可以进入"被"字句中充当谓语动词，这时就要区分句子是"被"字句还是"被＋X"结构。一般来说，"被"字句只表达被动语义，而"被＋X"结构除了可以表达被动语义外，还带有不真实、不客观等戏谑、讽刺的含义。例（6）中的"被提高"指的不是真实的收视率提高，而是一种造假行为，因此属于"被＋X"结构。

### （二）被＋名词

在"被＋X"结构中，"X"可以是名词，如"被小三""被高铁""被网红"等。例如：

（7）谁要是"被小三"了的话，实在是有点儿憋屈。

（8）有些乘客没有办法，只好去坐价格比较高的高铁，所以存在这种"被高铁"的现象。

（9）卖鸭头的小哥"被网红"后哭诉：很多人在他的店铺前只看不买，导致他看上去人气很高，但实际销量反而下降了不少。

例（7）中的"被小三"是指被动地成为"小三"，也就是婚恋关系中的第三者。这是因为有些人并不知道自己是后来者，是对方向其隐瞒事实，让其以为自己和对方是正常的二人婚恋关系，但往往原配知道后，这些并不知情的人就变成了"小三"。"小三"的身份并不是这些人主动想要获得的。因此，"被＋X"结构也能表达一定的被动义。例（8）中的"被高铁"指很多普通列车停载，许多人被迫乘坐高铁的情况。例（9）中的"被网红"指的是卖鸭头的小哥不是主动想成为网红，而是被网民追捧而成为网络红人。

### （三）被＋形容词

在"被＋X"结构中，"X"可以是形容词，表示一种性质、状态或事情的结果，如"被幸福""被开心""被慈善""被快乐"等。例如：

（10）老百姓不需要被幸福。

（11）所谓的"开心""幸福""和谐"都只是强行戴在民众头上，遮住他们耳目的大帽子，这称之为"被开心"。

（12）中国的顶级富豪们，恰恰是最大的"被慈善"对象。

例（10）中的"被幸福"是指生活水平并没有达到幸福标准的人被某些人或地方政府谎称人民的生活水平达到了幸福的标准。例（11）是对"被开心"这一词语的解释，意思是民众不是真正地开心，而是被动地开心，这是一种不真实的现象。例（12）中的"慈善"是形容词，"被慈善"的意思是富豪们在一些条件的迫使下，不得不做出慈善行为。

### （四）被＋数字词／字母词

有时，"被＋X"结构中的"X"还可以是数字词或字母词，如"被5G""被AA"等。例如：

（13）新版巨无霸迅速走红，流量跌破1元！ 4G用户不再"被5G"。

（14）她第一次跟男朋友出去吃饭被AA，感觉很不开心。

例（13）中的"被5G"意思是大部分人已经开通了5G套餐业务，但是还使用着4G套餐，开通的与实际使用的不符。例（14）中的"AA"是"AA制"的缩写，句子意思是女子跟男朋友出去吃饭，被要求平摊餐饮开支。句中的"被AA"也表达被动语义，但同时还具有戏谑、轻蔑、不满的意味。

### 二、"被＋X"的语义类型

"被"字句中的"被"既表达"遭受""致使"等消极语义，也表达"受到"等积极语义；而新型的"被＋X"结构主要表达［＋遭受］［＋被迫］［＋被认定］［＋不知情］的语义。

### （一）遭受义

表达遭受义时，"X"表示受事所遭受的不好的事情。这些事情不是受事愿意接受的，但是个人又无法控制。例如：

（15）虽然没到春运，但每年这个时候我们都要"被春运"，要抢票回家或者塞在高速路上好几个小时甚至几天。

例（15）中的"被春运"意思是虽然没到春运的时间，但是也要遭受像春运时那样出行困难、路上拥堵的情况。这样的"被春运"明显具有遭受义。

### （二）被迫义

表达被迫义时，受事往往受到某种压力而不得不做出某种行为。这种压力主要来自外界，而非受事自身。例如：

（16）明天上级部门来检查，看来今晚又要被加班了。

（17）我们被慈善的时候还少吗？

上述两例中的"被加班""被慈善"表示这样的动作行为不是说话人自愿发出的，而是被迫而为。

### （三）被认定义

"被＋X"表示外界对受事的一种主观臆断，而受事往往并不具备外界所认定的状态。刘杰、邵敬敏（2010）认为，"被＋X"结构包括一个影响者A和受影响者B，同时存在一个由"被＋X"中的"X"表示的属性X，本来受影响者B并不具有属性X，但A认定X存在，并把属性X强加给B，即"主观认定并强加于人"。"被＋X"结构的含义可以这么理解：本来没有或者不是X，却被说成了有X或是X。例如：

（18）被自愿：本来不是自愿，却被说成是自愿。

（19）被小三：本来不是小三，却被说成是小三。

（20）被幸福：本来没有达到幸福的状态，却被说成达到了幸福的状态。

### （四）不知情义

表达不知情义时，受事在他人的操作下，毫不知情地被牵扯到某件事情中。例如：

（21）被就业：高校毕业生在不知情的情况下被签订了就业协议。

（22）被结婚：某人在不知情的情况下被说成已经结婚了。

## 三、"被 + X"结构和"被"字句的区别

虽然"被 + X"结构中含有"被"字，但它和"被"字句有诸多不同，主要表现为以下几个方面：

### （一）变换格式不同

"被 + X"结构和"被"字句的变换格式不同，这是两者之间最大的区别。一般来说，"被"字句可以变换为"把"字句，且变换后句子的意义不会发生改变，如例（23）；而"被 + X"结构不能在保持意义不变的情况下变换为"把"字句，如例（24）。

（23）小王被妈妈骂了一顿。→ 妈妈把小王骂了一顿。

（24）近几年来，"被就业"的乱象引起了多方关注。→ *近几年来，多方把就业的乱象引起了关注。

### （二）"被"后成分不同

一般来说，在"被"字句中，"被"后面的成分主要是表示处置意义的及物动词；而能进入"被 + X"结构的词类却要丰富许多，除了不及物动词外，还有形容词、名词、数字词和字母词等，如"被自杀"（被 + 不及物动词）、"被幸福"（被 + 形容词）、"被小三"（被 + 名词）、"被 5G / AA"（被 + 数字词 / 字母词）。

### （三）表达的语义不同

"被"字句最重要的语义特点是表达被动义；而"被 + X"结构不仅能表达被动义，还能表达遭受、不知情、非自愿等语义，如"不少职场人都经历过'被自愿'加班"中的"被自愿"一词就带有被迫、非自愿的含义，即以"自愿"的名义强迫加班。

### （四）感情色彩不同

"被"字句表示受事主语"被处置"，"被处置"的结果多带有遭受、不如意

的感情色彩，如"他被批评了"。在少数情况下，"被"字句也可以表示如意的或中性的感情色彩，如"他被表扬了"。而"被+X"结构大多用在被迫或者不知情的语境中，表达受事莫名受到外力压迫而表现出无奈、自嘲的心态，常带有讽刺、戏谑的感情色彩。

"被+X"作为一种新型结构，主要有四种结构类型，分别是"被+动词""被+名词""被+形容词"和"被+数字词/字母词"。从语义上看，"被+X"结构主要表达[+遭受][+被迫][+被认定][+不知情]的语义。"被+X"结构与"被"字句在变换格式、"被"后的词语组合、语义表达、感情色彩等方面都有差异。在变换格式方面，"被+X"结构不能像"被"字句那样变换成"把"字句；在"被"后的词语组合方面，"被+X"结构中的"X"可以是不及物动词、形容词、名词、数字词或字母词；在语义表达方面，"被+X"结构比"被"字句多了[+被迫][+被认定][+不知情]的含义；在感情色彩方面，"被+X"结构比"被"字句多了反讽的意味。

# 43. "小王的电脑被弟弟把硬盘弄坏了"是正确的吗？

"小王的电脑被弟弟把硬盘弄坏了"这句话是正确的，这是"被"字结构和"把"字结构套用的句子。在汉语中，"被"字句和"把"字句都是特殊句式，二者既互相联系又有不同，还可以嵌套在一起使用。标题中的句子就是"被"字句中嵌套了一个"把"字结构，构成了"被""把"共现的句子。

现代汉语中有很多"被"字结构和"把"字结构套用的例子。这两种结构套用一般会产生两种句法格式，第一种是"NP$_1$+被+NP$_2$+把+NP$_3$+VP"，第二种是"NP$_1$+把+NP$_2$+被+NP$_3$+VP"。从句法层面看，如果"被"在前，"把"在后，句子则是一个"被"字句，"把"字结构被嵌套在"被"字句中；如果"把"在前，"被"在后，句子则是一个"把"字句，"被"字结构被嵌套在"把"字句中。相对来说，第一种"被"字句中嵌套"把"字结构的情况在现代汉语中比较常见，而"把"字句中嵌套"被"字结构的比较少见。

## 一、"被"字句中嵌套"把"字结构

### （一）结构方面

"被"字句中嵌套"把"字结构，从句法结构上看，句式的基本结构是"NP₁＋被＋NP₂＋把＋NP₃＋VP"。这种嵌套结构对句中各个成分都有一定的要求，总的来说就是既要符合"被"字句的要求，又要符合"把"字句的要求，否则构不成合格的句子。下面我们就来看看这种嵌套结构对各句子成分有什么具体要求。

1. 句首主语 NP₁

（1）由于企图逃跑，那个俘虏被士兵把腿打断了。

（2）弟弟的书被同学不小心把书皮撕破了。

（3）胜照村 2400 余株枣树被虫把芽儿吃掉了。

从上述例句看，句首主语 NP₁ 可以是指人的名词性成分，也可以是指物的名词性成分；可以是生命体［如例（1）中的"那个俘虏"］，也可以是无生命体［如例（2）中的"弟弟的书"、例（3）中的"枣树"］。这一点与"被"字句对受事主语的要求是一致的。

2. "被"后宾语 NP₂

NP₂ 是介词"被"的宾语，同时也是后面"把"字结构的主语，处于整个嵌套结构的关键位置。在这种嵌套结构中，NP₂ 一般是有定的，是谓语动词的施事，不能够被省略。例如：

（4）她被陌生人把兜儿里的钱骗光了。

（5）老王被台里把职务都撤了。

在例（4）、（5）中，"被"后的 NP₂"陌生人""台里"虽然没有指向具体某一个人，但是这个人一定是说话人已知的。例如，说话人可能不认识这个"陌生人"，但他就是说话人所指的那个骗钱的人；"台里"虽然不是指人的信息，而是指一个单位或者机构，但是从语境中我们可以知道"台里"肯定是指"台里的领导"。因此，这些信息都是有定的。虽然"被"字句对"被"后的宾语不要求是有定成分，也可以是无定成分，但是当"把"字结构嵌套在"被"字句中时，NP₂ 既要承担"被"后宾语的职能，又要做"把"的主语，而"把"的主语一般需要是有定的，因此承担双重职能的 $NP_2$ 在这种嵌套结构中也应该是有定成分。

3. "把"后宾语 $NP_3$

介词"把"的宾语 $NP_3$ 大多由名词、代词等体词性成分充当。"把"后的宾语一般与句子主语存在领属关系，即 $NP_3$ 是 $NP_1$ 的所属物，$NP_1$ 是 $NP_3$ 的所有者。例如：

（6）蔷薇花被人把花瓣揉碎了。

（7）王强被发型师把头发染成了金黄色。

例（6）、（7）中的 $NP_3$ 分别是"花瓣""头发"，它们与句首主语"蔷薇花""王强"都具有领属关系，即"花瓣"是"蔷薇花的花瓣"，"头发"是"王强的头发"。前面几个例句也是如此，如例（1）的"眼球"是"他的眼球"，例（2）的"腿"是"那个俘虏的腿"，等等。从结构上说，"被 + $NP_2$"与"把 + $NP_3$"是两个状语，共同修饰后面的 VP；同时，"被 + $NP_2$"和"把 + $NP_3$"中间还可以再插入其他的状语。例如：

（6′）蔷薇花被人故意把花瓣揉碎了。

（7′）王强被发型师不小心把头发染成了金黄色。

例（6′）中的"故意"是副词，作为状语也是用来修饰谓语动词"揉"的，它出现在"被 + $NP_2$"和"把 + $NP_3$"之间；例（7′）中的"不小心"也是作为状语修饰谓语动词"染"的，同样出现在"被 + $NP_2$"和"把 + $NP_3$"中间。这些状语在层级结构上是逐层修饰的，"把"字结构在最里层，然后是副词性状语，"被"字结构在最外层。

4. 谓语中心语 VP

在这一嵌套结构中，VP 是谓语中心语，可以为动补短语、连动短语、动宾短语等多种形式。其中的 V 一般要求是动作动词，VP 不能是动词的光杆儿形式，这与"被"字句对谓语动词的要求一致。VP 一般要求有处置性，一些可以用在"被"字句中但不一定有处置性的动词不能进入这一结构。例如：

（8）a.* 这个方案被对手把前半部分听见了。

  b. 这个方案的前半部分被对手听见了。

  c. 这个方案被对手把前半部分听去了。

在例（8）这组例句中，a句和b句的谓语动词都是"听见"，这是一个非处置性动词，不具有动作性，这样的动词一般不能进入"把"字句，但可以进入"被"字句。因此，例（8a）是偏误句，而例（8b）是合格的句子。在嵌套结构中，谓语动词既要符合进入"被"字句的要求也要符合进入"把"字句的要求。例（8c）的谓语部分"听去了"符合这种要求，所以句子成立。同时，在这种嵌套结构中，谓语动词前常常会有助词"给"。助词"给"在结构和语义上一般不起作用，它出现或不出现对句子是否成立没有影响。例（1）～（3）的谓语动词前都可以加上"给"。例如：

（1'）由于企图逃跑，那个俘虏被士兵把腿给打断了。

（2'）弟弟的书被同学不小心把书皮给撕破了。

（3'）胜照村 2400 余株枣树被虫把芽儿给吃掉了。

总之，在有"把"字结构嵌套的"被"字句中，构成句子的各句法成分需要既满足"被"字句对句法成分的要求，同时也要满足"把"字句对句法成分的要求，否则句子不能成立。

## （二）语义方面

从语义上说，这种嵌套结构的最外层是"被"字句，因此句子表达被动义。句首主语是"被"字句谓语动词的受事，"把"后的宾语也是谓语动词的受事，二者之间有密切的联系。具体来说，二者之间的关系有三种：等同关系、领属关系、复指关系。

1. 等同关系

"把"后的宾语重复"被"前的主语。也就是说，句式中的 $NP_1$ 与 $NP_3$ 指同样的人或事物且指称方式完全相同。例如：

（9）我被一群不听话的孩子把我给气着了。

在例（9）中，"把"后的宾语重复"被"前的主语，都是"我"。在语义上，两者是等同关系，指称同样的人；同时，句子强调的是对"我"的处置。

2. 领属关系

"把"后的宾语属于"被"前的主语。也就是说，句式中的 $NP_1$ 与 $NP_3$ 是领属关系或整体与部分的关系。例如：

（10）她被小偷儿把钱包给偷走了。

（11）那个不听话的学生被老师把脸给打肿了。

例（10）中的"钱包"和句首主语"她"是领属关系，即"她的钱包"。为了强调对"钱包"的处置，这里用"把"将它提前了。例（11）跟例（10）类似，"把"后的宾语跟句首主语在语义上也是领属关系，即指的是"那个不听话的学生的脸"。在这样的情况下，句子可以变换成一般的"被"字句。例如：

（10′）她被小偷儿偷走了钱包。

（11′）那个不听话的学生被老师打肿了脸。

我们可以把NP$_3$作为谓语动词的宾语置于谓语动词后，这样句子就变换成了既带补语又带宾语的"被"字句。而使用嵌套结构，把作为主语领属物的宾语提前，可以起到凸显具体被影响对象的作用，如例（10）比例（10′）更强调是"钱包"被偷了，例（11）比例（11′）更强调打的部位是"学生的脸"。

3. 复指关系

"把"后的宾语复指"被"前的主语。也就是说，句式中的NP$_1$与NP$_3$指同样的人或事物，但指称方式不同。例如：

（12）张三被土匪把他杀了。

在例（12）中，"把"后的宾语"他"复指句首主语"张三"。两者指的是同样的人，但指称方式不一样。整个句子强调对"他"的处置。

除了以上三种关系之外，NP$_1$和NP$_3$可能还会因句子的具体语义而存在其他关系，如包含关系、属种关系、语义关联关系等。例如：

（13）她被歹徒把她、她的父母以及她的朋友都给绑架了。

（14）《红楼梦》被人把小说读成了历史。

（15）日本女子排球队被中国女子排球队把比分反超了。

在例（13）中，NP$_1$与NP$_3$是一种包含与被包含的关系，句首主语"她"是包含在"她、她的父母以及她的朋友"之内的，NP$_1$是NP$_3$的一个组成部分。在例（14）中，NP$_1$与NP$_3$处于同一类别的不同层级上，存在隶属关系，句首主语"《红楼梦》"隶属于"小说",是"小说"中的一种。在例（15）中,NP₃是与NP₁相关联的某种语义成分。NP₃"比分"是与比赛相关的语义成分,它不仅与NP₁相关,也与NP₂相关,也就是说,"比分"是与"日本女子排球队"和"中国女子排球队"都相关的事物。在这样的情况下,我们需要通过上下文语境去推知它们的语义关系。因此,从语义上说,在嵌套着"把"字结构的"被"字句中,NP₁与NP₃存在多种语义关系,具体是哪种语义关系需要根据上下文语境进行分析。

## 二、"把"字句中嵌套"被"字结构

相比"被"在前,"把"在后的嵌套结构,"把"在前,"被"在后的嵌套结构在现代汉语中不太常见,但在稍早一些的语料中也能找到相应的语例。例如:

（16）说完,他和李四爷又讨论了几句;对四爷的办法,他都点了头;他从几句话中看出来四爷是内行,绝对不会把他的"献金"随便被别人赚了去。（老舍《四世同堂》）

（17）却把孔孟的儒教被宋儒弄的小而又小。（刘鹗《老残游记》）

（18）及至到了后山,他只顾得爬山了,而时时想到不定哪时他会一跤跌到山涧里,把骨肉被野鹰们啄尽,不顾得别的。（老舍《骆驼祥子》）

上面各例是近现代小说中的句子,属于"把"在前,"被"在后的嵌套结构。从句子最外层看,这是一种比较特殊的"把"字句。在"把"字句中嵌套"被"字结构是为了将后面的谓语动词的施事引入进来,增加文章的信息含量,如例（16）嵌套"被"字结构是为了将谓语动词"赚"的施事"别人"引入进来,例（17）嵌套"被"字结构是为了将谓语动词"弄"的施事"宋儒"引入进来,同样例（18）是为了引进"啄"的施事"野鹰们"。在这样的句子中,"把"字句具备一定的致使义,是致使句式和被动句式的联合。我们还可以将"把"挪后,将这些句子变成"被"在前,"把"在后的嵌套结构。例如:

（16′）……绝对不会随便被别人把他的"献金"赚了去。

（17′）……却被宋儒把孔孟的儒教弄的小而又小。

（18′）……而时时想到不定哪时他会一跤跌到山涧里,被野鹰们把骨肉啄尽,不顾得别的。

之所以把"把"提到"被"前，是为了在语用上强调"把"字结构所产生的致使作用，因此这属于一种语用手段。我们在现代汉语语料库中检索到的类似的嵌套结构非常有限。例如：

（19）你爹运气不好，把钱被人偷了。

（20）他把脸伏在赵子曰的肩头上，香喷喷的酒味一丝丝的向外发散，把赵子曰的心像一团黄蜡被热气吹化了似的。

综上所述，"小王的电脑被弟弟把硬盘弄坏了"是正确的句子，属于嵌套着"把"字结构的"被"字句，是汉语"被"字句的一种特殊形式。这种句式将两个密切关联又互有不同的句式融合在一起，能够起到凸显被动语义、强调被动关系中具体受事的作用，同时能在一定程度上调整句子的音节结构，丰富汉语的表达形式。


# 44. "杯子叫打碎了"是正确的吗？


在汉语中，用介词"被""让""叫""给"介引施事表达被动的句子是有标记被动句。其中，"被""让""叫""给"是有标记被动句中的被动标记。但这几个被动标记有不同的使用条件，比如被动标记后能否出现施事宾语。汉语学习者往往因为不熟悉这些条件而产生偏误。例如：

（1）杯子被打碎了。

（2）杯子给打碎了。

（3）？杯子叫打碎了。

（4）？杯子让打碎了。

以上四个句子分别含有不同的被动标记，这些句子中的被动标记后都没有宾语，也就是说，动作的施事没有出现，其中例（1）、（2）使用"被""给"作为被动标记的句子在汉语中常说，而例（3）、（4）使用"叫""让"作为被动标记的句子在汉语普通话中接受度受限。一般情况下，"叫""让"作为被动标记时，其后都要出现动作的施事，也就是说都要带上施事宾语。因此，这两个句子如果在"叫""让"后面带上施事宾语，句子就可以成立。例如：

（3′）杯子叫他打碎了。

（4′）杯子让他打碎了。

那么，汉语学习者该如何区分这四个被动标记的使用规则呢？我们认为，具体可以从以下几个方面着手。

## 一、句法结构不同

### （一）由被动标记构成的短语句法功能不同

由于"被"后的施事可以不出现，而"叫""让"后的施事必须出现，因此"被"的句法限制相对比较少，可以与动词构成"被"字短语充当主语、定语、宾语等句法成分。例如：

（5）被侵犯的是我同学啊！（充当主语）

（6）被辞退的员工很快就重新找到了工作。（充当定语）

（7）我们是被请来的，不是自己来的。（充当宾语）

（8）＊叫侵犯的是我同学啊！

（9）＊让侵犯的是我同学啊！

（10）？给侵犯的是我同学啊！

上述例句中都有由被动标记构成的短语，但是只有"被"构成的短语能自由运用。它可以与后面的动词构成"的"字结构充当主语，而其他三个被动标记则没有这样的功能，从这点也能看出"被"作为被动标记的自由度和灵活性。

### （二）"被"和"给"的不同

"被"和"给"后面的施事都可以不出现，那它们之间能自由替换吗？从现代汉语的角度看，几乎所有的"给"字被动句都可以变换为"被"字句。例如：

（11）地里的稻谷都给偷吃完了。

（12）地里的稻谷都被偷吃完了。

但反过来，不是所有的"被"字句都可以变换为"给"字被动句。例如：

（13）他被你打了一顿。→ ＊他给你打了一顿。

（14）他被任命为校长助理。→ ＊他给任命为校长助理。

例（13）中的"被"如果替换为"给"，替换后的"给"容易被理解为动词义，即"给"作为处置动词，句子表达的是"他打你"而不是被动义的"他被你打"。例（14）中的"被"如果替换为"给"，句子一般不成立。另外，"给"不能用于表达褒义色彩的被动句。例如：

（15）＊他给评为"三好学生"。→ 他被评为"三好学生"。

也就是说，表达被动义时，动词"评为"前的被动标记不能是"给"。这样的动词还有"任命""授予""称为""批准""选拔""誉为""赐予""当作"等等。

另外，在"被……给……"和"被……所……"结构中，虽然"被"后都有施事，但是也不能用"给"替换，汉语中没有"给……给……"和"给……所……"的被动结构。同样的，在"被……把……"嵌套结构中，"被"也不能用"给"替换。

## 二、使用频率不同

这四个不同的有标记被动句在书面语和口语中的使用频率是有所区别的。我们在汉语书面语语料库中发现，"被"在书面语中使用比较频繁，而"叫""让""给"在书面语中使用不多。"给"在书面语中一般做实义动词使用，或者用作介词，来引出动作的接受者，用"给"表达被动意义的用例实在不多。同时，用作被动标记的"叫""让"在书面语中也比较少见，但在京味儿的戏剧、相声中使用得较多，这是因为戏剧作品或相声作品为了追求语言的生动形象、风趣幽默，常常使用土语。也就是说，"叫""让"的使用具有浓郁的地域色彩。

## 三、使用的地域性不同

作为现代汉语中的被动标记，这四个词在使用上除了有语体差别之外，还有地域性差异。王改改（2003）做过调查，认为北京话口语中并没有"被"字句，使用的都是"让""叫"被动句。北京人认为口语中谈论的都是家长里短的日常琐事，没有必要使用正式的"被"，只用土话中的"叫""让"就可以了。著名相声演员侯宝林先生也说过，北京话中使用"叫""让"会显得比较轻巧。例如：

（16）昨天晚上睡觉，没盖被子，结果让蚊子给咬了一口。

（17）今天上车没留神，叫人踩了一脚。

（18）是他们那儿被偷了吗？

上述三个例句在老北京人看来，前面两个比较口语化，而且语气比较轻松，这两个句子中不会使用"被"字句；而后一个之所以使用了"被"字句，是因为在他们的意识里这件事比较严重或者比较正式。

"给"作为被动标记是许多南方方言中的现象。桥本万太郎（1987）就曾指出，汉语的南方方言是用给予类动词来做被动标记的。石毓智（2004）也指出，"汉语有很多方言的被动式和／或处置式标记都是来自'给予'义的动词"，其中山西交城话、湖北鄂东话、山西新绛话、河南洛阳话、湖南汝城话、闽南话、广东潮州话等都有用"给予"义动词来表示被动的情况。另外，很多官话地区也同样使用"给"作为被动标记，如西南官话等。

综合上述分析，在汉语的几个被动标记中，"被"相对来说受到的句法限制比较少，而其他三个使用时受到的条件制约较多；"叫""让"作为被动标记常用在口语中，且后面不能缺少施事宾语，而"被""给"后面虽然可以隐去施事宾语，但二者也不能自由互换；同时在汉语方言中，这几个被动标记的使用具有不同的地域性特征。

# 第五部分　被动句的国别化偏误

## 45. 英语母语者学习汉语被动句时有哪些偏误?

汉语和英语是两种不同类型的语言，汉语主要通过语序和虚词表达语法关系，英语主要通过形态变化表达语法意义。因此，汉语和英语的被动句表达方式有很多不同。这就给母语为英语的汉语学习者带来很多困扰，他们学习被动句时遇到的问题也会与其他语言背景的汉语学习者不同。本问我们主要谈谈英语母语者学习汉语被动句时容易产生的偏误。

### 一、句法成分的偏误

#### （一）主语偏误

汉语被动句的主语是有定的，英语被动句允许无定主语的存在，一些母语为英语的汉语学习者会按照英语的语法规则造出主语无定的句子。例如：

（1）＊一个桃子被我吃了。（偏误句）

桃子被我吃了。（正确句）

A peach was eaten by me.（英语原文）

（2）＊一个小偷儿被警察逮捕了。（偏误句）

小偷儿被警察逮捕了。（正确句）

A thief was caught by the police.（英语原文）

汉语被动句的主语必须是有定的；英语被动句的主语前常有冠词修饰，冠词有不定冠词、定冠词和零冠词，英语会根据主语是否有定区别使用。

英语被动句的主语有定和无定区分得没有那么明显，无论有定还是无定，都不影响语义的理解，在句法上也都是合格的。例如，在例（1）、（2）的英语原文中，被动句的主语前采用的都是不定冠词。以英语为母语的汉语学习者常因英汉语法上的这种差异在汉语被动句的有定主语前加上不定冠词，从而造成偏误。

## （二）谓语偏误

汉英被动句对谓语动词的句法要求存在差别，母语为英语的汉语学习者在学习汉语被动句时常出现以下偏误：

（3）* 我被爸爸醒了。（偏误句）

　　我被爸爸叫醒了。（正确句）

　　I was awakened by my dad.（英语原文）

（4）* 他的鞋子被我脏了。（偏误句）

　　他的鞋子被我弄脏了。（正确句）

　　His shoes are stained by me.（英语原文）

汉语被动句的谓语动词必须是动作动词，能对受事造成一定的影响，无法产生影响的动词或形容词不能进入被动句中。例（3）、（4）中分别使用了不具有影响性的动词"醒"和形容词"脏"做谓语，这就与汉语被动句的语义要求不符了。而在英语中，对应的这两个词的被动形式是可以做被动句的谓语的，母语为英语的汉语学习者很容易受英语影响产生偏误。

## （三）状语偏误

汉语中由"被"构成的介词结构状语只能置于主语和谓语之间，而英语中的介词结构状语要置于谓语动词之后，母语为英语的汉语学习者常常因此产生偏误。例如：

（5）* 他批评了被老师。（偏误句）

　　他被老师批评了。（正确句）

　　He was scolded by the teacher.（英语原文）

（6）＊苹果吃了被我。（偏误句）

　　苹果被我吃了。（正确句）

　　An apple was eaten by me.（英语原文）

在汉语"被"字句中，施事一般位于介词"被"之后，二者构成"被＋施事"的介词结构位于动词前做状语，而英语被动句中的施事经常会放在句末。如果母语为英语的汉语学习者不了解这一点，就会将英语中用于引入施事的介词"by"与汉语中的"被"进行对应，产生上述偏误。

## 二、被动标记的偏误

### （一）"被"字遗漏

汉语"被"字句中的被动标记不能遗漏，即便后面不出现施事，"被"也要出现，而英语被动句中引入施事的介词"by"通常是可以省略的，因此很多母语为英语的汉语学习者在使用"被"字句时往往会遗漏"被"。例如：

（7）＊我深深打动了。（偏误句）

　　我被深深打动了。（正确句）

（8）＊他俩免不了拆散，因为家庭不同。（偏误句）

　　他俩免不了被拆散，因为家庭不同。（正确句）

这两个例句都是因为遗漏了"被"才出现的偏误。"被"是用来标记主语是受事的，遗漏了"被"，句首主语如果具备生命性特征就很容易被理解成施动者，这样句子语义就会产生变化。因此，上述两例中动词"打动""拆散"前都应该加上"被"字，用以标记句首主语的受动性。

### （二）被动标记的误代

有标记被动句中的被动标记除了"被"以外，还包括"叫""让""给"等，一些表遭受义的动词"受""遭受"等也具有一定的被动标记性。汉语学习者在使用中可能会忽略它们之间的差别，导致误用。例如：

（9）* 曾经的遭遇让他被侮辱。（偏误句）

　　　曾经的遭遇让他受侮辱。（正确句）

　　　He was insulted by what had been done to him.（英语原文）

（10）* 老师的话被我坐立难安。（偏误句）

　　　老师的话使我坐立难安。（正确句）

　　　The teacher's words made me sit and stand uneasy.（英语原文）

在例（9）中，"被"误代了"受"，因为在这个句子中，"他"与"侮辱"之间除了有被动关系之外，还有遭受关系，因此应该用表达遭受义的被动标记"受"；在例（10）中，"被"误代了"使"，因为在这个句子中，"老师的话"和"我"之间是致使关系，学习者混淆了致使义和被动义。

## 三、语义表达的偏误

在英语中，被动句是一种在表述上十分客观的句式，语义表达以中性色彩为主。汉语的有标记被动句，特别是"被"字句，常常含有消极的语义色彩；无标记被动句一般不含有主观色彩，只表述一种描记或者评价。这对于缺乏汉语语感的汉语学习者来说是很难把握的，他们往往因把握不好被动句的语义色彩而产生一些偏误。例如：

（11）a. 水喝完了。

　　　b. 水被喝完了。

（12）* 运动会上周被举行了。（偏误句）

　　　运动会上周举行了。（正确句）

例（11）中的两个句子都是被动句，都能表达被动语义；但从语义色彩上说，b 句更能体现"水喝完"是一种不如意的情况，而 a 句没有这种含义，只是在客观地陈述这一事件。在例（12）中，"举行"是一个中性词语，没有不如意、消极的色彩意义，句子描述的是"举行运动会"这个事实，并没有任何主观倾向，因此只能用表示描记事件的无标记被动句表达，而不应该用"被"字句。

## 四、句式选择的偏误

尽管英语和汉语中都有被动句式，但两者是不能完全对译的。母语为英语的汉语学习者在使用汉语被动句时，往往会因选用错了句式而产生偏误。例如：

（13）＊我们的阅读课被王老师上。（偏误句）

我们的阅读课由王老师上。（正确句）

Our reading class is taught by Mr. Wang.（英语原文）

例（13）应该选用"由"字句来表达。"由"字句的语义重点在施事，意在强调施动者，谓语动词是施动者负责执行的动作；而"被"字句更加强调受动者，意在说明受动者受谓语动词影响后的结果。但由于"由"字句和"被"字句中的"由"和"被"均可翻译成"by"，母语为英语的汉语学习者容易忽略"被"字句的使用规则和语义特点，将"by"直接对译为"被"，从而造成偏误。

（14）＊这些椅子被一个很出名的人制作。（偏误句）

这些椅子是一个很出名的人制作的。（正确句）

These chairs are made by a very famous person.（英语原文）

"是……的"句也可以翻译成英语的被动句，有的汉语学习者因为不了解这一点而错误地使用"被"字句，如例（14）应该使用表示强调的"是……的"句而不是"被"字句。

（15）＊1990 年被招收研究生 10 万人。（偏误句）

1990 年招收研究生 10 万人。（正确句）

In 1990, a total of 100,000 postgraduate students is to be admitted.（英语原文）

在汉语许多场合中，表达客观描述常常使用无主句，而英语中要用被动句。例（15）是一种客观描述，应该使用无主句，汉语学习者却错误地使用了"被"字句。

（16）＊这种情况必须被改变。（偏误句）

这种情况必须加以改变。（正确句）

This situation must be changed.（英语原文）

例（16）中的"情况"和"改变"之间确实存在被动关系，但此处应该选用

"加以＋V"而不是"被"字句。"加以"是形式动词，本身没有具体意义，真正的动作义由其后的动词表达。"加以"类动词句也可以对应英语被动句，汉语学习者常因不了解这一点而产生偏误。

（17）＊桌子被擦干净了。（偏误句）

　　　桌子擦干净了。（正确句）

　　　The table has been wiped clean.（英语原文）

例（17）应该用无标记被动句却用了"被"字句。有的汉语学习者在学习了"被"字句后就会无意识地处处使用"被"字句，造成"被"字句使用泛化，从而产生偏误。

母语为英语的汉语学习者在学习被动句时，除了会受到母语负迁移的影响外，还会受到其他因素的影响，如学习兴趣、学习方法、学习环境、教师风格等。我们在面对英语母语者进行被动句教学时，除了要注意与其母语进行对比外，还应该从多种角度去寻找原因和方法，以帮助他们更好地习得汉语被动句。

# 46. 日语母语者学习汉语被动句时有哪些偏误？

日本学习者在学习汉语被动句时也会产生许多偏误，并呈现出鲜明的国别化特点，这与其母语的影响有密切关系。本问我们主要谈谈日语母语者学习汉语被动句时的偏误类型，并尝试从母语迁移的角度揭示偏误产生的原因。

## 一、句式选择的偏误

汉语被动句和日语被动句有很多相似之处，但在具体使用时又各有不同。在不了解两者差异的情况下，日语母语者常常在句式选择上产生偏误。例如：

（1）＊这座大楼被建于20年前。（偏误句）

　　　这座大楼建于20年前。（正确句）

　　　このビルは20年前に建てられました。（日语原文）

（2）＊孩子被哭到很晚，王先生没有被睡好觉。（偏误句）

　　　由于孩子哭到很晚，王先生没有睡好觉。（正确句）

　　　子供に夜遅くまで泣かれていたので、王さんはよくは眠れなかった。

　　（日语原文）

　　例（1）的偏误在于使用了有标记被动句，这是因为日本学习者受母语负迁移的影响，将母语的句式迁移到了汉语中，忽视了汉语的语法、语义规则。在日语中，当无生命体做主语时，动词需要用被动形式来表达；而汉语中以无生命体为主语的被动表达，内容多是对客观事实、事物状态和属性的描写，只要不产生歧义，一般使用无标记被动句表达，如"运动会将在星期五举行"。例（2）在日语中是纯粹受害的被动句表达方式，即凡是表示主语间接地受谓语影响而导致不愉快的结果时，都要用谓语动词的被动形式来表达；而汉语中常用主动句来表达这种情况，还可以加上表示因果关系的词语，如"由于""因为……所以……"等。所以，日语母语者在遇到主语间接地受到谓语影响的情况时，往往会受到母语的影响，认为汉语中也应该使用被动句表达。

　　日语中还有一种使役被动句，表示不情愿地被迫做某事。这与汉语被动句意义相似，所以日语母语者会按照母语的表达习惯，直接将其套用在汉语被动句中，从而产生偏误。例如：

（3）＊小时候，我被上补习班。（偏误句）

　　　小时候，我被迫上补习班。（正确句）

　　　若い頃、塾に通うことを余儀なくされました。（日语原文）

（4）＊虽然不乐意，我仍被学习。（偏误句）

　　　虽然不乐意，我仍不得不学习。（正确句）

　　　嫌だが、勉強させられた。（日语原文）

　　例（3）、（4）本不应该使用被动句，但日本学习者却使用了，这是因为日语的使役被动句含有受动者"被迫""受害""不愉快"的意思，译成中文则为"……被迫……""……不得不……"。这种意义上的相似性使得日本学习者受母语的影响，将日语的使役被动句直接翻译成汉语被动句，从而造成偏误。

## 二、主语的偏误

日语母语者在使用汉语被动句时常常会省略句中的某些成分，其中省略最多的是第一人称的受事主语。例如：

（5）* 被旁边的人踩了脚。（偏误句）

　　　我被旁边的人踩了脚。（正确句）

　　　隣の人に踏まれた。（日语原文）

例（5）的偏误句中省略了主语"我"，这是因为在日语中，第一人称做主语时常常被省略。汉语中虽也有将主语省略的用法，但前提是主语在上下文中出现过，省略后不会让人产生误会。在汉语中，在没有语境的情况下省略第一人称是错误的。

## 三、谓语的偏误

汉语是孤立语，而日语属于黏着语。两种语言结构类型不同，日本学习者在使用汉语被动句时常受母语的影响，在谓语动词处产生偏误。具体分以下两种情况：

第一，日语中的自动词（不及物动词）可以进入被动句中充当谓语动词，而汉语中的不及物动词一般不能进入被动句中充当谓语动词。日语动词可以分为自动词和他动词，自动词是不带宾语的动词，他动词可以带宾语。在日语中，自动词可以充当被动句的谓语动词，并且其后不需要添加补语或其他成分。所以，日本学习者常常会按照日语的语法模式，在汉语被动句中使用光杆儿动词，从而造成偏误。例如：

（6）* 小张的照相机被山本坏了。（偏误句）

　　　小张的照相机被山本弄坏了。（正确句）

　　　張さんは山本さんにカメラを壊されました。（日语原文）

例（6）中的"壊されました"是动词"壊す"被动形态的过去式，"壊す"是他动词，表示"弄坏"的意思，名词"カメラ"是宾语。但在汉语中，"坏"是形容词，不能在"被"字句中单独做谓语成分，应该在其前面加上适当的动

词，如"弄""摔"，"坏"则做补语，与前动词构成动补结构做整个"被"字句的谓语。

第二，日语中表示心理活动及感受的动词，如"動いた"（动心）、"ショックを受けた"（震撼）等，在被动句中一般使用主动态的形式，而不使用被动态，汉语中则必须要用被动形式。这一点不同也容易造成偏误。例如：

（7）＊我震惊了眼前的景色。（偏误句）

　　　我被眼前的景色震惊了。（正确句）

　　　目の前の景色にびっくりしました。（日语原文）

（8）＊她很感动了他的细心。（偏误句）

　　　她被他的细心深深地感动了。（正确句）

　　　彼女は彼の心遣いに心から感動した。（日语原文）

例（7）中的"震惊"和例（8）中的"感动"均为心理动词。汉语被动句中可以使用一部分心理动词，如"被深深地感动了"；但日语中则需要使用心理动词的主动形式，表示感情的不由自主。所以，日本学习者在使用这些心理动词时常常受母语的影响，使用主动态表达，从而产生偏误。

## 四、状语的偏误

日语母语者往往不对主动句和被动句的否定形式和可能形式加以区别，常常按照主动句的语序，将否定副词或能愿动词放到谓语动词的前面，从而造成偏误。例如：

（9）＊小李被部长没有表扬。（偏误句）

　　　小李没有被部长表扬。（正确句）

　　　李さんは部長に褒められなかった。（日语原文）

（10）＊那个人多年后被人可能忘记。（偏误句）

　　　那个人多年后可能被人忘记。（正确句）

　　　その人は何年も後に忘れられるかもしれません。（日语原文）

例（9）、（10）是日语中最常见的受事做主语的被动句。由于日语是典型的黏着语，主要通过词的形态变化表达语法意义，不管是主动句还是被动句，否定都是直接在动词变形上体现出来的，"动词ない形"表示否定含义。而汉语是典型的孤立语，主要用语序和虚词表达语法意义。而且，汉语中否定副词和能愿动词在被动句中的位置与主动句中是不同的：主动句中否定副词和能愿动词置于动词前面，如"不知道""可能知道"；被动句中否定副词和能愿动词置于被动标记前，如"不被知晓""可能被知晓"。日语和汉语的语法差异，加上汉语语法本身的复杂性，使得日本学习者在使用被动句时会按照主动句的语序，将否定副词或能愿动词放到谓语动词前面，而不是放在被动标记前面。

　　综上，日语母语者在学习汉语被动句时产生的偏误可以归纳为：结构上，日本学习者在使用被动句时经常会缺少成分，主要是会遗漏第一人称的受事主语和谓语动词；在使用否定副词和能愿动词时，常常弄错位置。语义上，由于日语的被动表述和主动表述不同，日本学习者会在不需要使用被动标记"被"时而滥用"被"。句式选择上，日本学习者容易将无标记被动句误用为有标记被动句，将有心理动词的被动句误用为主动句，或者将日语的使役被动句直接翻译成汉语被动句。

# 47. 韩语母语者学习汉语被动句时有哪些偏误？

　　韩语中也有被动句。韩语被动句与汉语被动句存在许多共同点，但也有不同之处。韩语母语者在学习汉语被动句时一方面由于受到母语的影响，另外一方面由于不了解两种语言之间被动句的差异，因而产生习得偏误。本问我们主要讨论韩语母语者在学习汉语被动句时主要有哪些偏误。

## 一、受事主语的偏误

汉语和韩语的被动句基本形式可以格式化如下：

汉语：受事主语＋被＋施事成分＋动词＋宾语＋其他成分

韩语：受事主语＋施事成分（에게）＋宾语（를）＋其他成分＋动词被动式

可以看出，韩语被动句的受事主语和汉语被动句的受事主语一样，都位于句首，所以韩语母语者在受事主语的语序上一般不会出现错误；但汉韩被动句在受事主语上还是存在一些差异的，韩语母语者会受到母语负迁移的影响，产生偏误。具体如下：

第一，受事主语不定指。在汉语被动句中，受事主语通常是特指性的体词；而在韩语被动句中，受事主语可以是泛指的。所以韩国学习者受母语表达习惯的影响，会将泛指性体词作为汉语被动句的受事主语，从而造成偏误。例如：

（1）*一本书被他借走了。（偏误句）

　　한 권의 책이 그에게 빌려졌다.（韩语原文）

　　那本书被他借走了。（正确句）

（2）*一支笔丢了。（偏误句）

　　펜을 분실했습니다.（韩语原文）

　　那支笔丢了。（正确句）

无论是在汉语有标记被动句还是无标记被动句中，受事主语具有特指性这一特点是一致的；但在韩语被动句中，受事主语往往可以泛指，"한 권의 책（一本书）"和"펜（笔）"在韩语中都是成立的。汉韩被动句在受事主语指定性上的差异，容易让韩国学习者在学习汉语被动句时直接套用母语的语法模式，从而说出例（1）、（2）这样的偏误句。

第二，缺少主语。处所词可以在汉语被动句中做主语，而在韩语中则不能。由于这点差异而产生的偏误如：

（3）*在大门上被锁了。（偏误句）

　　대문이 잠겼다.（韩语原文）

　　大门被上了锁。（正确句）

（4）*在墙上被贴了一幅画儿。（偏误句）

　　벽에 한 폭의 그림을 붙였다.（韩语原文）

　　墙上被贴了一幅画儿。（正确句）

在韩语被动句中，处所词是不可以出现在主语位置上的，只能在句中做状语；而在汉语被动句中，处所词却可以做主语。韩国学习者之所以说出例（3）、（4）这样的句子，就是因为把句子的主语当作了状语，导致被动句缺少主语。

## 二、施事成分的偏误

汉韩被动句在施事成分上有着显著区别，韩国学习者常常会受到母语的影响，产生偏误。

第一，施事成分语序不当。汉语被动句中的施事成分要放在被动标记后面，而韩语被动句中的施事成分要位于受事主语后面，这种不同容易使韩语母语者产生偏误。例如：

（5）* 这个菜你被吃了。（偏误句）

　　　이 요리는 너에 의해서 먹혔다 .（韩语原文）

　　　这个菜被你吃了。（正确句）

（6）* 那个孩子妈妈被接走了。（偏误句）

　　　아이는 그의 어머니에 의해 픽업되었습니다 .（韩语原文）

　　　那个孩子被妈妈接走了。（正确句）

例（5）、（6）中的偏误句都是因为受韩语负迁移的影响，将施事成分放在了被动标记"被"之前，忽略了汉韩被动句语序结构的差异。韩语是黏着语，被动句中用格助词"에게 / 의해서"来提示施事成分的地位，格助词都黏着在句子成分的后面；而汉语被动句用被动标记来提示施事成分的地位。

第二，缺少施事成分。韩语中有一些认知动词，如"잊다"（忘）、"보이다"（看见）、"들리다"（听见）、"알리다"（知道）等，做被动句的谓语动词时，其施事成分可以省略。汉语则要分不同的情况：在"被"字句中，施事成分可以省略；而在"叫""让"等被动句中，施事成分一般不能省略。韩国学习者如果不加区分地将施事成分都省略掉，就会造成偏误。例如：

（7）* 这个秘密让知道了。（偏误句）

　　　이 비밀이 알려졌다 .（韩语原文）

　　　这个秘密让我知道了。（正确句）

（8）* 这个新闻叫看见了。（偏误句）

　　　이 뉴스가 나에게 보였다 .（韩语原文）

　　　这个新闻叫我看见了。（正确句）

例（7）、（8）中有认知动词"知道""看见"，两个偏误句都是因为缺少施事成分。在汉语中，当"叫""让"做被动标记时，其后的施事成分不能省略，这一点与"被"做被动标记的"被"字句不同；而韩语中一些表示认知义的动词做被动句谓语时，施事成分常常省略。韩语母语者如果不了解汉语中"被"与其他被动标记的区别，就会受到母语负迁移的影响，从而出现偏误。像上面的例句，如果将被动标记换为"被"或补出施事成分，句子就可以成立。

### 三、谓语的偏误

汉韩被动句在谓语动词的属性和要求上存在较大差异，韩国学习者容易在这一点上出现以下问题：

第一，谓语动词为光杆儿形式。汉语被动句的谓语动词一般不能是光杆儿动词，韩语在这方面没有限制。韩国学习者往往会受母语的影响，将光杆形式的动词直接作为被动句的谓语，从而造成偏误。例如：

（9）＊泰民没有被赶。（偏误句）

　　泰民没有被赶走。（正确句）

　　태민은 쫓겨나지 않았다．（韩语原文）

（10）＊这本书我看。（偏误句）

　　这本书我看完了。（正确句）

　　이 책은 나에 의해 읽혔다．（韩语原文）

例（9）是有标记被动句，例（10）是无标记被动句。两个句子之所以出现偏误，都是因为光杆儿动词做谓语。汉语被动句的谓语一般不会是单个动词，谓语动词后经常会有时态成分或者补语以表示被动事件的结果；而在韩语被动句中，动词依靠被动语态就能做谓语，一般不需要添加其他成分。韩国学习者如果不清楚二者在谓语动词形式上的区别，就会出现偏误。

第二，谓语动词影响性较弱。韩语被动句中的谓语动词可以是及物的也可以是不及物的，通常来说，不及物动词的影响性较弱；汉语被动句中的谓语动词只能是具有强影响性的及物动词，这样才能保证受事在动作的影响下产生变化。如果不了解这一点，韩国学习者在使用汉语被动句时也会出现偏误。例如：

（11）＊树叶被风落了。（偏误句）

　　树叶被风吹落了。（正确句）

　　낙엽이 바람에 의해서 떨어졌다 .（韩语原文）

　　"落"是一个不及物动词，不具备强影响性。例（11）的谓语"떨어졌다"（掉落）可以看作"낙엽"（树叶）发出的，语义指向的是"낙엽"（树叶），并不指向施事成分"바람"（风）。在汉语被动句中，谓语动词所表示的动作应该是由施事成分发出的具有强影响性的动作，受事受此动作的影响而发生变化。韩国学习者受到母语负迁移的影响，就会产生上述偏误。需在"落"前加上类似"吹""刮"等及物动词，句子才能成立。

　　第三，谓语部分为形容词。韩语中表示变化的谓词可以是形容词词干加上"아 / 어 / 여지다"，而汉语中形容词不能做被动句的谓语。例如：

　　（12）＊她的脸被太阳红了。（偏误句）

　　　　她的脸被太阳晒红了。（正确句）

　　　　그녀의 얼굴이 햇빛때문에 붉어졌다 .（韩语原文）

　　在韩语中，形容词词干加上"아 / 어 / 여지다"可以使形容词转化为动词，这种动词可以表示动态变化，例（12）中的"붉어졌다"（红）就表示变红的意思，所以韩国学习者会习惯性地认为汉语中的"红"也是动词；但在汉语中，"红"是形容词，一般不作为动词使用。

## 四、句式选择的偏误

　　除了上述偏误外，韩语母语者还容易出现句式选择上的偏误，比如将无标记被动句和有标记被动句混淆使用。例如：

　　（13）＊我的钥匙被找不到了。（偏误句）

　　　　我的钥匙找不到了。（正确句）

　　（14）＊那本书被我看了。（偏误句）

　　　　那本书我看了。（正确句）

　　例（13）、（14）都是将无标记被动句误用为有标记被动句。韩国学习者在学过有标记被动句后容易将其泛化，其实无标记被动句主要起对事物进行描记或评价的作用，被动意味较弱，这与有标记被动句不同。

综上，韩国学习者在学习汉语被动句时常会受到母语的影响，在受事主语、施事成分、谓语动词以及句式选择方面出现偏误。当然，这些偏误的产生在很大程度上跟他们不了解汉语被动句的特点有关。因此，在进行被动句教学时，我们要注意结合学习者母语的情况，针对其母语和目的语的差异，加强教学的针对性。

# 48. 泰语母语者学习汉语被动句时有哪些偏误？

泰语中也有被动句，但泰语的被动句形式和功能与汉语被动句有许多不同。例如，泰语中虽然也有被动标记"ถูก""โดน""ได้รับ"，但与汉语中的不完全对应；泰语的被动句式也不完全对应于汉语的"被"字句。因此，泰国学习者学习汉语被动句时常常出现偏误。

## 一、句法成分的偏误

### （一）主语偏误

在汉语被动句中，受事主语必须是有定的，无定主语不能用在被动句中，泰语则没有这样的限制。例如：

（1）误：＊两本书被他借走。

　　泰：หนังสือ สอง เล่ม ถูก เขา ยืมไป

　　译：书　两　本　被　他　借走

　　正：这／那两本书被他借走了。

例（1）这样的偏误句就是因为泰国学习者不了解汉语被动句的主语必须是有定的才产生的。在泰语被动句中，主语是否有定句子都可以成立。例（1）如果要成立，应该在"两本书"前加上定指成分，如"这／那"或领属性成分"我的"等。被动句主语所指明确，句子才能成立。

## （二）状语偏误

一般情况下，泰国学习者在学习汉语被动句时不会用错被动标记，但常常弄错句中状语成分的位置。这是因为泰语中的修饰语要放在中心语后边，与汉语正好相反。泰语中的定语、状语、补语都统称为"修饰语"，泰语的修饰语一般都放在中心语的后面。泰国学习者容易受到母语这一语序的影响而产生偏误。例如：

（2）误：＊她被别人嫉妒常常。

　　泰：เขา ถูก คนอื่น หึงหวง บ่อยๆ

　　译：他　被　别人　嫉妒　常常

　　正：他常常被别人嫉妒。

（3）误：＊他被车撞在路上。

　　泰：เขา ถูก รถชน อยู่บนถนน

　　译：他　被　车撞　在路上

　　正：他在路上被车撞了。／他被车撞到路上了。

例（2）中的"常常"作为副词在句中充当状语，应该放在"被"前。泰国学习者在表达时没有注意到这一点，而是按照泰语被动句的语序，将状语置于动词后，导致出现偏误。例（2）应改为"他常常被别人嫉妒"。同样，例（3）中的"在路上"也是介词短语做状语，应该放到"被"的前面，改为"他在路上被车撞了"。实际上在汉语"被"字句中，介词短语也可以位于动词后面，但此时介词短语是补语，不再是状语，所表达的语义也有所不同。像例（3），如果将介词短语置于动词后，那句子表示在"撞"的动作影响下受事主语"他"所处的位置改变，即"他原来不是在路上的，被撞到了路上"，也就不再表示"撞"这一动作发生的地点，而是表示"撞"这一动作发生后，受事所处位置的变化。另外，像这样的句子还要提醒学习者注意，除了介词结构的位置需要调整外，句中还要有表示主语受影响后结果的成分，也就是动词后要有其他成分，句子才能成立。所以例（3）有两种改法，要么把介词短语"在路上"提到动词"撞"的前面，后面加上完句成分"了"；要么仍将介词短语放在动词后表示结果，但将介词"在"改为"到"，因为"在"介引的是动作发生的地点，而"到"介引的是动作到达的终点。

### （三）谓语动词偏误

在汉语中，动词进入被动句中充当谓语有一定的条件限制，主要是要求动词具有强影响性，因此被动句的谓语动词一般应该为具有处置意义的及物动词；但泰语被动句中的动词没有这种限制，不及物动词也能充当被动句的谓语。泰国学习者容易在这一点上出现偏误。例如：

（4）误：＊我被他生气。

　　泰：ฉัน ถูก เขา โกรธ

　　译：我　被　他　生气

　　正：他生我的气。

例（4）中的"生气"在汉语中为不及物动词，是不能进入"被"字句的；而在泰语中，"โกรธ"（生气）却是及物动词，可以带上名词性成分，表示"生某某的气"。泰国学习者容易按照泰语的句式结构直译，在汉语中也用"被"字句来表达。实际上，由于"生气"不能做汉语"被"字句的谓语动词，因此这个句子应该使用主动句"他生我的气"表达。

同时，汉语被动句的谓语动词后面常常要附带其他成分，这些成分是用来说明受事受到影响后的结果的。因此，被动句的谓语动词在通常情况下不能是光杆儿动词，后面应该加上表示结果、程度等的成分。例如在汉语中，我们不能说"小狗被我救"这样没有处置结果的句子。但在泰语被动句中，谓语部分可以是单个动词。例如：

（5）误：＊他被我骂。

　　泰：เขา ถูก ฉัน ด่า

　　译：他　被　我　骂

　　正：他被我骂了。

例（5）之所以是偏误句，原因在于谓语动词是光杆儿形式，其后缺少补充成分说明受事经过动作影响后所发生的改变。这里的补充成分可以是各种形式的补语，但不包括可能补语；还可以是动词的时体成分，如"了""着""过"等；少数情况下还可以是动词的另一个宾语。

### （四）否定形式偏误

在汉语"被"字句中，否定词只能置于被动标记"被"前，泰语被动句中的否定词也常放在被动标记前。因此，泰国学习者在使用"被"字句的否定形式时，否定词的位置一般不会出错，但却容易出现否定词使用不当的偏误。例如：

（6）汉：* 自行车不可以被偷。

　　泰：จักรยาน ไม่ได้ ถูก ขโมย

　　译：自行车　不可以　被　偷

　　正：自行车没有被偷走。

例（6）其实想要表达"自行车没有被偷走"的意思，但在泰语中，被动句的否定形式一般多用"ไม่ได้"表示，而"ไม่ได้"在汉语中可以翻译成"不是""没有""不可以"等，泰国学习者可能会忽略对应的汉语否定词之间的区别而出现偏误。泰国学习者还有可能将"ไม่ได้"与汉语的"不是"进行对应，说出"自行车不是被偷"的偏误句。

## 二、句式选择的偏误

### （一）混淆有无标记被动句

泰语母语者在选用有标记被动句和无标记被动句上会出现偏误。例如：

（7）误：* 他被失业了。

　　泰：เขา ตกงาน แล้ว

　　译：他　失业　了

　　正：他失业了。/ 他被开除了。

"失业"和"ตกงาน"（失业）在汉泰两种语言中都是不及物动词，都不能用在被动句中。但有部分学习者认为"失业"所表达的意思为不是主动丢失工作的，因此在汉语中应当使用介词"被"来突显被迫丢失工作的含义，加之汉语的

"被"字句往往表达不如意、遭受的语义色彩，泰国学习者就认为可以使用"被"字句，而忽略了汉语"被"字句的谓语动词应该为及物动词这一特点。例（7）有两种修改方式：一种是将"被"去掉，改为"他失业了"；另一种是仍然使用被动句表达，但将不及物动词"失业"换为及物动词"开除"，改为"他被开除了"。两种改法所表达的意思是一致的，都表示"他丢失了这份工作"。

### （二）套用因果复句

泰语的被动句蕴含着一定的因果语义，泰国学习者在使用汉语被动句时容易受到母语的影响，把汉语中的因果复句和被动句套用在一起而产生偏误。例如：

（8）误：＊他湿因为被雨。

  泰：เขา เปียก เพราะ โดน ฝน

  译：他 湿 因为 被 雨

  正：他被雨淋湿了。

在例（8）中，"雨"是名词，在汉语被动句中作为施事出现在"被"后，其后再加上谓语动词"淋"及补语成分才能构成一个合格的被动句，即"他被雨淋湿了"。但泰语中会使用含有因果语义的句式，如例（8）中名词"ฝน"（雨）和"โดน"（被）连用在语义上已经表示"淋"这一动作了，因此泰语中不会再出现谓语动词；同时，在这种情况下，泰语被动句中还使用了表因果的成分"เพราะ"（因为）。泰国学习者容易受母语影响将汉语的因果复句和"被"字句套用在一起而产生偏误。在使用汉语被动句时，泰国学习者不能直接套用母语的句式，应该在施事名词后增加谓语动词。

### （三）"被"字句与其他句式混淆

在学习了"被"字句后，泰国学习者容易将母语中凡是用被动形式表达的句子都与汉语"被"字句进行对应，从而导致"被"字句使用泛化，并回避使用其他句式。很多泰国学习者常常混淆无标记被动句和"被"字句，或用"被"字句代替其他相关句式，如"是……的"句、"由"字句等。例如：

（9）＊会议上周被举行。

（10）＊这次活动是被我负责的。

（11）＊这项工作被他主持。

上述例句都是泰国学习者滥用汉语"被"字句而导致的偏误句。例（9）应该使用无标记被动句，表达对受事主语"会议"的描记或评价；例（10）应该使用"是……的"句，表示强调；例（11）应该使用"由"字句，表示动作的关联者。这些句式都与"被"字句密切相关，但又不完全相同，汉语学习者应该弄清楚它们之间的区别，以便使用时选择恰当的句式进行表达。

## 三、语义表达的偏误

泰语中的被动标记"ได้รับ"多用于表达非遭受义，使用时根据语境可以翻译为"被""受到""得到"等。泰语母语者在表达此类非遭受义时可能会出现偏误。例如：

（12）汉：＊这本书一定会被读者欢迎。

　　　泰：หนังสือ เล่ม นี้ ได้รับ การต้อนรับ จาก ผู้อ่าน อย่างแน่นอน

　　　译：书　本　这　被　欢迎　从　读者　一定

　　　正：这本书一定会受到读者欢迎。

例（12）表达的为非遭受义，泰国学习者如果不了解汉语中"被""受到""得到"的区别，忽略语境直接将"ได้รับ"翻译成"被"，就容易造成偏误。例（12）的泰语原句中使用了被动标记"ได้รับ"，这个标记在汉语中要用"受到""获得"等动词来表示，不能使用介词"被"。泰语中的三个被动标记为"ถูก""โดน""ได้รับ"，其使用功能各有不同。"ถูก"（被）的适用范围比"โดน"（被）大，前者多用于正式场合和书面语，后者多用于口语。二者后面都可以加具有处置意义的及物动词，在表达遭受义时经常可以互换使用。但"โดน"后面还能加名词，比如可以说"โดนฝน"（雨）、"โดนลม"（风），表示"被雨淋""被风吹"，而"ถูก"不行。在汉语中，所有的被动标记后面都不能直接加名词做谓语，这是与泰语不同的地方。如果泰国学习者不明白这一点，就容易产生偏误。

　　泰国学习者学习汉语被动句时存在的偏误还有很多，以上列举的只是实际教学中遇到的较为典型的偏误。这些偏误产生的原因不仅有母语负迁移的影响，还有对目的语规则的不了解，学习环境、教学因素等方面的影响。

# 49. 越南语母语者学习汉语被动句时有哪些偏误？

　　汉语和越南语中都有被动句，并且由于两种语言存在亲缘关系，汉越被动句在语义和形式上有很多相同之处，如汉语中有被动标记，越南语中也有被动标记。汉语的被动标记主要有四个——"被""叫""让""给"，越南语的被动标记主要有两个——"bị"和"được"。"bị"主要用于表达遭受义，可以翻译成汉语的"被""遭"等；"được"主要用于表达获得义，可以翻译成汉语的"得到""获得"等。但汉越被动句又有许多差异，学习者如果不掌握二者的异同，就容易产生偏误。

## 一、主语的偏误

　　汉语被动句的主语一般都是有定的，而越南语被动句的主语可以是有定的，也可以是无定的。越南学习者学习汉语被动句时会受到母语的影响，将母语的规则迁移到汉语中，以为汉语被动句的主语也可以是无定的，因此产生如下偏误：

　　（1）误：＊一件衣服被小偷儿偷走了。

　　　　越：Một bộ quần áo bị kẻ trộm lấy mất.

　　　　译：一　件　衣服　被　偷　偷走

　　　　正：这（一）件衣服被小偷儿偷走了。

　　（2）误：＊两本小说被人家拿走了。

　　　　越：Hai quyển truyện bị người ta cầm đi rồi.

　　　　译：两　本　小说　被　人家　拿　走　了

　　　　正：那两本小说被人家拿走了。

（3）误：＊三个苹果被他吃掉了。

　　　越：Ba quả táo bị anh ta ăn mất rồi.

　　　译：三　苹果　被　他　吃　掉　了

　　　正：这三个苹果被他吃掉了。

　　在上述三个例句中，越南语被动句的主语"一件衣服""两本小说""三个苹果"都是无定成分。这些无定成分不能直接用在汉语被动句中做主语，应该在这些成分前加上"这／那"等定指成分。

## 二、谓语的偏误

### （一）谓语动词使用光杆儿形式

　　汉语被动句的谓语动词不能是光杆儿动词，后面一般需要带有表示完成、时量、结果等的成分；但是越南语被动句的谓语动词可以是光杆儿形式的，不需要附加其他成分。越南学习者如果没有注意到这一点区别，就容易出现偏误。例如：

（4）误：＊小明被他骂。

　　　越：Minh bị anh ta chửi.

　　　译：小明　被　他　骂

　　　正：小明被他骂了。

（5）误：＊他被警察罚。

　　　越：Nó bị cảnh sát phạt.

　　　译：他　被　警察　罚

　　　正：他被警察罚了。

（6）误：＊钱包被偷。

　　　越：Ví tiền bị móc trộm.

　　　译：钱包　被　偷

　　　正：钱包被偷（走）了。

　　例（4）、（5）、（6）都是越南学习者将母语中被动句动词可以为光杆儿形式的规则迁移到汉语中所产生的偏误。汉越被动句除了在谓语动词的形式上有所不同之外，它们的被动标记的性质也不一样。汉语的被动标记，如"被"，一般是介词性质的。而越南语的被动标记"bị""được"是实义动词，其后可以直接加名词做宾语，如"被灾""被难""被洪水""被低分"；也可以加上形容词，如"被苦""被咸"等。汉语的被动标记不能直接带宾语做句子的谓语，其后还需要有一个实义动词。

## （二）谓语动词选择不当

汉语被动句的谓语动词必须是具有强影响性的及物动词，不及物动词一般不能进入被动句；但越南语被动句没有这样的限制，越南语的被动标记"bị"后面可以是及物动词也可以是不及物动词，还可以是名词、形容词等。越南学习者容易受母语影响，认为汉语被动句的谓语动词性质与越南语一样，由此产生偏误。例如：

（7）误：＊这棵树被倒了。

　　越：Cái cây này bị đổ rồi.

　　译：棵　树　这　被　倒　了

　　正：这棵树被砍倒了。

（8）误：＊我被胃病。

　　越：Tôi bị bệnh dạ dày.

　　译：我　被　胃病

　　正：我得了胃病。

（9）误：＊飞机被坏了。

　　越：Máy bay bị hỏng rồi.

　　译：飞机　被　坏　了

　　正：飞机坏了。

在上述三组偏误句中，产生偏误的原因都是谓语动词选择不当。越南学习者将不及物动词、名词、形容词作为了汉语被动句的谓语动词，从而导致了偏误的产生。例（7）中的"倒"是不及物动词，例（8）中的"胃病"是名词，例（9）

中的"坏"是形容词，它们都不是具有强影响性的动词，都不能成为被动句的谓语。若想正确地表达这些意思，要么在句中加上具有强影响性的动词，如例（7）的"砍"；要么选用其他句式，如例（8）、（9）改用了主动句。

### 三、否定词的偏误

汉语被动句的否定形式一般是在被动标记前加上否定副词"没（有）"，如"花瓶没被他打碎"。如果使用否定副词"不"来否定，其后通常需要加上能愿动词"会""能""应该"等，如"我们不会／不能／不应该被困难打倒"。但是越南语的否定词"không"既可以对应汉语的"不"，也能对应汉语的"没（有）"，越南学习者容易混淆二者，造成偏误。例如：

（10）误：＊我不被老师批评。

　　　越：Tôi không bị thầy giáo phê bình.

　　　译：我　不　被　老师　批评

　　　正：我没被老师批评。

（11）误：＊我不被警察罚钱。

　　　越：Tôi không bị cảnh sát phạt tiền.

　　　译：我　不　被　警察　罚钱

　　　正：我没被警察罚钱。

上述被动句偏误都是否定词使用不当造成的。汉语中的"不"和"没（有）"在表示否定时有不同的功能："不"多用于否定将来，而"没（有）"多用于否定过去。例（10）、（11）如果要使用"不"进行否定，那应该将句子变为假设语境，我们可以通过增加能愿动词实现，如"我不会被老师批评""我不能被警察罚钱"，这样"不"就能用于否定尚未发生的情况。

### 四、句式选择的偏误

汉语中的被动句除了有标记被动句外还有无标记被动句，二者在表达被动语义时有所不同。越南学习者如果没有注意二者的区别，把母语中凡是有"bị／được"标记的被动句都对应为汉语中的"被"字句或其他有标记被动句，那一定会出现偏误。例如：

（12）误：＊电动车被修好了。

越：Xe điện đã được sửa xong.

译：电车 已经 被 修好

正：电动车修好了。

（13）误：＊这篇课文被老师教过了。

越：Bài này được thầy giáo dạy rồi.

译：课文 这 被 老师 教 了

正：这篇课文老师教过了。

例（12）的偏误在于该用无标记被动句却用了"被"字句。汉语中的"被"字句表达一定的遭受义，而无标记被动句不带有这样的语义。"电动车修好"这件事表达的语义应该是如意的，因此使用无标记被动句比较合适。例（13）也是如此，"老师教课文"这件事表达的语义不带有不如意的倾向，适合使用无标记被动句表达。无标记被动句与有标记被动句的一个重要区别就是：无标记被动句的主要功能是表达对事物的描记或评价，没有强烈的感情色彩，被动义也比较弱；而以"被"字句为代表的有标记被动句所表达的被动义比较强，同时带有一定的语义倾向。虽然在现代汉语中，"被"字句也能用于表达如意的及中性的语义色彩，但是不可否认的是，在大多数情况下，"被"字句仍然用于表达不如意的情况。

越南语还有一点与汉语有明显的区别，那就是越南语被动句的如意和不如意色彩是通过不同的被动标记来标示。"bị"具有不如意的色彩，所有表达不幸语义的被动句都由"bị"来标示；而"được"具有如意的色彩，所有表达受益语义的被动句都由"được"来标示。

另外，越南语中没有无标记被动句，表达被动语义时几乎都要使用被动标记。越南学习者如果不清楚汉语有标记被动句和无标记被动句的区别，就容易根据母语的规则类推，用"被"字句代替所有的被动句，导致出现回避使用汉语无标记被动句的现象。因此，越南语母语者应该清楚地了解两种语言在被动句方面的异同，在尽量避免母语负迁移的同时，深入了解汉语的特点和规律，这样才能真正地学好汉语被动句。

# 50.马来语母语者学习汉语被动句时有哪些偏误？

对母语为马来语的学习者来说，被动句是汉语语法学习中的重点、难点。学习者在学习被动句时容易受母语负迁移、目的语规则泛化等因素的影响产生偏误。本问我们就来具体分析马来语母语者经常出现哪些偏误以及偏误产生的原因。

## 一、被动标记的偏误

汉语和马来语属于不同语系的语言。汉语的语法意义主要通过语序和虚词来表达，马来语的语法意义主要通过词形变换来表示。汉语一般用被动标记"被""叫""让"等表达被动，而马来语主要通过词形变化表达被动语义，如直接在动词前后加"di-""ke-an"等被动词缀。正因如此，马来语母语者容易受母语影响，在使用汉语被动句时遗漏被动标记。例如：

（1）误：＊一楼水淹了。

　　马：Tingkat satu sudah dibanjir.

　　译：层　一　已经　水淹（被动）

　　正：一楼被水淹了。

（2）误：＊他知道录用了，一定很高兴。

　　马：Dia pasti sangat gembira mengetahui bahawa dia telah diupah.

　　译：他　一定　很　高兴　知道　他　已经　雇佣（被动）

　　正：他知道被录用了，一定很高兴。

例（1）、（2）都因缺少了被动标记导致语义不完整或不明确。从语义上看，例（1）中的"一楼"是受事主语，"水"是施事宾语，二者之间存在被动关系，因此需要在句中加上表示被动的介词"被"。例（2）中的"录用"不是受事"他"发出的动作行为，而是用人单位等施事主体发出的，句子应该用被动语态来表述，所以不能遗漏介词"被"。

## 二、句法成分的偏误

### （一）施事宾语遗漏

有时，汉语被动句可以省略介词后的施事宾语而不影响语义表达，马来语被动句也经常省略施事或者不需要出现施事。但是，不是所有的汉语被动句都可以省略施事宾语，如在介词"叫""让"做被动标记的有标记被动句中，施事宾语是不能省略的。在习得汉语被动句时，学习者如果忽略了这一点，就容易出现偏误。例如：

（3）误：＊张老板叫绑架了。

马：Bos Zhang telah diculik.

译：老板　张　已经　绑架（被动）

正：张老板叫人绑架了。

（4）误：＊那本小说让借走了。

马：Novel itu telah dipinjam.

译：小说　那　已经　借（被动）

正：那本小说让人借走了。

例（3）、（4）中遗漏了介词"叫""让"后面的施事宾语，导致句子不成立。在汉语中，介词"叫""让"做被动标记时，其后一定要有施事宾语，省略了则句子不合格；介词"被""给"做被动标记时，其后的施事宾语可以有条件地隐去。

### （二）状语错序

马来语母语者在学习汉语被动句时常出现状语错位的偏误。马来语被动句中的处所状语和时间状语一般放在句末；而在汉语被动句中，处所状语、时间状语经常放在句首或主语后、被动标记前，一般不放在句末。例如：

（5）误：＊他被人打了在学校。

马：Dia dipukuli di sekolah.

译：他　打（被动）在　学校

正：在学校他被人打了。／他在学校被人打了。

（6）误：＊那个小偷儿被警察抓了昨天晚上。

　　马：Pencuri itu telah ditangkap oleh polis semalam.

　　译：贼　　那　已经　抓住（被动）由　警察　昨晚

　　正：昨天晚上那个小偷儿被警察抓了。／那个小偷儿昨天晚上被警察抓了。

　　例（5）、（6）的偏误在于学习者把处所状语"在学校"、时间状语"昨晚"放在了句子末尾，这不符合汉语的语序。马来语母语者在学习汉语时，不仅要注意被动句中状语的语序，还要注意其他句式中状语的语序。

## （三）可能补语误用

　　在马来语被动句中，带有前缀"ter-"的动词表示被动语态的能动语气，在一定程度上与汉语的可能补语相对应；但在汉语中，不论是被动句的肯定形式还是否定形式，都不能在动词后面加上可能补语。如果马来学习者没有注意到这一点，就会出现误用可能补语的情况。例如：

（7）误：＊那块大石头被他们扛不得。

　　马：Batu yang besar itu tidak terangkat oleh mereka.

　　译：石头（连词）大的　那　没有　扛（被动）由　他们

　　正：那块石头他们扛不动。

（8）误：＊这件事被领导解决得好。

　　马：Masalah ini terselesai dengan baik oleh pemimpin

　　译：事情　这　解决（被动）（连词）好　由　领导

　　正：这件事情被领导解决好了。

　　例（7）、（8）都是在被动句中误用了可能补语。汉语被动句需要表达确定的被动结果，以明确受事在受到动词影响后的变化，所以谓语动词后不能使用结果不确定的可能补语；而在马来语被动句中，带前缀"ter-"的动词可以表示能力，如"terangkat"（意译：可以扛）、"terselesai"（意译：已经解决）表示在被动语义下具备某种可能性。这一点与汉语不同。在汉语中，例（7）要使用主动句式才能容纳可能补语，而例（8）需要将偏误句中的可能补语变成结果补语。

### 三、句式选择的偏误

被动句在马来语中是使用频率比较高的一种句式。在一些不需要说明施事或者无法说出施事的情况下，为了使句子前后连贯，马来语都会使用被动形式来表述；而在汉语中，这些情况下一般都会用其他句式表达。例如：

（9）马来语：Amir dipersilakan menyampaikan hadiah kepada pasukan pemenang.

　　直译：阿米尔　邀请（被动）　给　奖品　向　队伍　胜利

　　汉语：由阿米尔为获胜的队伍颁奖。

在例（9）的马来语中，谓语动词由带有被动前缀"di-"的动词"dipersilakan"〔邀请（被动）〕充当，表示被动语态。例（9）在汉语中会用"由"字句表达，强调说明负责"颁奖"这件事的人是"阿米尔"。马来语背景的汉语学习者受母语的影响，容易出现句式选择不当的偏误。例如：

（10）误：*英语作业被我做完了。

　　马：Kerja sekolah Bahasa Inggeris disiapkan oleh saya.

　　译：作业　英　完成（被动）　由　我

　　正：英语作业我做完了。

（11）误：*这幅画儿被他画。

　　马：Lukisan itu dilukis oleh dia.

　　译：画儿　那　画（被动）　由　他

　　正：这幅画儿是他画的。

例（10）、（11）这样的偏误句都是句式选择不当造成的。例（10）想要表达对"英语作业"这个受事主语的说明和描记，汉语中应该使用无标记被动句。无标记被动句也表达被动语义，但它更倾向于对受事进行描记或评价，相对来说被动意义较弱，也不表达任何语义色彩。例（11）的说话人想要说明"这幅画儿的作者是谁"，汉语中想要特别强调一件事是怎么产生的或者什么时候、什么地点产生的时，一般不用"被"字句，而用"是……的"句表达。但这两个句式在马来语中都是用被动形式，所以马来学习者容易受到母语的影响而产生偏误。此外，他们还会将本该由汉语"由"字句、"把"字句、主动句等句式表达的句子误用成汉语被动句，这是因为他们还不了解汉语被动句与马来语被动句之间的对应关系，以及不清楚汉语被动句与这些相关句式之间的区别。因此，母语为马来语的学习者在学习汉语被动句时，不仅要注意被动句内各句法成分的特点，还要掌握被动句与其关联句式之间的差异，这样才能正确地运用汉语的各种句式。

# 第六部分  被动句的教学方案

## 51."被"字句的教学应该如何分级?

2021 年,中华人民共和国教育部国家语言文字工作委员会发布并正式实施的《国际中文教育中文水平等级标准》(简称《标准》)规定,学习者的中文水平从低到高分为三等九级,被动句作为特殊句式在三级语法项目中就开始出现了,一直到九级,语法项目中还有被动句的教学内容。可见,被动句是汉语教学的重点,同时也是外国学习者学习的难点。而"被"字句又是汉语被动句的典型代表,"被"字句的一些下位句式在《标准》中也有具体体现。但是,《标准》中只提到了四种"被"字句,这还不能完全概括汉语"被"字句的格式。我们认为,汉语教学应在此基础上增加一些常用形式,并结合实际的学习情况进行语法分级和细化。

我们对已有的"被"字句教学研究、汉语教材、中介语语料库进行考察,结合自己在教学实践中的总结,参照《标准》,认为"被"字句教学中的下位句式应该有如下 9 类:

句式 1:$N_1 + 被 + N_2 + V + C$

  书包被他背坏了。

句式 2:$N + 被 + V + C$

  词典被弄脏了。

句式 3:$N_1 + 被 + N_2 + 给 + V + 其他成分$

  手机被弟弟给摔成了两半。

句式 4:$N_1 + 被 + N_2 + V + N_3$

桂林山水被人们称作"甲天下"。

句式 5：$N_1 + 被 + V + N_2$

妈妈被评为"先进工作者"。

句式 6：$N_1 + 被 + N_2 + V$

这个房间被一扇门隔断，正好平分为两个独立的卧室。

句式 7：N + 被 + V

他的努力不被承认，他很生气。

句式 8：被……所……

游客们都被这里美丽的风景所吸引。

句式 9：为……所……

我们不禁为大自然的神奇所倾倒。

其中，句式 1、句式 2、句式 3、句式 8 是《标准》中提到的语法项目。句式 9 是"为"作为被动标记，它是古代汉语的遗留，如果把这种句式也算作"被"字句的话，那么《标准》中包含的"被"字句共 5 类。句式 4、句式 5、句式 6、句式 7 没有在《标准》中出现，但也是汉语中的常用句式，也应该出现在"被"字句的教学范围内。

"被"字句的教学等级划分和排序应该根据句式结构的繁简程度、语义和语用理解的难易程度、习得偏误率，以及在汉语中的使用频率等几方面的因素进行综合考虑。据此，我们对"被"字句在初级、中级和高级三个阶段的教学建议如下：

## 一、初级阶段"被"字句的教学

初级阶段"被"字句的教学主要是针对达到 HSK 三级水平的学生。这个水平的学生对汉语词语的类型、汉语句子的结构和基本语序等都有了一定的了解，我们的教学可以以结构比较典型和简单、表达不如意语义色彩的"被"字句为主，具体可参考以下教学顺序：

句式 1：$N_1 + 被 + N_2 + V + C$

句式 2：N + 被 + V + C

这两类句式是"被"字句中最典型、最常用的形式。其中，句式1是完整形式，句式2是句式1省略"被"后施事宾语的简单形式。它们都属于动词后带补语的"被"字句类型。一般来说，学生在学习这两类"被"字句之前已经学过了各种补语，如结果补语、状态补语、趋向补语、数量补语等，能比较自如地将这些补语作为动词后的成分直接用在"被"字句中；也学过了一些动态助词，如"了""着""过"等，能熟练地在动词后使用这些时体成分完成正确的表达；还学过了一些动补式离合词，能比较自如地将其用到这两句式中。因此，这两类句式应该最先教。

此外，在具体教学时，教师还应该强调"被"字句在结构上的其他特点，比如：第一，"被"字句的主语必须是确指的、有定的；第二，谓语动词必须是及物动词，且不可以是光杆儿动词；第三，能愿动词和否定词应该放在"被"字前面；第四，句式1的被动标记可以换成"叫""让""给"，但是句式2的被动标记只能用"被""给"，不能换成"叫""让"。另外，教师还需要提醒学生，"被"带有一定的不如意色彩，"叫""让""给"这些被动标记没有这种语义色彩。

## 二、中级阶段"被"字句的教学

学生在初级阶段已经掌握了汉语的一些基本语法规则，具备了一定的词汇量，且完成了"被"字句基本语法规则的学习，进入中级阶段，教师可以教授一些结构稍微复杂的、偏口语化的、表达中性等非负面语义色彩的"被"字句，具体可参考以下教学顺序：

句式3：$N_1$ + 被 + $N_2$ + 给 + V + 其他成分

句式4：$N_1$ + 被 + $N_2$ + V + $N_3$

句式5：$N_1$ + 被 + V + $N_2$

句式6：$N_1$ + 被 + $N_2$ + V

句式7：N + 被 + V

其中，句式3要先教，因为句式3是在句式1的基础上，在动词前加上了助词"给"。在很多情况下，"给"是否出现对于句式的成立是没有影响的。而且，句式 3 一般用于口语，书面语或者正式场合中比较少用。与句式 1 相比较，句式 3 与其差别不大，学生学起来难度也不大。因此，句式 3 可以在句式 1 和句式 2 之后教授。在教学时，教师要注意给学生说清楚：句式 3 中的被动标记可以换成"叫""让"，它们常用在口语中。

句式 4～7 相对来说比较特殊，其中句式 4 和句式 5 可以看成一类的，它们都属于动词后带宾语的类型，这与前面提到的动词后带补语的类型不同，因此要特别说明。句式 4 和句式 5 的区别在于，句式 4 中有施事成分出现，而句式 5 中没有施事成分出现。教学时教师要注意告诉学生施事成分不必出现或不能出现时，要使用句式 5。句式 6 和句式 7 也能看成一类的，它们属于"被"字句中谓语动词为光杆儿形式的类型，这与前面提到的句式 1 和句式 2 的使用规则有对立的部分，因此教师要注意提醒学生这类句式的使用是有一定的条件的，要注意什么时候能用动词的光杆儿形式，什么时候不能用。句式 6 和句式 7 的差异也在于一个有施事成分，一个没有施事成分。

### 三、高级阶段"被"字句的教学

高级阶段的汉语教学在话题上主要涉及社会交往、公司事务、社会新闻和中外对比等，以培养学生的书面表达能力为主，要求学生能翻译一定篇幅的应用文、说明文和议论文，所以这一阶段的"被"字句教学可以安排有浓厚书面语色彩的句式 8 和句式 9，即：

句式 8：被……所……

句式 9：为……所……

"被……所……"和"为……所……"这两个句式是相对固定的书面语表达形式，具有比较强烈的文言色彩，"所"字后面的动词一般要求为双音节的，能进入这两个句式的动词比较有限，主要是表示精神感知类、听从与否类、证明类、抛弃类、接受类、控制类的。"所"在一定情况下还可以省略，而且谓语动词后面不需要附加其他成分，使用动词的光杆儿形式即可。

总之，"被"字句的分级教学要考虑到各方面的因素，一般初级阶段以结构典型、理解简单的句式为主，中级阶段可以逐步引入结构微复杂、相对特殊的句式，高级阶段介绍使用频率较低的书面语句式。当然，这只是大概的分级，具体如何处理还要根据教学的实际情况和学生的习得情况综合考量。

# 52. "被"字句如何进行教学设计？

"被"字句是汉语中的常用句式，是外国学习者学习的难点，也是汉语教学的重点。那么，"被"字句的教学应该如何设计？我们以《速成汉语基础教程·综合课本5》（郭志良、杨惠元，2008）第8课《我的自行车被人偷走了》为例，从教学目标、教学重点和难点、教学方法、教学环节等方面谈谈自己的设计。

## 一、"被"字句的教学目标

通过对"被"字句的全面学习，学生能够掌握"被"字句的句式结构特点、语义特征和语用色彩，能够正确使用"被"字句描述事件或进行情景对话，可以独立完成课后作业，最终达到灵活运用"被"字句进行自由交际的目的。

## 二、"被"字句的教学重点和难点

### （一）"被"字句的教学重点

1. "被"字句的基本句式：S（受事）+ 被 + N（施事）+ V + 其他成分
2. "被"字句的主语和宾语之间的施受关系，对谓语动词等句法成分的限制要求

### （二）"被"字句的教学难点

1. "被"字句与主动句的区别
2. "被"字句与无标记被动句的区别

## 三、"被"字句的教学方法

### （一）归纳法

教师列举关于"被"字句的例子，让学生观察句中各句法成分的特点，然后归纳总结出"被"字句的基本句式。

### （二）对比法

教师引导学生将主动句和"被"字句、无标记被动句和"被"字句进行对比，加深学生对不同句式的了解，提高他们正确选择句式的能力。

## 四、"被"字句的教学环节

### （一）导入

观看视频：《他的自行车怎么了？》
引出语法：他的自行车被小偷儿偷走了。

### （二）讲解

1. 说明句子结构
教师先进行动作演示［把杯子里的水喝了、拿起同学 A（安娜）的一本书］，然后提问学生应该怎么说，最后板书目标句。
（1）水被老师喝光了。
（2）安娜的书被老师拿走了。
总结句式：S（受事）＋被＋N（施事）＋V＋其他成分
知识导入之后，教师要着重对"被"字句的结构进行讲解。教师在黑板上写出"被"字句的结构公式和典型例句，通过例句对"被"字句结构公式中的每一个句法成分进行详细讲解。
2. 介绍"被"字句中的主要句法成分
主语，具有确定性，常为受事成分，是交际双方共知的事物。

谓语，谓语动词一般是及物动词，且具有处置性，这样才能对受事主语施加影响，满足"被"字句的语义要求。

其他成分，"被"字句的谓语动词不能是光杆儿形式，谓语动词后要加"了""着""过"等时体成分或补语，进一步说明受事在动作行为的影响下所产生的状态或结果。

"被"前成分，频率副词、否定副词、能愿动词和表示时间的词语都要放在"被"字的前面，作为状语修饰谓语。

在讲解主要句法成分时，教师可以列举出相应的典型偏误句进行讲解。例如：

（3）＊一个包子被我吃掉了。

（讲解："数＋量＋名"结构具有不确定性，"被"字句的主语要是确指成分。我们可以在"包子"前加上指示代词"这""那"变成"这个包子""那个包子"，或者加上限定性的修饰成分，如"碗里的包子""桌子上的包子"，这样才能满足"被"字句对主语的要求。）

（4）＊妈妈常常被我想念。／＊茶杯被破了。／＊他们经常被感冒。

（讲解："被"字句的谓语动词要满足具有处置性的条件。"想念"不具有处置性，不能对句子主语"妈妈"造成影响；"破"是形容词，也不具有处置性；"感冒"是不及物动词，也不具有处置性。）

（5）＊那碗饭被老鼠吃。

（讲解："吃"是光杆儿动词，不能单独做"被"字句的谓语，后面需要带上其他成分，如"那碗饭被老鼠吃了""那碗饭被老鼠吃了一半"等。）

（6）＊这本书被他没带回来。／＊老王被常常当作保姆。／＊教室被家长们昨天打扫干净了。

（讲解：否定副词"没"、频率副词"常常"、时间名词"昨天"都应该放在"被"字的前面做状语，不可以放在谓语动词前。）

通过具体偏误句的分析和讲解，学生可以进一步了解"被"字句中各主要句法成分的使用条件和规则，更准确地理解和使用汉语"被"字句。

## （三）操练

1.改说句子：主动句变"被"字句

（7）A.他打破了那个杯子。→ B.那个杯子被他打破了。

（8）A.妹妹弄坏了我的电脑。→ B.我的电脑被妹妹弄坏了。

（9）A.老师拿走了我的书。→ B.我的书被老师拿走了。

教师引导学生观察上述三组主动句和"被"字句，并总结出以下不同点：第一，主动句中的施事主语在"被"字句中被置于"被"字后面，成为"被"字句的施事宾语；第二，主动句中的受事宾语在"被"字句中被置于主语的位置，成为"被"字句的受事主语；第三，"被"字句中的受事主语和施事宾语之间用介词"被"连接；第四，在语用功能上，主动句只是在陈述施事，而"被"字句更关注受事。

2.看图说句子

PPT展示下列三组图片（图略），教师提醒学生关注每组图片之间的变化。

第一组：完整蛋糕 → 蛋糕没有了

第二组：乱糟糟的衣服 → 衣服叠整齐了

第三组：脏兮兮的教室→ 教室打扫干净了

学生可能会用"被"字句表达，但这些语境中没有出现施事，所以学生也有可能会用无标记被动句表达，如例（10）～（12）。教师应适时说明"被"字句和无标记被动句的区别。

（10）A.蛋糕被吃完了。→ B.蛋糕吃完了。

（11）A.衣服被叠整齐了。→ B.衣服叠整齐了。

（12）A.教室被打扫干净了。→ B.教室打扫干净了。

在以上三组例句中，A组是"被"字句，B组是无标记被动句。无标记被动句的主语是无生命事物，"被"字句的主语可以是有生命的也可以是无生命的；无标记被动句在语义上无所谓如意不如意，而"被"字句则带有一定的不如意色彩。因此，当主语和谓语动词的受动关系十分明显，主语是无生命事物，整个句子所表达的语义无所谓如意不如意时，我们一般用无标记被动句而不用"被"字句。

3. 连词成句

（13）杯子　摔破　被　了　我

（14）警察　小偷儿　被　抓住　了

"连词成句"这种练习方式强调处置的结果，可以使学生更好地理解"被"字句的处置意义。"被"字句具有"被处置"的意义，即主语所表示的人或事物在意念上是受动者，被谓语动词所表示的动作所处置，处置的结果是使主语所表示的事物产生了某种变化，处于某种状态，有了某种经历，谓语部分要体现这种处置的结果。

4. 自由会话：倒霉的一天

请同学们轮流讲讲自己最倒霉的一天。教师可以提前准备一些话题，也可以让学生结合图片讲述，如被风吹、被雨淋、被骗钱、被车撞……

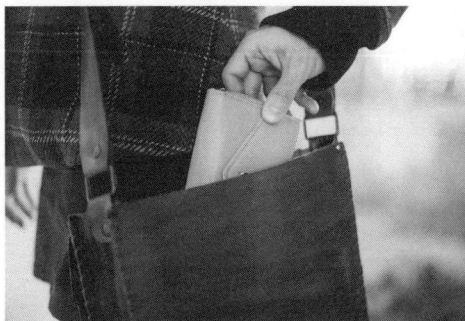

被偷

被撞

归纳。会话练习中的"我被一辆车撞了"和"钱包被小偷儿偷走了"等"被"字句都是表达不如意、不愉快的语义色彩的。在"被"字句中，表达不如意、不幸运、不愉快的语义色彩的占大多数，表达高兴、愉快的褒义和中性义的"被"字句所占的比例较小。例如：

（15）朱莉受到同学们信任，被大家选为班长。

## 五、总结与反思

"被"字句是汉语语法教学中的重点句型，教学难度较大，教学所需要的时间也比较长。讲解"被"字句时，为了使学生更容易理解，教师要注意选用恰当的、浅显易懂的方式进行说明，可以从已经学过的主动句或"把"字句入手。举例时，教师要明确具体的语言环境，最好以身边的人或事、生活中出现过的真实情景举例，充分调动学生的积极性。等学生掌握了"被"字句的基本结构和用法后，教师再进行语义、语用方面的介绍。操练环节，教师可将机械性练习和有意义练习结合起来进行，并遵循由易到难、循序渐进的原则，科学编排训练内容，切忌一次性"满堂灌"。

# 53. "被"字句在语篇教学中应该注意什么？

"被"字句是汉语中的一种特殊句式，一直以来，学界对其句法结构的描写较多，但对功能方面的解释相对较少，尤其是对"被"字句语篇功能的讨论相对欠缺。在实际的汉语教学中，许多学习者会出现"被"字句使用不顺畅、不连贯的问题。可见，传统的句法教学并不能满足学习者的交际需求，我们应将"被"字句教学纳入语篇教学中进行。那么，"被"字句在语篇教学中应该注意哪些问题呢？

## 一、"被"字句在语篇中的作用

要想真正学好"被"字句，学习者首先得明确"被"字句的语篇功能。"被"字句的语篇功能主要体现在以下几个方面：

### （一）引出新旧信息的功能

在一段对话中，新旧信息的出现是话题发展的基础。例如：

（1）A：小明的脸怎么了？青一块紫一块的。

　　B：听说他昨天被小混混儿打了。

　　A：是吗？这么严重啊！

　　B：对啊，那小混混儿也被警察带走了。

在这段对话中，第一个"被"字句是对"小明的脸怎么了？"这一问题的回答，句中出现了已知信息"他"和新信息"被小混混儿打了"；而在第二个"被"字句中，已知信息变为第一个"被"字句中的新信息"小混混儿"，新信息则是"被警察带走了"。可见，"被"字句具有引出新旧信息和承接话题的功能。同时，"被"字是划分新旧信息的界限，"被"字之前的内容属于旧信息，"被"字之后的内容属于新信息。由于"被"字之前的旧信息一般是前文话题中的新信息，因此这样的衔接方式使得"被"字句具有自然承接前文旧话题的作用。同时，"被"字后的施事作为下文潜在的话题中心，如例（1）中的"小混混儿"。与主动句和无标记被动句相比，"被"字句在话题衔接方面显得更为流畅自然。

### （二）接续的功能

"被"字句在语篇中常常起到连接的作用，尤其是在话题的衔接上。话题是篇章连接的手段。"被"字句是一种特殊的话题前置方式，它把充当句子话题和某一动作承受者的名词性成分从宾语提至主语，使其成为话语的起点（洪波，2003），这使得语篇中前后小句的话题保持一致并顺畅、连贯地衔接在了一起。例如：

（2）小刘运气不好，去了不到一年，就出了事故，被公司解雇了。

在例（2）中，逗号隔断的四个部分都是以"小刘"为话题，前三部分都是主动句，第四句使用了"被"字句，使"小刘"成为受事主语，这样四个分句的话题便能保持前后一致了。如果第四句使用了主动句"公司解雇了小刘"，那么句意表达就不那么顺畅，读起来也不够自然了。因此，选用"被"字句常常是保持上下文话题一致的需要。

### （三）发展语篇的功能

除了以上两种功能，"被"字句有时还承担着发展语篇的功能，用来灵活转换话题或开启新话题。例如：

（3）小林回到家看到客厅地上乱糟糟地放着一堆玩具，心里很是恼火，正想去房间把儿子教训一顿，便被老婆拦住："不要骂孩子，有话好好说，玩儿本来就是孩子的天性。"

（4）小李是一名新手教师，刚来这所学校任教，对自己班级的学生都还不是很熟悉，但也许是性格使然，小李的第一堂课上得非常顺利，毫不怯场，班上的几个"刺头"学生都被小李的气场震慑住了，你看看我，我看看你，都不敢在课堂上惹事。

在例（3）中，前三句的话题都是"小林"，第四句中使用了"被"字句，使得下文的话题变成了"老婆"所说的话。如果第四句使用主动句"老婆拦住了小林"，会导致语篇衔接不顺畅。因此，"被"字句在句中起到了转换话题的作用。例（4）中包含一个"被"字句，这一句围绕的话题为"班上的几个'刺头'学生"，但上文的话题却为"小李"。因此，"被"字句在这里起到的是开启新话题的作用。

### （四）适应语体的功能

在不同的语体和文体中，"被"字句的分布情况也不同。郭圣林（2006）考察了"被"字句在文艺语体、科技语体、事务语体、政论语体中的分布情况，发现"被"字句出现在文艺语体中的频率最高；考察其在散文文体、小说文体、戏剧文体、诗歌文体中的分布情况，发现"被"字句在散文文体中的出现频率最高。可见，在不以叙事语篇为主的科技语体、政论语体、诗歌文体中，"被"字句的使用频率较低。这是由于"被"字句对叙事视角的转换起着缓冲和连接的作用，因此我们很难在科技文中看到"绿色按钮被按下以后，静电就会产生"这样的"被"字句，而是经常看到"按下绿色按钮后，静电就会产生"这样的主动句。同时，在以叙事语篇为主的散文、小说中，当需要随时插入新话题时，"被"字句便能在话题转换上发挥作用，使话题转换流畅自然。

### 二、"被"字句的语篇教学安排

"被"字句的语篇教学应该安排在什么阶段？按照传统语法教学所分的初级、中级、高级三个阶段看，"被"字句的语篇教学适合安排在中级和高级阶段。首先，初级阶段的"被"字句教学侧重于"被"字句的基本句式和语义，也就是说，在这一阶段学生主要掌握"被"字句的基本使用规则，能够准确判断单句型的"被"字句的正误，造出正确的句子即可。中级阶段的"被"字句教学，句式和语义不再是侧重点，教师需要引导学生理解和掌握"被"字句在语段或语篇中的使用规则。例如在语段或语篇中，"被"字句的使用是否正确？是否应该使用"被"字句？"被"字句是否优于其他句式？高级阶段的"被"字句教学，教师要侧重引导学生体会和掌握"被"字句在语篇中的作用，这需要将"被"字句置于实际交际对话中进行操练，即创设特定的语境让学生进行操练，目的是让学生掌握"被"字句在语篇中的特殊用法和功能。

### 三、"被"字句在语篇教学中的练习

"被"字句在语篇教学中的练习应围绕着"学生学会选用恰当的句式表达连贯的意义"这一原则进行。因此，在语篇练习中，教师不应该一味地让学生操练单一的"被"字句，而是应该给学生提供一个语境或者话题，让学生在语境或话题的制约下进行操练。当学生在语篇练习中出现错误时，教师也不能仅仅从句式、语义的角度进行纠正，还应该从语篇连贯性的角度进行剖析，帮助学生领会"被"字句在语篇中具有的统一话题、将上下文所表达的焦点和话题连贯起来的作用，进而帮助学生掌握"被"字句在语篇中的使用规则。

在起始阶段，学生的自由表述能力还不足，教师可以采取选择句子填空或者完成小对话的练习形式。对话的篇幅不宜过长，目的是让学生从简单的语境中体会"被"字句的使用规则和作用。例如，可以这样设计练习：

（5）请选择合适的句子填空，并说明原因

去年4月份中旬的一天，我骑自行车去玉渊潭看樱花。到了白石桥，_____：右边是北京图书馆，左边是奥林匹克饭店，前边是紫竹公园和首都体育馆。

A. 我被周围的景物吸引住了

B. 周围的景物很吸引我

（6）选择合适的句子完成对话，并说明原因

a：他的脸怎么了？怎么肿了？

b：他刚才和别人吵架，吵不过人家，_____。

A. 还被人打了一巴掌

B. 人家打了他一巴掌

在上面两个例子中，"被"字句都不宜换成主动句。例（5）的横线处若换成主动句，话题就会由"我"转为"周围的景物"，焦点的改变会使得话题衔接不连贯。再如例（6），双方对话的焦点是"他"，说话人想要了解的是"他"的情况。如果最后的小句换成主动句，那么之前一直保持的话题焦点"他"就换成了"人家"，这样一来，上下文话题就不一致了，语段衔接也不连贯、不自然了；相反，使用"被"字句则更贴合语境，因为它强调了话题焦点"他"的不好遭遇。类似这样的填空式小练习难度不大，但可以帮助学生逐步体会到"被"字句在语篇中的作用。

当学生的汉语水平足以进行较长篇幅的自由表述时，教师可以限定好话题背景，或者给出一个主题，让学生根据话题背景或围绕主题进行自由发挥，并要求使用"被"字句。例如：

（7）请以"你今天早上起晚了，谈一谈之后上学路上的情况"为话题背景自由发挥说一段话，要求使用"被"字句。

答：今天早上，我被妈妈的叫声吵醒，拿起闹钟一看，原来是睡过头了……

（8）请以"端午节"为主题，做一段简单的介绍，要求使用"被"字句。

答：端午节是中国的传统节日，也被人们称为"端阳节""端五节"……

教师通过限定背景、话题的方法让学生在自主表达时有意识地使用"被"字句，这一过程有助于锻炼学生在语篇中使用"被"字句的能力。同时，教师在点评时也要特别关注学生表达的连贯性和衔接性。如果学生在语篇表达中没有使用"被"字句，教师需要给学生指出哪些地方如果用了"被"字句表达效果会更好，这样才能帮助学生体会"被"字句在语篇中所起的作用，加强其汉语运用的语感。

# 54. 如何实现"被"字句的"构式—语块"教学?

"构式—语块"教学法是以"构式—语块"分析理论为基础的教学方法。"构式—语块"分析理论的主要观点是：构式是一条语块链，语言在句法层面上存在各种各样的构式；构式内部语义配置的每一部分，一般都以一个语块的形式来负载；构式由语块构成，语块按一定的顺序排列形成语块链，构式义通过线性链接的语块链来表达。"构式—语块"教学法旨在将构式分割成不同的语块，一个语块就是一个不同的语义单元，语块与构式之间的关系就是部分与整体的关系（苏丹洁，2012）。"构式—语块"教学法主张通过分解构式，逐个实现语块的理解，然后进行语义串联，最终达到习得构式的目的。"构式—语块"教学法在汉语特殊句式教学中有一定的实践意义，学者们曾将这一方法用在存现句、兼语句的教学中并取得了较好的效果（苏丹洁，2010、2011）。那么，"被"字句教学是否也能使用这一方法呢？如果可行，教学中又该如何实施呢？

　　一般来说，语法项目的教学主要分为展示、解释、操练和总结归纳四个步骤，"构式—语块"教学法也可以遵循这样的程序。首先，通过具体语例展示语法点，即展示构式，让学生对构式表达有初步的印象；第二，通过分解构式，列出不同的语块来解释语法点，让学生逐一掌握每个语块的语义，然后将语块串联起来形成语义链，达到理解构式义的目的；第三，通过分语块操练与构式整体操练相结合的方式进行练习，先进行语块操练，再进行构式整体操练；第四，将整个构式的语义特点、使用条件及表达的功能进行总结归纳。本问我们以典型的"被"字句（$N_1$ + 被 + $N_2$ + V + C）为例，谈谈如何在教学中实施"构式—语块"教学法。

## 一、展示语法点

　　"构式—语块"教学法在展示语法点环节，可以通过多种手段进行，比如创设一定的场景引出想要表达的语义，然后再将不同的语块进行组合。在"被"字句的教学导入中，教师可以通过展示图片的方式设定语境：给出一张图片，让学生观察图中发生的事件，然后教师通过师生问答的方式引出所教的内容。例如：

教师提问：图上的杯子怎么了？

学生回答：杯子摔了。

教师提问：是谁摔了这个杯子呢？

学生回答：小男孩儿。

教师提问：杯子摔坏了吗？

学生回答：摔坏了。

教师提问：如果我们用"杯子""小男孩儿""摔""坏""了"这几个词语造一个句子，我们可以怎么说呢？

学生回答：杯子被小男孩儿摔坏了。（教师在黑板上写出该目标句）

对任何一个构式的分析，都应遵循从构式义到语块链的分析途径，即：第一，分析所属构式的构式义；第二，分析所属构式的内部语义配置结构；第三，分析构成构式的语块链。"被"字句的教学也可以遵循这样的分析途径。

## 二、解释语法点

在解释语法点时，我们可以依据"构式—语块"分析理论展现"被"字句的具体语块。例如：

| 语块1<br>人／物<br><br>$N_1$<br>杯子 | 被 | 语块2<br>谁<br><br>$N_2$<br>小男孩儿 | 语块3<br>动作<br><br>V<br>摔 | 语块4<br>结果<br><br>C<br>坏了 |
|---|---|---|---|---|

然后，教师进一步解释四个语块的具体特点，如下：

语块1：常由一个名词性成分来充当。"杯子"是我们已知的一个行为对象。

语块 2：也常常由一个名词性成分来充当，可以是某人，也可以是某物，是介词"被"介引出来的动作行为的发出者。这个动作行为的发出者"小男孩儿"有时可以省略，省略后句子想强调的就只有动作行为所产生的结果变化了。

语块 3：是一个动词。"摔"表示动作行为的发出者对行为对象所做出的动作行为。很多动词都可以进入这个位置，表示心理活动、身体状态和感觉的动词除外。

语块 4：可以是动词和形容词。形容词"坏"带上"了"，表示动作行为的发出者对行为对象做出动作行为后产生的行为结果。

接下来，教师进一步分析该构式的内部语义配置结构以及语块链的连接方式，如"杯子"与"摔"之间的关系、"小男孩儿"与"摔"之间的关系、"坏了"语义上指向的是什么成分。教师还可以利用 PPT 的动画效果展示构式所表达的语义。

## 三、操练语法点

语法点的操练也可以分步骤进行。首先进行半机械性操练，如教师可以给出一个具体场景和"被"字句中的部分语块，要求学生按照"被"字句各语块特点和语块链的顺序进行补充。例如：

| 人 / 物<br>N₁<br>冰箱的门 | 被 | 谁<br>N₂ | 动作<br>V<br>打 | 结果<br>C |
|---|---|---|---|---|

上图给出了一个具体场景"人打开冰箱门"，按照"构式—语块"的教学原

则，教师可以先列出表达这一场景的语块链，并空出需要学生补充的语块（以不同的底色标示）——施事、结果；也可以空出不同的语块单元，如受事、动作；甚至还可以空出被动标记"被"等。以此方法反复让学生进行操练，帮助学生达到熟悉各个语块以及整个语块链的目的。

待学生逐步掌握了"被"字句的各语块要求后，教师再带领学生进行全构式的操练。全构式的操练只需要给出场景，让学生直接用"被"字句进行表达即可。达到一定水平后，教师甚至可以不给出场景，让学生自己用"被"字句说出场景，然后进行下一步的交际性练习。

### 四、总结归纳

总结归纳语法点时，教师需要对"被"字句构式的每个语块的结构和语义特点进行强调，如语块1中的主语应该是有定的，不能是无定事物；语块2中的施事有时可以省略，有时必须出现；语块3中的动词必须是具有强影响性的及物动词；语块4中的结果应该是确定的结果，不能由可能补语充当；等等。另外一个很重要的点是，教师要告诉学生"被"字句所表达的语义与其他关联句式有何不同，应如何区分，具体语境中应该如何选择恰当的句式完成表达。

# 55. "叫""让""给"等有标记被动句的教学应该如何安排？

汉语中的有标记被动句是指由介词"被""叫""让""给"等介引施事，表达被动的句子。其中，"被"是典型的被动标记，"被"字句也是典型的有标记被动句，而"叫""让""给"相对而言不如"被"使用范围广、条件限制少。虽然没有"被"字句那么典型，但"叫""让""给"被动句在口语中经常使用，也是汉语学习者不可回避使用的语法项目。教学中应该如何处理这类被动句呢？它们应该放在什么时候教？教学顺序是否应该有所不同呢？

## 一、"叫""让""给"等有标记被动句的教学顺序

在最新实施的《国际中文教育中文水平等级标准》(以下简称《标准》)中,三级到九级的语法项目中都涉及了被动句,其中最早出现的被动句式就是带介词"被""叫""让"的有标记被动句。带"叫""让"等标记的被动句在《标准》中的分布如下:

三级语法点:

被动句1:主语+被/叫/让+宾语+动词+其他成分

(1)那个手机早被我用坏了。

我的词典叫弟弟弄脏了。

他完全让这位姑娘迷住了。

六级语法点:

被动句4:主语+被/叫/让+宾语+给+动词+其他成分

(2)杯子被她不小心给摔碎了。

自行车叫小偷儿给偷走了。

这件事差点儿让我给忘了。

从《标准》中的语法点分布看,汉语学习者在初级阶段就应该接触有标记被动句,且是动词后带补语成分的被动句式。但《标准》没有对不同的被动介词做区分,而是把"被"和"叫""让"放在同一个句法格式中。另外,《标准》中没有提及"给"作为被动介词的情况,实际上,"给"作为被动标记在汉语中也经常使用。吴门吉、周小兵(2004)曾提出,"被""叫""让"等有标记被动句的教学应当分阶段进行,并且"被"字句与"叫""让"被动句应该分开教学。"被"字句是汉语被动句的典型形式,应该先教;"叫""让"被动句具有较强的口语性,这是与"被"字句最大的区别,因此"叫""让"被动句可以在学生已经掌握了汉语的基本语法以后,也就是到中级阶段再进行教学。这样既遵循了循序渐进的原则,也能适当降低学生的学习难度,可以促使学生更好地习得汉语有标记被动句。我们认为,在具体的教学实践中不仅应该将"被"与"叫""让"分开进行教学,还应该给学生讲解清楚"叫""让"

与"被"的区别。如果不加以说明，学生很可能会误认为这三个被动标记是可以互换使用的。例如，教师应该说清楚"叫""让"后面的施事不能省略，而"被"后面的施事可以省略。另外，"给"作为被动标记在汉语南方方言中用得较多，虽然普通话中也有一定的使用率，不过"给"与"叫""让"也有所不同，如"给"后面的施事成分也可以不出现。《标准》的六级语法项目中提到的"被/叫/让……给……"句式中的"给"与做被动标记的"给"性质是不同的：前者是助词，在被动句中可用可不用；后者是介词，在有标记被动句中不能省略。

## 二、"叫""让""给"等有标记被动句的教学设计

在《标准》中，"叫"共有动词与介词两种词性，其中动词"叫"属于一级词汇，介词"叫"属于三级词汇。"让"属于二级词汇，没有特别注明词性，但在三级语法点中分别出现了动词用法和介词用法。"给"属于一级词汇，没有标注词性，但在语法点中先后出现了三种词性：介词（二级）、动词（二级）、助词（六级）。我们以杨寄洲（2016）主编的《汉语教程》为代表性教材考察一下有标记被动句的编排分布情况。从教材编排看，介词"叫"与"被""叫""让"被动句出现在同一课（《汉语教程（第二册下）》第14课）的语法点中。学生在生词部分学习了介词"叫"的用法之后，可以直接将新知识运用到"被""叫""让"被动句中。但在这一课，生词部分并没有出现介词"让"，而语法部分直接说介词"让"可以替代介词"被"。在这一系列教材中，只有《汉语教程（第一册下）》中出现了动词"让"，但并未出现介词"让"。在《汉语教程（第一册上）》的第8课、12课中，学生先后学习了动词"给"和介词"给"的用法，但在《汉语教程（第二册下）》的第14课中，被动句语法部分却没有列出带介词"给"的例句。从教材编排上看，学生习得介词"叫"可能要比习得介词"让""给"更容易些。

综合《标准》的语法点分布情况和教材的语法点编排情况，我们认为"叫""让""给"被动句应先根据《标准》中的三级、六级语法点句式进行教学，然后再根据教材的编排，先教"叫"字句，再教"让"字句。由于"给"词性复杂，

学生容易混淆，所以"给"字句可以放到"让"字句后面教。"叫""让""给"被动句的分级教学顺序应为：先是"叫"字句，其次是"让"字句，最后是"给"字句。具体教学建议如下：

## （一）第一阶段

学生在初级阶段已经掌握了典型被动句"被"字句的句式，如"那件衣服被风吹走了"，教师可将表达被动意义的介词"叫""让""给"与"被"进行替换，构成新的"叫""让""给"被动句句式，即：主语＋叫／让／给＋宾语＋动词＋其他成分。例如：

（3）他的钱包叫小偷儿偷走了。

（4）他让人打哭了。

（5）他的自行车给人偷了。

在这一阶段的教学中，教师既要借助之前学过的"被"字句知识帮助学生快速掌握新知识，同时也要特别强调两点：第一，"叫""让"被动句不能省略施事宾语，否则句子不成立；第二，"给"后面可以省略施事宾语，这是其与"叫""让"不同的地方。

## （二）第二阶段

当学生掌握了"主语＋被＋宾语＋给＋动词＋其他成分"这一句式后，教师可以进行"主语＋叫／让＋宾语＋给＋动词＋其他成分"的教学。例如：

（6）新买的杯子叫弟弟给打碎了。

（7）妈妈的头发让雨水给打湿了。

在这一阶段的教学中，教师要提醒学生注意两点：第一，助词"给"在句中起到强化被动语势的作用，"给"不是必需的，常常可以省略，但是省略后就没有强化语势的作用了；第二，介词"给"不能在这一句式中使用，因为介词"给"不能与助词"给"同现。

## 三、"叫""让""给"等有标记被动句的教学难点

### （一）"叫""让"被动句的教学难点

除了讲解"叫""让"被动句的常用句式之外，教师在教学时还应该注意区别"叫""让"的介词用法与动词用法，这也是"叫""让"被动句教学的一个难点。学生在学习"叫""让"被动句之前，先学习了表使令义的兼语句"主语＋叫／让＋宾语$_1$＋动词＋宾语$_2$"，其中的"叫""让"都是动词用法，他们在学习"叫""让"被动句时容易与兼语句产生混淆。

当"叫""让"后面是指人的代词时，学生难以区分"叫""让"是动词用法还是介词用法。例如：

（8）桌子没叫他搬走。

（9）我让他说了几句。

例（8）我们可以理解为"桌子没被他搬走""桌子没允许他搬走""桌子没命令他搬走"；例（9）也有多种含义，如"我请他说了几句""我容许他说了几句""我被他说了几句"。因为"叫""让"本身是使役动词，当致使义与被动义同时出现时，句子就会表达多种语义。如果将两种用法放在一起进行教学，学生不仅难以掌握，还可能诱发更多的偏误。这就需要教师在教学时多注意两种用法的区别，在课堂上只讲解一种用法，减少另一种用法出现的机会。

### （二）"给"字被动句的教学难点

"给"的词性有三种，但在被动句中就出现了介词、助词两种词性。词性复杂且用法不同，这是导致"给"字被动句成为教学难点的一个原因。"给"做介词时有两种意义，即处置义与被动义。当主语和"给"字后面的成分都是指人的名词时，我们难以判断"给"表达的是处置义还是被动义。例如：

（10）他给人骗了。（被动义）

（11）我给电脑修好了。（处置义）

（12）小王给小李打掉了两颗牙。（被动义／处置义）

例（10）中的"给"表达被动义，用于引出施事宾语"人"。句中的"给"

可以与介词"被"替换。例（11）中的"给"表达处置义，用于引出受事宾语"电脑"。句中的"给"可以换成"把"，即"我把电脑修好了"。例（12）中的"小李"难以确定是施事宾语还是受事宾语，句子可以理解为"小王把小李的两颗牙打掉了"，也可以理解为"小王被小李打掉了两颗牙"。教师在教学时可以通过以下两种方式帮助学生区分被动义和处置义：第一，从语义角色上判断。表被动义时，"给"后面的是施事宾语；表处置义时，"给"后面的是受事宾语。第二，替代法。能将"给"替换成"被"的是被动义，能将"给"替换成"把"的是处置义。同时，教师在教学时也要避免说出歧义句。汉语的有标记被动句中还可以出现助词"给"，用以引出与事成分。教师在讲解六级语法点"主语＋被／叫／让＋宾语＋给＋动词＋其他成分"时，要提醒学生介词"给"不能与助词"给"同现。

因此，在有标记被动句的教学中，我们不仅应该将"被"字句与"叫""让""给"被动句做分离处理，还应该将"叫""让""给"被动句进行分离处理，然后按照由易到难、由典型到非典型的顺序安排教学；不仅要说清楚"叫""让""给"被动句与"被"字句的区别，还要弄清楚"叫""让""给"被动句之间的区别；另外还要强调这几个词在兼语句中与在被动句中的区别。

# 56. 无标记被动句下位句式的教学如何分级？

无标记被动句没有明显的被动标记，从形式上看与主动句相似，从语义上看与主动句又不同。主动句的句首是动作的施事，被动句的句首则是动作的受事。这就会给汉语学习者带来不少困扰，也会给汉语教学带来麻烦。无标记被动句的教学要先考虑如何进行下位句式的分类及排序，这里简单谈谈我们的看法。

## 一、无标记被动句的分类

无标记被动句的基本结构是"$NP_1 + VP$"和"$NP_1 + NP_2 + VP$"，前者是简单型，后者是复杂型。每种类型又可以根据谓语的构成特点进行细分。曾有学者将无标记被动句分为多种不同的类型，如李青（2001）将其分为 9 类，吕文华（2013）将其分为 2 类。具体如下：

## （一）李青的分类

句式一：S＋V（着、了、过）　　　　　（饭吃了。）

句式二：S＋V（复杂谓语）　　　　　　（饭躺着吃。）

句式三：S＋状＋V　　　　　　　　　　（饭已经吃了。）

句式四：S＋V＋补　　　　　　　　　　（饭吃完了。）

句式五：S＋状＋V＋补　　　　　　　　（饭已经吃完了。）

句式六：S＋V＋宾　　　　　　　　　　（衣服染色了。）

句式七：S＋状＋V＋宾　　　　　　　　（饭已经煮了两锅。）

句式八：S＋状＋V＋补＋宾　　　　　　（饭已经煮好了两锅。）

句式九：S＋$S_{小}$＋V　　　　　　　　　（饭我煮了。）

## （二）吕文华的分类

句式一：$N_1$＋V＋C（$N_1$ 是无生命体）　　（饭煮好了。）

句式二：$N_1$＋V＋C（$N_1$ 是生命体）　　　（小王撞伤了。）

我们认为这两种分类都有不妥之处。首先，李青（2001）的分类过于细致，分类的主要标准是句式中修饰成分的性质，如状语、补语等，这些修饰成分并不影响句子结构和语义表达。再者，在语法教学实践中，过于细致的分类是非常不利于学生学习的。再来看吕文华（2013）的分类。吕文华将无标记被动句分为两类，这大大降低了学生的学习难度，但这样的分类也有不当之处。吕文华的分类标准主要是语义，即根据无标记被动句中主语是否具备"生命性"的语义特征进行分类。首先这一点不容易判断，其次这样的分类也不符合句式分类的形式标准，这两种句式类型从形式上看没有任何区别。我们认为既能有效区分不同的句法格式，又易于教学与习得的分类是将无标记被动句从结构上分为如下两类：

句式一：$NP_1$＋V

句式二：$NP_1$＋$NP_2$＋V

　　句式一包括了李青所做分类中的前八项，也包括了吕文华从语义角度所划分的两类，它们的句法形式是一致的，属于受事主语后直接带动词的简单式无标记被动句。句式二是李青所做分类中的第九项，是受事主语后再加主谓结构做谓语的无标记被动句。相对句式一来说，句式二比较复杂，是复杂式无标记被动句。句式二也包括因内部句法成分语义不同或修饰语不同而形成的各种类型。

## 二、无标记被动句下位句式的教学顺序

　　无标记被动句是汉语中的常用句式，其使用频率甚至比"被"字句还要高。在 2021 年发布并实施的《国际中文教育中文水平等级标准》（以下简称《标准》）中，无标记被动句属于五级语法项目，被编排在了有标记被动句的典型形式以及省略了施事的有标记被动句之后。但《标准》中只列出了无标记被动句的简单形式，其复杂形式被当作主谓谓语句的一种列在了三级语法项目中。值得注意的是，并不是所有的主谓谓语句都是无标记被动句，只有那些受事作为主语且表达被动意义的主谓谓语句才能算作无标记被动句。我们认为，《标准》中这么划分不是特别恰当，应该将复杂的无标记被动句也独立出来。

　　根据两类无标记被动句在结构形式和使用频率上的特点，我们建议将二者的教学顺序排列为简单式无标记被动句 > 复杂式无标记被动句，即先教句式一"$NP_1 + V$"，再教句式二"$NP_1 + NP_2 + V$"。尽管《标准》将复杂形式的无标记被动句置于主谓谓语句中，而主谓谓语句是三级语法项目，与有标记被动句出现的阶段相同，但是我们认为要让学生理解复杂式无标记被动句的句法、语义特点，应该先让其具备汉语被动句的基本知识，也就是先教有标记被动句的典型形式，再教无标记被动句的简单形式，最后再教无标记被动句的复杂形式。因此，我们建议教学顺序如下：

　　1. 有标记被动句的典型句式：$NP_1 + 被 + NP_2 + V + C$

$$NP_1 + 被 + V + C$$

　　2. 无标记被动句的简单式：$NP_1 + V$

　　3. 无标记被动句的复杂式：$NP_1 + NP_2 + V$

其中，有标记被动句适合放在初级阶段进行教学，无标记被动句的两种形式宜放在中级阶段进行教学。而无标记被动句两种形式的下位句式的分类和排序，应该根据修饰语的典型性和学生实际掌握的情况再具体区分。一般来说，动词后带补语的无标记被动句要先于动词后带宾语的进行教学。例如：

（1）饭吃完了。

（2）饭分成了两锅。

例（1）要先于例（2）进行教学，因为例（1）是典型形式，使用频率高，学生比较容易理解，而例（2）是动词后带宾语的形式，相对来说在汉语中使用频率比较低，学生理解起来有一定的困难，应该放在后面教。复杂式无标记被动句下位句式的分类和排序也应该做相同的处理。

总之，无标记被动句教学可以采用分段式教学模式，遵循先易后难、由浅入深的原则，既强调句法、语义又兼顾语用，并加强与有标记被动句的对比。在具体教学中，教师还要告诉学生何时适合使用无标记被动句，何时适合使用有标记被动句，让学生能够在实际交际中准确运用无标记被动句。

# 57. 无标记被动句如何进行教学设计？

在各大纲和教材中，被动句都是先教典型的有标记被动句，即"被"字句，然后再教无标记被动句。那么，无标记被动句应该如何进行教学设计？教学时应该注意什么问题？本问我们就简单谈谈自己的看法。

## 一、教学准备

### （一）教学目标

根据《国际中文教育中文水平等级标准》（2021）的规定，无标记被动句是五级语法项目，此前学生已经学过有标记被动句，对被动句的形式、语义等有了一定的了解。因此，无标记被动句的教学目标是：使学生掌握无标记被动句的基本句式、语义特点和使用条件，能分辨"被"字句和无标记被动句、主动句和无标记被动句的不同，能正确使用无标记被动句。

## （二）教学重点和难点

1. 无标记被动句的基本句式。

2. 无标记被动句的语义特点和语用环境等。

3. 区分无标记被动句和"被"字句的使用条件。

## （三）教学方法

1. 归纳法：教师列举有关无标记被动句的例子，让学生观察句中各句法成分的特点，然后引导学生归纳总结出无标记被动句的基本句式。

2. 对比法：在句法、语义、语用三方面对无标记被动句和"被"字句进行对比。

## 二、教学实施

## （一）新课导入

教师先展示如下两张图片（"吃蛋糕"和"蛋糕吃完了"），然后通过师生问答引出无标记被动句。具体过程如下：

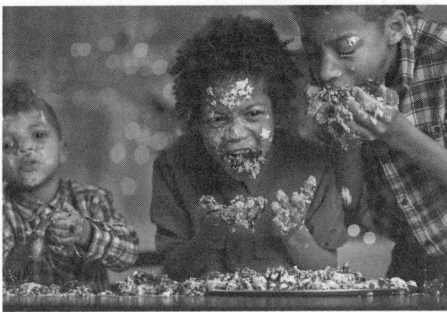

教师：他们在做什么？

学生：吃蛋糕。

教师：吃完蛋糕了吗？

学生：吃完蛋糕了。

教师：我们还可以说"蛋糕吃完了"。盘子里还有蛋糕吗？

学生：没有了，一点儿也没有了。

教师：对，他们吃得很干净。我们还可以说"蛋糕——"

学生：蛋糕吃得干干净净。

教师借助目标句"蛋糕吃完了"和"蛋糕吃得干干净净"来说明主语与动词之间的受动关系，明确被动句中句子主语与动词的关系；然后再举两三个简单的例子进行强化和巩固，如"作业写完了"中的"作业"不是"写"这一动作的发出者，而是动作支配的对象，"作业"与"写"之间是受动关系。这些句子中的受动关系很明显，不用被动标记"被"也能表达出被动意义，所以教师可以用这样的例句引出本课语法点——无标记被动句。

## （二）知识讲解

1. 讲解无标记被动句的下位句式

教师可以通过复习有标记被动句引出无标记被动句。例如：

（1）蛋糕被吃光了。→蛋糕吃光了。

（2）书皮被撕坏了。→书皮撕坏了。

也可以通过主动句与被动句的对比，让学生明白被动句的受事主语居于句首的句法特点。例如：

（3）（我）吃蛋糕了。→蛋糕（我）吃了。

（4）（他）叠衣服了。→衣服（他）叠了。

2. 讲解无标记被动句的使用条件

教师可向学生讲解有标记被动句多带有不如意的色彩，但无标记被动句不一定带有不如意的色彩。之后，教师应该向学生说明无标记被动句的使用条件，具体如下：

第一，当主语和动词的受动关系十分明显时，一般用无标记被动句。例如：

（5）机器修好了。

第二，当主语是无生命事物，且句子在语义表达上无所谓如意或不如意时，一般用无标记被动句。例如：

（6）这本书我已经看过了。

第三，当动词前有助动词时，一般用无标记被动句。例如：

（7）他这么认真应该表扬，建议也可以采纳。

第四，当动词后有可能补语时，要用无标记被动句。例如：

（8）那草屋我看得一清二楚。

第五，当句子表达祈使语气时，要用无标记被动句。例如：

（9）这种机构必须立即撤销！

3. 讲解无标记被动句中各句法成分的限制要求

第一，无标记被动句的受事主语为定指成分，一般由无生命名词充当；

第二，谓语动词要求是及物动词，不能是光杆儿动词，后面一般要加上表示结果的补语或表示完成的"了"；

第三，谓语动词在语义上应具有强影响性的特征。

4. 区别无标记被动句和"被"字句

在学生基本掌握了无标记被动句的使用规则后，教师可以适当地向学生讲解无标记被动句和"被"字句的区别，主要从句法、语义、语用这三个层面上进行对比。例如：

（10）蛋糕他们吃完了。

（11）蛋糕被他们吃完了。

在句法上，除了有无"被"字的区别外，两者在主语上也有不同之处。具体说来，无标记被动句的主语大多是无生命体，而"被"字句的主语可以是生命体，也可以是无生命体。在语义上，无标记被动句多表达中性的语义色彩，而"被"字句大多表达不如意、不希望、受损等消极的语义色彩。在语用上，无标记被动句主要用于客观描述事物的情状，其在口语中的使用频率高于"被"字句；而"被"字句重在表达事物被动作支配或作用后的结果或状态，其在书面语中的使用频率高于无标记被动句。例如，"蛋糕他们吃完了"是在客观陈述"他们吃完了蛋糕"这件事情，而"蛋糕被他们吃完了"重在表达"蛋糕"被"吃"这个动作支配后的结果和状态是"没有了"。

## （三）句式操练

无标记被动句的操练要以学生为主体，教师可以设计一些机械性朗读、句型替换、连词成句和完成对话的练习。例如：

1. 朗读

①作业写完了。

②课文背熟了。

③饭煮好了。

2. 句型替换

① A：电影票 买好了吗？

    B：买好了。/ 还没买好呢。

| 作文 | 写好 |
| --- | --- |
| 自行车 | 找到 |
| 晚会 | 准备好 |

② A：你的中文 说得怎么样？

    B：我的中文 说得很流利。

| 你的汉字 | 写 | 整齐 |
| --- | --- | --- |
| 这道菜 | 做 | 好吃 |
| 他的房间 | 收拾 | 干净 |

3. 连词成句

①作业　写完　今天　呢　的　还没

②已经　了　买好　机票

③整整齐齐　叠得　衣服

4. 完成对话

A：李老师，这次考试的试卷_____？

B：改好了。这次你考得不错，汉字也写得_____。

A：上次我的阅读_____得不太好，所以我课后一直很努力地做练习。

B：很棒！继续加油！

无标记被动句的教学实施我们主要设计了三个部分：新课导入、知识讲解和句式操练。知识讲解部分主要介绍无标记被动句的下位句式、无标记被动句的使用条件、无标记被动句中各句法成分的限制要求，以及如何区别无标记被动句和"被"字句。句式操练部分包括机械性练习和半机械性练习（即有意义练习）。

### 三、教学反思

无标记被动句是汉语中的常用句式，但学生常常会回避使用，这与学生不了解汉语的基本规则，容易将母语规则迁移到汉语中，以及教师、教材不够重视无标记被动句有关。无标记被动句是非常体现汉语特点的句式，教师在具体的授课过程中应该根据教学对象的特点，如母语情况、汉语水平、学习习惯、学习策略等进行合理的教学安排，如此才能有针对性地减少学生学习无标记被动句时产生的偏误。

# 58. 无标记被动句的练习设计需要注意什么？

课堂练习既是教学的重要环节，也是检测学生学习效果的有效手段。无标记被动句是汉语特殊句式之一，学生常常回避使用或者误用为其他句式。相对于"被"字句来说，学生不太容易掌握这种句式。因此，对于无标记被动句，教师在教学中除了要关注如何讲解外，还应重视如何操练。

### 一、练习设计要注重多样性

多样性的练习有助于学生有效地理解和把握句式。除了传统的模仿型练习之外，对无标记被动句的练习设计还应多安排理解型练习、联想型练习和发挥型练习，尽可能多地创造语言环境，加强学生的输出。

### （一）模仿型练习

模仿型练习是以模仿训练为主要形式的练习，目的在于加深学生对课堂所学知识的记忆。相较于其他练习方式而言，模仿型练习的难度偏低，最适合在新知识讲解完后进行。例如：

（1）请模仿例子造句

丢、钱包、了→钱包丢了。

了、锁、办公室的门、上→？

建、游泳馆、好、已经、了→？

用、雨伞、坏、了→？

先给出范例，然后让学生模仿造句，有助于加深学生对无标记被动句的认识与理解。

## （二）理解型练习

相较于模仿型练习，理解型练习的难度有所增加，它要求学生对无标记被动句有一个整体的认识与理解。理解型练习一般适合用在初步梳理完句型之后以及阶段性的回顾和复习中。理解型练习常见的题型有判断正误、修改病句等。例如：

（2）请判断下列句子的正误，对的打（ √ ），错的打（ × ）

信已经被寄了。（    ）

新生入学典礼星期五被举行了。（    ）

这个汉字被写得很好。（    ）

理解型练习可以检验学生对无标记被动句的掌握情况，并进一步加深其对无标记被动句的理解。

## （三）联想型练习

联想型练习要求学生联系以往所学的知识点，并在正确理解无标记被动句的基础上进行准确的输出。相对而言，联想型练习的难度更大。教师在设计无标记被动句的联想型练习时可以着重安排一些有针对性的句型转换训练，帮助学生厘清无标记被动句与主动句、"被"字句的区别。例如：

（3）请将下列句子换一种说法，用上本课所学的句式，例如：

医生治好了我的病。→我的病医生治好了。

办公室的门被锁上了。→ ——————————

阿姨洗干净了她的衣服。→ ——————————

移动硬盘被人拿走了。→ ——————————

安排有针对性的句型转换训练，可以让学生明确无标记被动句与其他句型之间的差别，进一步巩固和强化学生对无标记被动句的掌握。

### （四）发挥型练习

发挥型练习包括书面练习和口语练习。书面练习以语段写作为主，目的是把以往针对单个句子的训练升级为包含语篇衔接的语段写作。口语练习要求学生熟练自如地运用无标记被动句进行输出，主要包括情景会话和自由会话。例如：

（4）书面练习：请以"3D打印技术"为主题写一段话（不少于200字），至少用上5个无标记被动句。

口语练习：请介绍一下中国的共享车（包括共享汽车、共享电动车、共享自行车），用上无标记被动句。

发挥型练习需要学生具备更高的语言水平，不仅要能组词成句，还要能组句成段，组段成篇。这种练习既能训练学生在语篇中使用无标记被动句的能力，还能提高学生的语言组织能力。

## 二、练习设计要注重针对性

语法项目的练习设计除了应注重多样性外，还要注重针对性，做到精讲多练，精讲精练，突出重点。加强无标记被动句练习设计的针对性可以从以下方面着手：

### （一）避免与有标记被动句混淆

学生在学习被动句的过程中经常混淆使用无标记被动句和有标记被动句，特别是"被"字句。因此，教师可以有针对性地设计一些修改偏误句的练习，让学生自主说明偏误点和偏误原因。例如：

（5）请修改下面的错误句子，并说一说错误的原因

*信被写了。

*这部苹果手机被买贵了。

*事情肯定被办得成。

*运动会上周被举行。

## （二）避免与主动句混淆

由于无标记被动句在形式上和主动句并没有什么明显的差别，所以学生经常会混淆使用。教师在课堂练习环节可以就此问题安排一些针对性练习。例如：

（6）请根据例子组词造句，每组造两个不同的句子，并说一说它们有什么不同

水、杯子里的、喝、我、了→我喝了杯子里的水。/杯子里的水我喝了。

抱、孩子、来、了、他

衣服、刚才、妈妈、干净、洗、了

书包、背、坏、弟弟、了

通过这种句型转换练习，学生进一步明确了无标记被动句和主动句的联系和区别。练习时教师要注意强调无标记被动句的句式特点、主动句和无标记被动句能互相转换的条件。

## （三）注重语义训练

学生经常分不清汉语主动句、有标记被动句和无标记被动句的区别，为此，教师应着重安排一些关于无标记被动句的语义训练。例如：

（7）请说一说这三个句子在语义上有什么不同

她拿走了一张光碟。

那张光碟她拿走了。

那张光碟被（她）拿走了。

通过此项训练，学生不仅可以更加明确这三种句式在句法特点上的区别，如主动句的宾语是否能直接做被动句的主语等；还能更加了解这三种句式在使用环境、语义表达上的不同，如有标记被动句和无标记被动句在语义色彩、语义倾向上有什么不同等。

## （四）防止回避使用无标记被动句

学生在无标记被动句的使用上普遍存在的问题不是用错，而是不用。许多学

生会回避使用这种句式，而回避使用的主要原因是不会用，不知道什么时候该用。针对这个问题，教师可以多创造一些语言环境，促使他们多使用无标记被动句。例如：

（8）看图完成句子，不能使用"被"

相机_____。

办公室_____。

## （五）注重语篇训练

在设计无标记被动句的课堂练习时，教师不能单纯从句式本身的角度设计练习，还应该注重句式在语段和语篇中的练习。在语境中练习能让学生更加清楚这种句式的使用场合，进一步明确其与其他关联句式的区别。因此，教师可以设计一些语段或语篇练习。例如：

（9）根据上下文完成对话

　　A：五一假期快到了，你有什么计划吗？

　　B：我计划去北京旅行，你呢？

　　A：我计划_____，机票已经_____了。

　　B：李老师布置了一些假期作业，你做完了吗？

　　A：假期作业_____了。

　　B：真羡慕你！玩得开心哈！

做这样的练习时，教师不仅要让学生知道怎么做是对的，还要让学生知晓为什么是对的，如果使用其他句式会有什么结果。

### 三、练习设计要注重持续性

除了以上两点，在无标记被动句的练习设计中，教师还应该注意保持训练的持续性，注重对学生语感的培养，多安排一些朗读训练和记忆训练，促使学生在语言思维层面逐步形成使用无标记被动句的习惯。不断的刺激、模仿和记忆，有助于学生形成准确的汉语语感，最终达到自由运用无标记被动句的目的。例如：

（10）朗读下面的句子，并模仿造句

饭吃饱了，酒喝够了，鞋带系紧了，该回家休息了。

钱包丢了，小偷儿抓住了，我的包拿回来了。

邮件写好了，外卖送来了，工作完成了，我要吃饭了。

这一环节要注意，朗读和模仿的内容应该是生活中常用的句子，与学生的实际生活密切相关，是学生感兴趣的话题。如此，学生才能学以致用。

综上，无标记被动句是汉语中的常用句式，汉语学习者常常会用错或者不用。在实际教学中，教师要注意多样化地、有针对性地、持续地设计无标记被动句的练习，帮助学生形成正确的语感和使用无标记被动句的语言习惯。

# 59. 汉语学习者为什么会回避使用无标记被动句？

汉语被动句的使用规则复杂，不少汉语学习者掌握起来有一定的困难，特别是对无标记被动句。在无标记被动句的偏误中，汉语学习者频繁出现的不是用错这种句式，而是回避使用这种句式，他们往往会用"被"字句、主动句或其他句式代替。那么，为什么会回避使用无标记被动句呢？我们认为原因有很多，如汉语缺乏形态变化，汉语学习者不理解或不适应汉语意合的特点；教师对无标记被动句的关注不够；大纲和教材对无标记被动句重视不足；学界对这种句式的研究还存在争论；等等。只有了解了汉语学习者回避使用的具体原因，我们才能更有针对性地帮助他们习得这种句式。

## 一、汉语和学习者母语存在差异

在很多语言中，被动语态都有对应的形式，有的表现在句形变化上，有的表现在词形变化上。例如：

英语：The letter has been written.

I finished writing the letter.

西班牙语：La carta se escribió.

La carta está escribió.

（se、está 是受事主语的标记）

英语和西班牙语没有无标记被动句，想要表达被动意义就必须使用被动形态。学习者在学习无标记被动句之前往往已经学过了有标记的"被"字句，他们很容易将母语的被动形态与"被"字句进行完全对应，认为母语中用被动形态表达的句子在汉语中都应该用"被"字句表达，于是造成了"被"字句使用上的泛化。

实际上，无标记被动句的使用频率要高于"被"字句，但由于它没有形式标记，学习者只能通过理解语义关系掌握这种句式。因此，尽管无标记被动句的语法关系简单，但其语义关系相对复杂，母语中没有无标记被动句的学习者掌握起来并不容易。换句话说，学习者只有熟练领会了"施事""受事"等语义关系，才能较为容易地理解无标记被动句的使用规则。由此可见，无标记被动句相较于"被"字句学习难度更大，那学习者出现回避使用的现象也就在所难免了。

## 二、对汉语规则不了解

无标记被动句在形式上与主动句是相似的，学习者有时意识不到有些句子是无标记被动句。同时，无标记被动句的使用规则也比较复杂。例如，在有些情况下，表达被动意义必须使用无标记被动句，使用"被"字句反而会造成偏误；在有些情况下，使用无标记被动句和有标记被动句均可；在有些情况下，使用无标记被动句可以有更好的表达效果；等等。这些繁杂的使用规则常常让学习者琢磨不透、难以理解，加之汉语的强势语序是主谓宾，学习者已经习惯于把受事放在谓语动词的后面，因此在日常交际中，相对于主动句，无标记被动句的使用频率并不高，在句子可以被主动句代替的情况下，学习者会无意识地回避使用无标记被动句。

## 三、教学方面不够重视

教材是教师开展教学、学生学习知识的重要参考材料。倘若教材中缺乏对无标记被动句这一语法点的编排，那么教师就有可能忽视对无标记被动句的教学。我们发现许多教材在讲到被动句时都只提到了"被"字句，而没有涉及其他的被动形式。教材中没有介绍的语法点，大多情况下教师也不会特别重视。

各类大纲对无标记被动句的重视也不够。有的大纲中列入了无标记被动句，有的则没有涉及。例如，《汉语水平等级标准与语法等级大纲》在甲级、乙级、丙级和丁级语法大纲中都安排了被动句，"被"字句和无标记被动句属于甲级语法项目。《新汉语水平考试大纲》中没有专门编排无标记被动句的内容，仅仅是将"被"字句安排在了 HSK 三级阶段，且只在教材《HSK 标准教程 3》中有"被"字句的内容，其他各册教材中均没有涉及被动句。这说明部分教材和大纲忽视了无标记被动句的教学。近年来，许多专家学者已经注意到了这个问题。在 2021 年发布并实施的《国际中文教育中文水平等级标准》（以下简称《标准》）中，被动句的内容已有所增加，从三级语法点开始一直都有被动句的项目，无标记被动句出现在五级，但主要还是以"被"字句的各类句式居多。可见，《标准》对于被动句更加重视，但无标记被动句只提到了一种类型，关注度仍然不够。目前，与《标准》对应的各类教材、考试大纲还没有完成修订，因此无标记被动句的教学关注度需要继续提高。

## 四、学界存在争论

汉语的被动表达一直是语法学界关注的对象，与此相关的研究文献比较多，尤其是"被"字句的研究和描写已经相当充分。但对于无标记被动句的研究还存在许多争论，比如：对于无标记被动句是否应该纳入汉语被动句的范畴，学界有不同的看法；无标记被动句到底有多少下位句式，学界尚未有定论；无标记被动句的复杂式与主谓谓语句如何区分，教学上还没有彻底搞清楚；许多习得研究只关注典型的被动句，对无标记被动句不够重视。学术研究中尚未有定论的语法项目很难在教学上制定完整的教学方案和措施，甚至会让教师怀疑这一语法项目在教学中的定性及定位。因此，解决学习者回避使用无标记被动句的问题需要从多方面入手，不仅教材、大纲、教师要引起重视，还得加快理论研究的步伐，以便为教学提供切实可靠的参考。

# 60. 被动句如何进行翻转课堂教学?

翻转课堂（The Flipped Classroom，也有学者称为"颠倒课堂"）起源于美国科罗拉多州的林地公园高中，是指学生在课前观看教学视频，课中做作业，遇到问题向老师和同学请教的一种新的教学模式（张金磊、王颖、张宝辉，2012）。这与传统的"老师白天在教室上课，学生晚上回家做作业"的教学模式正好相反。传统的教学过程通常包括知识传授和知识内化两个阶段。知识传授是通过教师在课堂上的讲授完成的，知识内化则需要学生在课后通过作业、操练或实践完成。在翻转课堂上，这种模式得到了颠覆，知识传授通过信息技术的辅助在课后完成，知识内化则在课堂上通过教师的帮助与同学的协助完成。

与传统课堂相比，翻转课堂主要有三个方面的转变：其一，教师角色的转变，由知识传授者变成了学习的促进者和指导者；其二，课堂时间分配的转变，减少了教师讲授的时间，增加了学生活动的时间；其三，学生角色的转变，学生成为自定步调的学习者，可以选择学习地点，控制学习时间、学习内容和学习量。翻转课堂是需要学生高度参与的课堂，对外汉语教学也是一种需要学生高度参与的实践性教学活动，精讲多练是学界公认的教学原则。从这点看，翻转课堂的教学模式非常适用于对外汉语课堂教学，被动句的教学可以采用翻转课堂的教学模式。

根据张金磊、王颖、张宝辉（2012）提出的翻转课堂模式路径图，翻转课堂分为"课前"和"课中"两个环节。在"课前"环节，学生需要观看教学视频，完成课前练习。同时，教师需要做到两点：一是提前录制好教学视频，或者准备好慕课等已有的教学资源；二是要根据教学目标编写练习材料，供学生自学时训练使用。另外，教师还可以利用丰富的网络资源，建立课前学习讨论平台，供学生在课前交流。"课中"环节主要有三个任务：少量快速测评；解决问题，促进知识内化；总结和反馈。教师需要在课中做到以下几点：一是答疑解惑，解决学生在课前自学过程中提出的问题；二是组织课堂活动，帮助学生进一步巩固所学知识，并将所学知识运用到真实的生活场景当中；三是总结和反馈，总结归纳知识点，梳理知识体系，并对学生的学习效果进行评价。

下面我们以《汉语教程》（第3版）第二册（下）的第19课《我的腿被自行车撞伤了》中关于"被"字句的语法点教学为例进行翻转课堂设计。关于"被"字句教学的微课、慕课设计等暂略，我们主要介绍"课前"的练习设计和"课中"的教学活动。在这本教材中，被动句在此前的课文中从未出现过，本课是学生第一次从教材中接触到汉语被动句，因此课前练习可以包括理解型练习和发挥型练习。具体如下：

第一，理解型练习，包括根据课文内容回答问题。例如：

（1）回答问题

我的腿怎么了？

我的腿被什么撞了？

谁被撞了？

谁的钱包不见了？

钱包让谁偷走了？

大山想去爬长城，结果被拉到哪里了？

第二，发挥型练习，包括替换练习和改写句子。例如：

（2）替换练习

A：怎么了？

B：<u>我的腿被自行车撞伤了</u>。

| |
|---|
| 眼镜让我摔坏 |
| 钱包让小偷儿偷走 |
| 自行车让人撞坏 |
| 衣服被雨淋湿 |
| 咖啡让我碰洒 |

A：<u>骨头被撞伤</u>了没有？

B：没有。（<u>骨头没有被撞伤</u>。）

| | |
|---|---|
| 头 | 撞伤 |
| 腿 | 撞伤 |
| 自行车 | 撞坏 |
| 钱 | 偷走 |
| 手机 | 摔坏 |

（3）改写句子

用"被"改写句子：

a. 弟弟不小心把花瓶打碎了。

b. 司机把我拉到故宫博物院了。

用"叫""让"改写句子：

a. 猫把鱼吃掉了。

b. 玛丽没有弄丢小王的手机。

课中的教学活动可以采用情景教学的方法，即设计一定的活动情景，让学生使用"被"字句进行对话表演。例如，设计麦克去图书馆借书的场景，让学生根据情景需求完成借书过程中的对话操练。

（4）情景：麦克去图书馆借书，不小心把玛丽撞倒了，玛丽手里借的书落了一地。

目标句：玛丽被麦克撞倒了。

玛丽的书被摔到地上。

麦克一直道歉，玛丽被弄得不好意思。

麦克说自己也是不小心被门槛绊了一下。

在对外汉语教学中引入翻转课堂的教学模式，能够很好地避免第二语言学习过程中"哑巴汉语"现象的出现，能让学生在课堂上真正得到有效的语言技能训练，将过去的被动接受转变为主动学习，将学习真正变为自己的责任，而不是教师或家长的责任。同时，学生能够灵活地根据自身的情况安排知识学习各环节的时间、时长、方式、次数、模式、顺序等，更加具有学习自主性。当然，对教师来说，翻转课堂并不是放手不管或少管，而是提出了更高的要求。具体来说，教师不仅要做好知识传授，更要学会现代化的授课手段，比如如何制作精美的教学视频，如何利用网络平台让学生交流讨论，如何更有效地组织课堂活动，如何调动学生参与课堂教学的积极性，如何从多角度对学生的学习效果进行评价，等等。

# 参考文献

奥托·叶斯柏森（1988）《语法哲学》，何勇、夏宁生、司辉等译，北京：语文出版社。

白荃（1998）试论在句首的"由＋施事"结构的句法功能及其相关问题，《北京师范大学学报（社会科学版）》第6期。

陈昌来（2000）《现代汉语句子》，上海：华东师范大学出版社。

陈力、曲秀芬（2008）时体范畴的出现与"让"的语法化，《语文与翻译》第2期。

陈平（1987）释汉语中与名词性成分相关的四组概念，《中国语文》第2期。

戴耀晶（2006）现代汉语被动句试析，邢福义主编《汉语被动表述问题研究新拓展》，武汉：华中师范大学出版社。

邓守信（1983）《汉语及物性关系的语义研究》，侯方、邹韶华、侯敏译，哈尔滨：黑龙江大学科研处。

邓思颖（2003）《汉语方言语法的参数理论》，北京：北京大学出版社。

丁声树、吕叔湘、李荣等（1961）《现代汉语语法讲话》，北京：商务印书馆。

范晓（1994）"N受＋V"句说略，《语文研究》第2期。

冯胜利（1997）管约理论与汉语的被动句，黄正德主编《中国语言学论丛（第一辑）》，北京：北京语言文化大学出版社。

高顺全（2001）试论"被"字句的教学，《暨南大学华文学院学报》第1期。

龚千炎（1980）现代汉语里的受事主语句，《中国语文》第5期。

郭圣林（2006）被字句的语篇考察，《汉语学习》第6期。

郭姝慧（2004）"使"字句的成句条件，《语文研究》第2期。

郭志良、杨惠元主编（2008）《速成汉语基础教程·综合课本5》，北京：北京大学出版社。

国家对外汉语教学领导小组办公室（2002）《高等学校外国留学生汉语言专业教学大纲》，北京：北京语言文化大学出版社。

国家对外汉语教学领导小组办公室（2002）《高等学校外国留学生汉语教学大纲（长期进修）》，北京：北京语言文化大学出版社。

国家对外汉语教学领导小组办公室汉语水平考试部（1996）《汉语水平等级标准与语法等级大纲》，北京：高等教育出版社。

国家汉办／孔子学院总部（2009／2010）《新汉语水平考试大纲》，北京：商务印书馆。

洪波（2003）语篇层面的"被"字句及其教学，《云南师范大学学报（对外汉语教学与研究版）》

第 3 期。

洪心衡（1956）《汉语语法问题研究》，上海：新知识出版社。

黄伯荣、廖序东（1991）《现代汉语（增订版）下册》，北京：高等教育出版社。

黄月圆、杨素英、高立群等（2007）汉语作为第二语言"被"字句习得的考察，《世界汉语教学》
　　第 2 期。

汲传波（2001）被动句中"被""让"的分工，《喀什师范学院学报》第 1 期。

江蓝生（1989）被动关系词"吃"的来源初探，《中国语文》第 5 期。

江蓝生（2000）《近代汉语探源》，北京：商务印书馆。

姜丽萍（2014）《HSK 标准教程 3》，北京：北京语言大学出版社。

蒋绍愚（2002）"给"字句、"教"字句表被动的来源———兼谈语法化、类推和功能扩展，
　　北京大学汉语语言学研究中心《语言学论丛》编委会《语言学论丛（第 26 辑）》，北京：
　　商务印书馆。

教育部中外语言交流合作中心（2021）《国际中文教育中文水平等级标准》，北京：北京语言大
　　学出版社。

金钟太（1985）谈汉语被字句和朝鲜语被动句对应比较的不同点，《延边大学学报（社会科学版）》
　　第 3 期。

劲松（2004）被字句的偏误和规范，《汉语学习》第 1 期。

寇鑫、袁毓林（2018）"给谓语动词"结构的主观性分析，《语言科学》第 1 期。

李崇兴、石毓智（2006）被动标记"叫"语法化的语义基础和句法环境，《古汉语研究》
　　第 3 期。

李大忠（1996）《外国人学汉语语法偏误分析》，北京：北京语言文化大学出版社。

李德津、金德厚（2009）《汉语语法教学》，北京：北京语言大学出版社。

李临定（1980）"被"字句，《中国语文》第 6 期。

李临定（1986）《现代汉语句型》，北京：商务印书馆。

李青（2001）汉英语言无标志受事主语句对比研究，《汉语学习》第 3 期。

李珊（1993）《现代汉语被字句研究》，北京：北京大学出版社。

李炜（2004）加强处置／被动语势的助词"给"，《语言教学与研究》第 1 期。

李卫中（2000）"由"字句的句法、语义、语用分析，《汉语学习》第 4 期。

李宇明（1995）《儿童语言的发展》，武汉：华中师范大学出版社。

李宇明、陈前瑞（2005）北京话"给"字被动句的地位及其历史发展，《方言》第 4 期。

李珠（1989）意义被动句的使用范围，《世界汉语教学》第 3 期。

李宗宏（2006）越南语"bi"与汉语"被"的比较，《海外华文教育》第 2 期。

李宗江（2004）汉语被动句的语义特征及其认知解释，《解放军外国语学院学报》第 6 期。

刘畅（2018）"给"字长被动句的判定及其语义功能探析，《汉语学习》第 6 期。

刘承峰（2003）能进入"被／把"字句的光杆动词，《中国语文》第 5 期。

刘丹青（2003）《语序类型学与介词理论》，北京：商务印书馆。

刘杰、邵敬敏（2010）析一种新兴的主观强加性贬义格式，《语言与翻译》第 1 期。

刘宁生（1995）汉语偏正结构的认知基础及其在语序类型学上的意义，《中国语文》第 2 期。

刘叔新（1987）现代汉语被动句的范围和类别问题，中国社会科学院语言研究所现代汉语研究室编《句型和动词》，北京：语文出版社。

刘姝（2008）中级日本学生"被"字句习得偏误调查研究及教学对策，《海外华文教育》第 3 期。

刘永耕（2005）动词"给"语法化过程的义素传承及相关问题，《中国语文》第 2 期。

刘月华、潘文娱、故铧（2001）《实用现代汉语语法（增订本）》，北京：商务印书馆。

柳英绿（2000）韩汉语被动句对比——韩国留学生"被"动句偏误分析，《汉语学习》第 6 期。

龙藜（2015）"翻转课堂"教学模式与对外汉语口语教学，《海外华文教育》第 4 期。

卢福波（2005）对外汉语教学基本句型的确立依据与排序研究，《语言文字应用》第 4 期。

陆俭明（2004）有关被动句的几个问题，《汉语学报》第 2 期。

陆俭明（2011）再论构式语块分析法，《语言研究》第 2 期。

陆庆和、黄兴主编（2009）《汉语水平步步高——句型与句式》，苏州：苏州大学出版社。

吕叔湘主编（1999）《现代汉语八百词（增订本）》，北京：商务印书馆。

吕叔湘、朱德熙（1979）《语法修辞讲话（第 2 版）》，北京：中国青年出版社。

吕文华（1985）"由"字句——兼及"被"字句，《语言教学与研究》第 2 期。

吕文华（1987）"被"字句和无标志被动句的变换关系，中国社会科学院语言研究所现代汉语研究室编《句型和动词》，北京：语文出版社。

吕文华（1990）"被"字句中的几组语义关系，《世界汉语教学》第 2 期。

吕文华（2008）《对外汉语教学语法探索（增订本）》，北京：北京语言大学出版社。

吕文华（2013）"被"字句和意义被动句的教学构想，《语言教学与研究》第 2 期。

马庆株（2006）主客观态度与汉语的被动表述，邢福义主编《汉语被动表述问题研究新拓展》，武汉：华中师范大学出版社。

木村英树（2005）北京话"给"字句扩展为被动句的语义动因，《汉语学报》第 2 期。

聂鸿英（2007）"由"字句、"被"字句之比较，《延边大学学报（社会科学版）》第 4 期。

朴乡兰（2011）汉语"教/叫"字句从使役到被动的演变，《语言科学》第 6 期。

齐沪扬（1995）有关介词"给"的支配成分省略的问题，《上海师范大学学报（哲学社会科学版）》第 4 期。

齐沪扬主编（2005）《对外汉语教学语法》，上海：复旦大学出版社。

齐沪扬主编（2007）《现代汉语》，北京：商务印书馆。

祁文娟（2013）现代汉语普通话被动句的主观性分析，《山西大学学报（哲学社会科学版）》第 1 期。

桥本万太郎（1987）汉语被动式的历史·区域发展，《中国语文》第 1 期。

屈哨兵（2003）被动观念论析，《广州大学学报（社会科学版）》第 11 期。

屈哨兵（2005）现代汉语被动标记研究检讨，《广州大学学报（社会科学版）》第 12 期。

屈哨兵（2006）被动标记的认知分析，邢福义主编《汉语被动表述问题研究新拓展》，武汉：

华中师范大学出版社。

饶长溶（1990）《把字句·被字句》，北京：人民教育出版社。

杉村博文（1998）论现代汉语表"难事实现"的被动句，《世界汉语教学》第 4 期。

杉村博文（2003）从日语的角度看汉语被动句的特点，《语言文字应用》第 2 期。

杉村博文（2006）汉语的被动概念，邢福义主编《汉语被动表述问题研究新拓展》，武汉：
　　华中师范大学出版社。

邵敬敏（2006）"把字句""被字句"的认知解释，邢福义主编《汉语被动表述问题研究新
　　拓展》，武汉：华中师范大学出版社。

邵敬敏、赵春利（2005）"致使把字句"和"省隐被字句"及其语用解释，《汉语学习》
　　第 4 期。

沈阳、司马翎（2010）句法结构标记"给"与动词结构的衍生关系，《中国语文》第 3 期。

施春宏（2011）《汉语基本知识（语法篇）》，北京：北京语言大学出版社。

石定栩（2008）长短"被"字句之争，《青海民族学院学报（社会科学版）》第 3 期。

石定栩、胡建华（2005）"被"的句法地位，《当代语言学》第 3 期。

石毓智（2004）兼表被动和处置的"给"的语法化，《世界汉语教学》第 3 期。

史金生（2003）语气副词的范围、类别和共现顺序，《中国语文》第 1 期。

宋玉柱（1991）《现代汉语特殊句式》，太原：山西教育出版社。

苏丹洁（2010）试析"构式—语块"教学法——以存现句教学实验为例，《汉语学习》第 2 期。

苏丹洁（2011）构式语块教学法的实质——以兼语句教学及实验为例，《语言教学与研究》
　　第 2 期。

苏丹洁（2012）构式是一条语块链——构式语块分析法的理论框架，《语言科学》第 3 期。

孙瑞、孟瑞森、文萱（2015）"翻转课堂"教学模式在对外汉语教学中的应用，《语言教学与
　　研究》第 3 期。

佟慧君（1986）《外国人学汉语病句分析》，北京：北京语言学院出版社。

宛新政（2005）《现代汉语致使句研究》，杭州：浙江大学出版社。

王灿龙（1998）无标记被动句和动词的类，《汉语学习》第 5 期。

王改改（2003）北京话口语中的"被"字句，《汉语学习》第 2 期。

王还（1983）英语和汉语的被动句，《中国语文》第 6 期。

王还（1984）《"把"字句和"被"字句》，上海：上海教育出版社。

王还（1987）《门外偶得集》，北京：北京语言学院出版社。

王力（1957）汉语被动式的发展，北京大学中文系《语言学论丛》编辑委员会编《语言学论丛
　　（第 1 辑）》，上海：新知识出版社。

王力（1985）《中国现代语法》，北京：商务印书馆。

王彦杰（2001）"把……给 V"句式中助词"给"的使用条件和表达功能，《语言教学与研究》
　　第 2 期。

王振来（2002）谈能愿动词在句子表达中的作用，《辽宁师范大学学报（社会科学版）》第 3 期。

王振来（2004）韩国留学生学习被动表述的偏误分析，《云南师范大学学报（对外汉语教学与研究版）》第 4 期。

王振来（2006）《现代汉语被动表述立体化研究》，大连：辽宁师范大学出版社。

王振来（2007）对外汉语教学中被动标记使用条件分析，《云南师范大学学报（对外汉语教学与研究版）》第 3 期。

隗雪燕、王雷（2001）英语与汉语的被动含义，《外语教学》第 5 期。

温锁林、范群（2006）现代汉语口语中自然焦点标记词"给"，《中国语文》第 1 期。

吴庚堂（2000）汉语被动式与动词被动化，《现代外语》第 3 期。

吴门吉、周小兵（2004）"被"字句与"叫、让"被动句在教学语法中的分离，《云南师范大学学报（对外汉语教学与研究版）》第 4 期。

吴门吉、周小兵（2005）意义被动句与"被"字句习得难度比较，《汉语学习》第 1 期。

吴平（2009）《汉语特殊句式的事件语义分析与计算》，北京：中国社会科学出版社。

肖奚强（2000）韩国学生汉语语法偏误分析，《世界汉语教学》第 2 期。

肖奚强等（2009）《外国学生汉语句式学习难度及分级排序研究》，北京：高等教育出版社。

肖奚强、颜明、乔倓等（2015）《外国留学生汉语偏误案例分析》，北京：世界图书出版公司北京公司。

谢晓明（2010）"给"字句被动义实现的制约因素，《语文研究》第 2 期。

谢晓明、左双菊（2006）"给"字被动句，邢福义主编《汉语被动表述问题研究新拓展》，武汉：华中师范大学出版社。

邢福义（2002）《汉语语法三百问》，北京：商务印书馆。

邢福义（2006）承赐型"被"字句，邢福义主编《汉语被动表述问题研究新拓展》，武汉：华中师范大学出版社。

邢福义主编（2006）《汉语被动表述问题研究新拓展》，武汉：华中师范大学出版社。

邢欣（2006）从"被"字的分布特点看汉语的被动句，邢福义主编《汉语被动表述问题研究新拓展》，武汉：华中师范大学出版社。

熊学亮、王志军（2003）被动句认知解读一二，《外语教学与研究》第 3 期。

熊仲儒（2003）汉语被动句句法结构分析，《当代语言学》第 3 期。

颜力涛（2008）复合把字句与复合被动句中"给"后宾语的省略问题及其诱因，《中国语文》第 6 期。

杨德峰（2008）《日本人学汉语常见语法错误释疑》，北京：商务印书馆。

杨寄洲（2016）《汉语教程（第 3 版）第二册（下）》，北京：北京语言大学出版社。

杨玉玲、吴中伟（2013）《国际汉语语法与语法教学》，北京：高等教育出版社。

叶蜚声、徐通锵（2010）《语言学纲要（修订版）》，北京：北京大学出版社。

游舒（2016）《现代汉语被字句研究》，北京：北京语言大学出版社。

袁宾（1987）近代汉语特殊被字句探索，《华东师范大学学报（哲学社会科学版）》第 6 期。

灉井唯允、徐杨（1991）关于汉语被动句"被、叫、让、给"的互换性，第三届国际汉语教学讨论会会务工作委员会编《第三届国际汉语教学讨论会论文选》，北京：北京语言学院出版社。

曾常红（2006）"被字构件"与"把字构件"套用分析，邢福义主编《汉语被动表述问题研究新拓展》，武汉：华中师范大学出版社。

詹卫东（1997）PP <被> + VP$_1$ + VP$_2$格式歧义的自动消解，《中国语文》第6期。

张宝林（2006）《汉语教学参考语法》，北京：北京大学出版社。

张宝林等（2014）《基于语料库的外国人汉语句式习得研究》，北京：中国书籍出版社。

张伯江（2001）被字句和把字句的对称与不对称，《中国语文》第6期。

张金磊、王颖、张宝辉（2012）翻转课堂教学模式研究，《远程教育杂志》第4期。

张林林（2015）《印尼汉语学习者语法偏误研究》，北京：科学出版社。

张谊生（2002）助词"给"及其相关的句式，邢福义主编《汉语学报（第3期）》，武汉：湖北教育出版社。

张谊生（2004）试论"由"字被动句——兼论由字句和被字句的区别，《语言科学》第3期。

张豫峰（2006）《现代汉语句子研究》，上海：学林出版社。

赵永新（1992）《汉语语法概要》，北京：北京语言学院出版社。

赵元任（1979）《汉语口语语法》，北京：商务印书馆。

中国社会科学院语言研究所词典编辑室（2016）《现代汉语词典（第7版）》，北京：商务印书馆。

周红（2005）《现代汉语致使范畴研究》，上海：复旦大学出版社。

周文华（2007）"让"字句功能分析与习得研究，南京师范大学硕士学位论文。

周小兵、朱其智、邓小宁等（2007）《外国人学汉语语法偏误研究》，北京：北京语言大学出版社。

周一民（1998）《北京口语语法·词法卷》，北京：语文出版社。

朱德熙（1985）现代书面汉语里的虚化动词和名动词为第一届国际汉语教学讨论会而作，《北京大学学报（哲学社会科学版）》第5期。

朱其智（2002）"由"字句的语篇分析，《语言研究》第4期。

朱其智（2006）"由"字句的句型研究，《海外华文教育》第4期。

Dowty, D. (1991) Thematic proto-roles and argument selection. *Language*, 3: 547-619.

Goldberg A. E. (2007)《构式：论元结构的构式语法研究》，吴海波译，北京：北京大学出版社。

Haiman, J. (1983) Iconic and economic motivation. *Language*, 4: 781-819.

Hopper, P. & Thompson S. A. (1980) Transivity in grammar and discourse. *Language*, 2: 251-299.

Huang J. (1999) Chinese passives in comparative perpective. *Tsing Hua Journal of Chinese Studies*, 1: 423-509.

# 后 记

2018 年 4 月，一个偶然的机会使我了解到阔别几年的恩师齐沪扬先生正在召开国家社科基金重大项目"对外汉语教学语法大纲研制和教学参考语法书系（多卷本）"的开题报告会。我误打误撞地参加了会议，见到了济济一堂的学界大咖，看到了他们为如何做好这一重大项目献计献策。那时我还不太了解这个项目的具体情况，只是抱着学习的态度去听会，一边听也一边在想：这是一个非常有意义的项目，要是我能加入其中做点儿力所能及的事情，既能提升自己，又能为老师分担一些工作，岂不两全其美？

可能恩师看出了我的这份心思，也可能是跟恩师心有灵犀，不久后我就收到了项目组的邀请，加入了研究队伍。最开始我是作为汇编组的一员，承担《近20 年汉语作为第二语言语法习得研究·语法（下）》的编写工作。后来承蒙齐老师信任，又让我加入书系组，承担《被动句》一书的编写工作，成为项目中少数参加两个子课题研究的人员之一。再次感谢我的恩师齐沪扬先生在我博士毕业若干年之后，还像老父亲一样继续关心着我的学习、工作和生活，师恩似海，师恩如山！

最初接到这本《被动句》的编写任务是在 2019 年底课题组举办的"第三届对外汉语教学语法国际学术研讨会"上。当时听老师提起书系组已经有十几本书开始启动，但句式方面的项目还不够多，正好我的博士论文是研究句式的，所以我抱着试一试的心态跟老师申请：既然有了《"把"字句》，那可不可以多一本《被动句》呢？一开始老师并没有马上答复我，后来看到我拟订的提纲，以及我还算认真的学习态度，在我的各种"软磨硬泡"之下，老师最终把《被动句》的编写任务交到我手上。接到任务后，我既觉得欢欣鼓舞，同时又倍感不安，担心自己写不好《被动句》。

一路走来，《被动句》的撰写并不顺利，我怀着忐忑不安的敬畏心情，一边学习一边思考。从阅读老师发来的"书系入门资料"开始，几年中不断收集、学习被动句研究及教学领域内的各种文献资料，拜读书系组前辈们撰写的提纲、样稿，然后理清思路、拟订提纲、撰写初稿，每一步都经过了反复论证和调整。在这个过程中，齐老师倾注了大量的心血。例如，在提纲拟订出来后，齐老师提出了很多意见：到底写的是被动句还是"被"字句？如果要写被动句，为什么提纲中大部分题目都是围绕"被"字句的？如何把被动句写出特色？怎么处理本体研究中尚未有定论的问题？在被动句习得中，学习者常见的问题是什么？到底设计什么题目才能最大限度地解决教学中的实际困难？这些问题在齐老师的指导下，我们都尽可能地给出了回答。另外，项目总联络人胡建锋老师也给我提出了很多具体的意见，书系第五辑的主编唐依力老师也经常给予我鼓励，不厌其烦地为我解答了很多实际问题，还有书系组的其他匿名评审老师都对我的提纲、样章、初稿提出了许多中肯的意见和建议，出版社的编辑老师也在书稿修改上给出了很多实质性的指导，在此一并感谢。《被动句》的撰写，让我有机会参与国家社科基金重大项目，也意识到重大项目的研发每一步都是要经过认真考核、仔细论证后才能往下走的，这是一个严肃、严谨的学术研究过程。

除此之外，我也要感谢我的研究生梁恒绮、吴晨、周红、沈志成、梁国玮、刘聪颖。他们入学那一年正好是《被动句》刚启动的时候，他们在资料收集、整理、语料调查、部分问题的初稿撰写等方面都做了不少工作。他们非常珍惜这次完整的学术训练过程以及难得的学习机会。最后，我还要感谢我的家人在我闭门写作的时候分担了照顾家庭和抚养孩子的许多琐事，为我提供了充足的写作空间和时间。

最后，我想说这本书只能作为被动句教学的一个参考，被动句的问题绝不是一本书能全部解决的。汉语被动句无论在本体研究领域还是在教学领域都值得继续探讨下去，我将持续关注这一领域的研究。由于本人能力和学术水平的限制，书中定有不少错漏和遗憾，敬请读者们批评指正！

李幸窈

2024 年 7 月 19 日于相思湖畔